Walter Witt

Die Bibel ist ein Märchenbuch

Daten – Fakten – Widersprüche

Crash-Kurs zum Bibel-Verstehen für Theologen und Laien

Historisch – wissenschaftlich – juristisch – theologisch – politisch

Angelika Lenz Verlag

Für die große Hilfe
ein herzliches Danke
an Ortrun.

www.lenz-verlag.de

Originalausgabe

Ortrun E. Lenz M.A.
Beethovenstraße 96 63263 Neu-Isenburg
Buchcover: Druckerei Siefert GmbH, Frankfurt/Main
Innenteil und Bindung: Druckerei MDD AG, Neu-Isenburg
Printed in Germany
ISBN 978-3-943624-07-6

Inhalt

Vorwort

Die Bibel ist ein außergewöhnlich komplexes und kompliziertes Mammut-Schriftwerk. Unter den „Gelehrten“ – und das zu allen Zeiten – gibt es dazu eine unüberschaubare Vielzahl an Meinungen, Auslegungen, Deutungen und jede Menge unterschiedlicher Übersetzungen; es ist unvergleichbar an Wirrwarr und Mischmasch – dieses zu entflechten, wird hier versucht. Die Widersprüche reichen vom Himmel bis in die Hölle.

Zur besseren und verständlicheren Übersicht, um verschiedene Zusammenhänge und Ungereimtheiten zu erkennen, bedarf es der Wiederholung von Fakten und Versen, somit ist gewährleistet, aus einzelnen Fakten schon das Absurde und Abstruse unzweifelhaft zu erkennen.

Mit Petrus und Paulus begannen die ersten Konflikte ... und sie werden niemals enden ... dabei ist das Studium der Bibel ein sinnloses Unterfangen ... eine brotlose Kunst.

Faktum 1

Einleitung: Das Elend mit den Göttern

Seit seiner greifbaren Existenz lebt der Mensch mit einer Frage, die wohl nie zu beantworten und zu beweisen sein wird: Was ist der wahre Glaube und welches ist die richtige Religion, wer ist mein Schöpfer und wo ist die Heimstatt dieses Phänomens, was wird aus meinem Körper, was wird aus meiner Seele oder meinem Geist nach meinem irdischen Dasein? Ein ungelöstes Rätsel.

Dafür werden unzählige, grandiose philosophische Analysen erstellt, fantastische Dichtungen und Fälschungen den Menschen dargeboten: Sie sicherten der Priesterschaft Pfründe – den biblischen Zehnten – und garantierten deren Wohlbehagen und -befinden – hoch über den Köpfen der von ihnen Betrogenen – und sie tun es auch heute noch. Auch ist die Priesterschaft nicht bereit und gewillt, die Beute an Gläubigen zu teilen, das bezeugt eine ewige erfolglose Ökumene.

Alle Religionen sind eine menschliche Erfindung; einen wissenschaftlichen Beweis konnte bisher keine Religion erbringen – kein Erdenbürger hat eine Göttlichkeit je beweisen können. Ihre Entstehung verdanken wir der Priesterschaft, in allen Regionen und Kulturen hat sie mit sehr viel Enthusiasmus und Fantasie Götter entwickelt und etabliert. Der Blaue Planet wurde regelrecht von einer Götter-Invasion heimgesucht. Dabei sind Götter nur mythische (unbeweisbare) Wesen, nachvollziehbar im Lexikon unter „Gott“, „Mythos“, „Religion“ und „Glaube“.

Ein ersehnter und oft gepriesener allmächtiger, barmherziger und gütiger Gott hat sich noch keiner Religion offenbart, dazu gehört auch der abrahamische Gott Jahwe. Mit Logik ist auch kein umfassender

Beweis über Gott zu erreichen. Der Stand der Wissenschaften und das in der Bevölkerung immer größer werdende Verständnis für die heute erklärbaren Vorgänge in der Natur, auf der Erde und im Weltall lösen alte Glaubensvorstellungen auf.

Die angeblichen „göttlichen Gebote“ – es sind nicht nur zehn, es sind 365 Verbote und 248 Gebote – haben ihren Ursprung in der Ur- und Frühzeit der Sumerer/Semiten des Vorderen Orients und bestehen aus deren ersten und von Menschen schriftlich dokumentarisch moralischen und ethischen Grundregeln und Werten. Von der hebräischen Priesterschaft wurden sie als „von Gott gegeben“ erhoben.

Die sinnvollste Umschreibung der Bibel wäre somit gar „Märchenbuch“, denn sie enthält Legenden, Sagen, Mystik, Mythen, Epen, Dichtung, Fantasie und eine fatal unzuverlässige Historie Israels – aber kein einziges „wahres Wort von Gott“; es ist ein Dogma (Kirchenlehre, Glaubenssatz) ohne Authentizität – und soll so geglaubt werden.

Auch der zurückgetretene Papst Benedikt (Literatur „Jesus von Nazareth“, 2. Kapitel, S. 73) glaubt nicht an Jesus als Heiland der Welt (Lukas 2,11 / Johannes 4.42) oder den Erretter und Erlöser Israels (Lukas 1,68 u. 1,74). Jesus hat laut Herrn Ratzinger (Literatur: „Jesus von Nazareth“) nichts Neues gebracht; die grundlegende Wende, den totalen Wandel zu einer heilen Welt, das Ende der Herrschaft Satans und der Beginn der Gottesherrschaft auf Erden blieb aus – seit nunmehr 2000 Jahren. Dabei hatte Jesus die feste Zusage gemacht: „Einige von denen, die hier stehen, werden den Tod nicht schmecken, bis sie das Himmelreich/Reich Gottes sehen.“ (Matthäus 16,28 / 24,34, Markus 1,15 / 9,1 / 13,30, Lukas 9,27 / 17,21 / 21,32 / 23,51). Jesus hat das erhoffte und von den jüdischen Propheten geweissagte „Heil“, als Messias eines Friedensreiches, nicht erbracht. In der jüdischen Religion findet er daher keine Anerkennung.

Die ersten Zweifel findet man schon im Brief des heiligen Petrus – 2. Petrus 3,4.

Aus „Friede auf Erden“ (Lukas 2,14) wurde nun der 2000-jährige Unfriede in und zwischen den Religionen, speziell den abrahamischen. Auch die Vorstellung einer Auferstehung des Fleisches ist für Papst Benedikt „gescheitert“ – obwohl es ein fundamentales Glaubenselement des Christentums ist. Die Evolution gilt gleichfalls für die Päpste und zahllose Theologen – nicht mehr die Schöpfungsgeschichte in Genesis – als Realität.

Weltweit gab es im Namen von Göttern unzählige und sinnlose Blutopfer; seit Tausenden von Jahren hatte sich die Menschheit um den Begriff „Gott“ die Schädel eingeschlagen, die psychische und physische Drangsal für die Betroffenen – voll Angst und Schrecken, Leid und Elend, Blut und Tränen – ist unvorstellbar. Es scheint auch, als sei die Erde zum Zankapfel für Götter geworden.

Ungefähr 80 Prozent aller irdischen Konflikte haben eine religiöse Ursache, dieses Faktum ist täglich in den Medien nachvollziehbar, die Priesterschaft – gleich welcher Religion – ist einfach nicht in der Lage, ihre Zöglinge zu zügeln. Gegenwärtig im Irak die Sunniten gegen die Schiiten, in Nordirland die Protestanten gegen die Katholiken, in Ägypten Muslime gegen koptische Christen und weltweit v.a.m. Die Religionen – besonders die abrahamischen – stören seit ewigen Zeiten täglich den öffentlichen Frieden.

Zerstörung zahlreicher Kulturen und die Ausrottung ganzer Völker gehören zur Geschichte des Christentums. Fanatismus und Paranoia, Tyrannei und Terror, Vertreibung und Flucht, Krieg und Töten, grober Unfug, Lug und Betrug und vieles andere mehr sind von den Religionen untrennbar. Sie sind das Negativste, was der Menschheit je widerfahren ist. Sklaverei und Rassismus, Steinigung und Beschneidung, Minderwertigkeit des weiblichen Geschlechts und Gewalt gegen Kinder sind mit Sicherheit keine „göttlichen Gebote“.

Unter kompetenten Psychologen gilt Religiosität als eine Krankheit des Geistes – Paranoia, eine Psychose – oder als ein genetischer Defekt; oder handelt es sich um Missbrauch der Einfältigen durch die Religionsführer? Es werden die Armen ärmer, wie die Dummen dümmer.

Aufgrund seiner Geschichte gilt das Christentum auch: „... als Inbegriff und leibhaftige Verkörperung und absoluter Gipfel welthistorischen Verbrechertums ...“ (Literatur: „Kriminalgeschichte des Christentums“, Band 1, S. 15), und in einem Gutachten für die Justiz: „... nach intensiver Beschäftigung mit der Geschichte des Christentums kenne ich in der Antike, Mittelalter und in der Neuzeit einschließlich und besonders des 20. Jahrhunderts keine Organisation der Welt, die zugleich so lange, so fortgesetzt und so scheußlich mit Verbrechen belastet ist, wie die christliche, ganz besonders die römisch-katholische“.

Infolge der Aufklärung und der schnellen Medien ist eine Schwindsucht des Glaubens/der Religion – eigentlich des Aberglaubens – unaufhaltsam. Die Mehrheit der Bundesbürger – circa 60 % – glaubt nicht mehr an die Aussagen der Bibel, obwohl noch circa 60 % (?!) einer der großen Kirchen angehört. 1950 galten noch 95 % der Bürger in Deutschland als Bibel-Freaks.

Alle wissenschaftlichen Fortschritte, geologische, biologische und medizinische, alle ethischen, moralischen und humanen Werte und Normen, mussten gegen den Widerstand der Kirchen mühsam erstritten/errungen werden. (Verbot der Aufklärung – Index von 1559 bis 1966). „Es besteht keine Staatskirche“ laut Grundgesetz für die Bundesrepublik Deutschland/Religionsfreiheit Artikel 137/1 von 1919.

Die Trennung von Staat und Kirche – ein gravierendes Versäumnis der Legislative in Deutschland – obwohl sogar Papst Benedikt XVI. für eine „Entweltlichung“ eintrat (September 2011 in Freiburg).

In vielen Ländern: Frankreich 1905 / Türkei 1928 / USA 1947 u.v.a.m. besteht eine strikte Trennung – in den arabischen Ländern stemmt man sich vehement gegen die Islamisierung und Einführung der Scharia – allerdings nur die modern eingestellten Menschen.

Zusammenfassung – unwiderlegbares Faktum

Der Vatikan – das Sünden-Zentrum der Welt.
Die Bibel – der größte Schwindel der Weltgeschichte.
Das Christentum – der größte Kriminalfall der Menschheit.
Mythos Jesus – ein unvergleichbarer welthistorischer Humbug.

Seit 2000 Jahren werden Menschen belogen und betrogen – im Grundgesetz umschreibt man es als „Religionsfreiheit" (Weimarer Verfassung vom 11. August 1919, Artikel 136).

Und im Artikel 137 heißt es: „Es besteht keine Staatskirche". Eine vollständige Trennung von Staat und Kirche ist in Deutschland immer noch nicht vollzogen, ein nicht nachvollziehbares Versäumnis der Legislative.

Es scheint wie eine ewige Kooperation, Kollaboration und Korruption zwischen der Geistlichkeit und staatlicher Gewalt.

Die Erfindung von Göttern war immer eine Domäne der Priesterschaft; unzählige Götter sind inzwischen „verstorben" ...

Faktum 2

Ursprung, Zeitablauf und Entwicklung der abrahamischen Religionen – Thora und Bibel

Die Vermutung vom Urknall zum Planeten Erde ist die Grundlage der heutigen Kosmologie. Nach den Erkenntnissen der Naturwissenschaft entwickelte sich der Kosmos vor ca. 20 Milliarden Jahren. Sonne, Mond, Erde und die Planeten entstanden vor 5 bis 4 Milliarden Jahren. Auf der Erde entwickelt sich der erste Meilenstein zur irdischen biologischen Evolution, die ältesten Lebensspuren – die Urzellen.

Nach der Lehre der Naturwissenschaftler Charles Darwin (1809–1882) und Ernst Haeckel (1834–1919) ist die Entwicklung auf Erden ein biologischer und geologischer, ein Wirken durch Zufälle ohne Planung. Eine natürliche Bestauslese führte zur Weiterentwicklung von genetischen Varianten, so trennte sich ganz natürlich die Spreu vom Weizen, das Starke vom Schwachen, ohne göttliche Aktivitäten.

Im Laufe der Zeit erfolgte die Menschwerdung, die Trennung vom Schimpansen zum Menschen, des Hominiden Australopithecus vor ca. 5 Mill. Jahren, des Homo habilis vor 2 Mill. Jahren, des Homo erectus – des Aufrechten – vor ca. 1,8 Mill. Jahren. Vor 150000 Jahren trat der europäische Neandertaler aus dem Dunkel der Prähistorie hervor, er starb vor 40000 Jahren aus. Seit nunmehr ca. 1 Mill. Jahren bevölkert der Homo sapiens – weise und vernunftbegabt – die Erde. Unter diesen Urzeitmenschen entstehen bereits die ersten Jenseitsvorstellungen, das bezeugen Grabbeigaben für die Toten. Ein Leben nach dem Tode ist keine reine Utopie mehr, in diesen Vorstellungen sind die Anfänge der Religionen und Götter zu sehen.

1. Mose 1,27 Und Gott schuf den Menschen zu seinem Bilde, zum Bilde Gottes schuf er ihn; und schuf sie als Mann und Weib.

1. Mose 2,22 Und Gott der Herr baute ein Weib aus der Rippe, die er von dem Menschen nahm, und brachte sie zu ihm.

Nach der biblischen und jüdischen Zeitrechnung, aufgrund der Schöpfungsgeschichte und der Stammbäume im 1. Mose 5–7, 1. Chronik 1, 1–4, Matthäus 1, 1–25 und Lukas 3,23–38, rechnet man 5761 Jahre für das Alter der Erde, bezogen auf das Jahr 2000. Ein vermuteter und errechneter Tag der Schöpfung nach Rabbi Hillel im 4. Jahrhundert ist der 07. 10. 3761 v.u.Z.

Diese Geschichten der Weltschöpfung und um Adam und Eva (1. Mose 1–2, die Genesis-Entstehung) entstanden als Mythen aus der damaligen Unkenntnis der Evolution.

Die Sintflut oder „Sündflut“ (1. Mose 6–8), eine Überschwemmung der ganzen Erde als Kollektivstrafe Gottes für die sündhafte Menschheit, für die Tier- und Pflanzenwelt, lässt sich leicht erklären. Es handelte sich dabei sicher um Überschwemmungen oder Flutkatastrophen z.B. des Euphrat oder Tigris, daher auch erstmalig unter dem sumerischen Stadtfürsten als „Gilgamesch-Epos“ in Uruk um 2750 v.u.Z. auf 11 Schrifttafeln erwähnt. Es waren damals Naturereignisse in Mesopotamien, wie vergleichsweise die große Flut 2000 in Mosambik oder am 26. Dezember 2004 am Indischen Ozean ein Tsunami mit mehr als 200 000 Opfern – wie sie fortlaufend die Menschheit heimsuchen.

Die von Gott ausgelöste Sprachenverwirrung in der Geschichte zum Turmbau zu Babel (1. Mose 11) gilt als eine mystische Darstellung, denn die Vielfalt der Sprachen entwickelte sich in Jahrtausenden in allen Regionen und Kulturen auf Erden.

Zur Geschichte vom Stamm- oder Erzvater Abram der Israeliten und abrahamischen Religionen, später von Gott Jahwe umbenannt in Abraham (1. Mose 12–18) ist zu sagen, dass diese Darstellung als eine israelitische Volkssage aus der Zeit zwischen 3000 und 1500 v.u.Z., der semitischen Hebräer gilt.

Der Ursprung der abrahamischen-monotheistischen Kultur begann im 4. Jahrtausend mit dem Volk der Sumerer in Mesopotamien um 3500 mit einer Blütezeit und der Einführung der Keilschrift und wurde ab 3100 von den Semiten (benannt nach Noahs ältestem Sohn Sem, 1. Mose 10,1) kulturell weiterentwickelt. Aus dieser Zeit resultieren die ersten geistigen und schriftlichen Ursprünge an Sagen, Legenden, Epen, Mythen, Dichtung und der Historie der Urzeit.

Die beiden Städte am Toten Meer – Sodom und Gomorrha – wurden wegen ihres besonders lasterhaften und gottlosen Lebenswandels der Bewohner von Gott Jahwe vernichtet (1. Mose 19). Es war sicher eines von vielen Erdbeben, die immer wieder die Erde erschüttern, etwa 100 davon haben jährlich eine zerstörende Kraft; allein 600 000 Tote forderte 1976 ein schweres Erdbeben in Tangshan in China. Am Toten Meer treffen der ostafrikanische Graben – tiefster Graben in der Erdkruste – und die afrikanische Kontinentalplatte aufeinander, Erdbeben sind somit unausweichlich. Diese Darstellungen entstanden mit Sicherheit aus der damaligen Unkenntnis der Naturgewalten.

Um 1200 v.u.Z. beginnt der Auszug der Juden unter Mose aus der Sklaverei in Ägypten. Die Dauer des Auszugs – Exodus, 2. Buch Mose – mit 600 000 Mann durch die Wüste Sinai betrug 40 Jahre (2. Mose 16,35 / 4. Mose 32,13). Die Juden waren auf der Suche nach dem Land Kanaan, einem Land, in dem Milch und Honig fließen sollten (2. Mose 13,5 / 4. Mose 16,14), das den Nachkommen Abrahams angeblich von Gott verheißen (1. Mose 17,8 / 2. Mose 34,24) und zu ewigem Besitz gegeben sein sollte.

Und Gott sprach: Israel ist mein „erstgeborener Sohn" (2. Mose 4,22 / Lk 3,22 / Lk 9,35).

Auf dem Berg Gottes Horeb/Sinai empfängt Mose die angeblich „göttlichen Gebote". Dort steht heute das Katharinenkloster.

Vierzig Tage und Nächte harrte Mose aus (2. Mose 16,35 / 2. Mose 31,18 / 2. Mose 34,28 / 5. Mose 9,10).

Die Entgegennahme der „göttlichen Gebote“ (2. Mose 20–40 / 3. Mose bis 5. Mose) stellt kein Novum dar. Bereits ein halbes Jahrtausend zuvor erhielt der babylonische König Hammurabi (1728–1686 v.u.Z.) von Sonnengott Schamach strenge persönliche Gesetze, es sind die ersten schriftlich überlieferten moralischen und ethischen Grundregeln und Werte aus der Ur- und Frühzeit der Sumerer, überliefert in Keilschrift auf Gesetzesstelen und Tontafeln. Die Texte ähneln denen von Gott Jahwe unter Mose in auffälliger Weise, der kulturelle Zusammenhang ist unverkennbar. Eine Sammlung befindet sich im Louvre-Museum in Paris.

Die „Sünde des Volkes“ tragend, darf Mose das „gottgegebene Land“ für das jüdische Volk (1. Mose 17,8 / 1. Mose 28,13 / 4. Mose 20,12 / 5. Mose 32,49.52 / Joh 1,17 u. 1,29) nicht betreten. Es folgen Moses Tod (5. Mose 34,7) und die Schaffung der Stiftshütte und Bundeslade (2. Mose 25–40). Angeblich befindet sich die Bundeslade als Hauptheiligtum in der Marienkathedrale der koptischen Christen in Axum/Aksum, Äthiopien. Sie wird als göttliches Geheimnis verwahrt. Die apokalyptische Schrift: „Moses Himmelfahrt“ ist aufgenommen in die Apokryphen.

Die Mose-Story dürfte allerdings nur eine Legende mit historischem Kern sein. Es gibt keinerlei verlässliche Quellen oder Aufzeichnungen in Ägypten oder von Historikern, allerdings ist ein kontinuierliches Anwachsen theologischer Fantasien der Priesterschaft zu erkennen.

Nach Milliarden Jahren der Weltschöpfung hatte sich nun vor ca. 6000 bis 3000 Jahren laut Bibel ein allmächtiger Gott seinem auserwähltem Volk Israel auf Erden offenbart: *Ich bin der allmächtige Gott ... ich werde sein, der ich sein werde ... meinen Namen „Herr“ habe ich ihnen nicht offenbart ... ihr (Israel) sollt heilig sein, denn ich bin heilig, der Herr, „euer“ Gott (1. Mose 17,1 / 2. Mose 3,14–15 / 2. Mo-*

se 6,3 / 3. Mose 19,2). Gott sprach oft mit seinem „auserwählten Volk", und übt sich nun schon seit ca. 3000 Jahren im ewigen Schweigen ... warum??

Faktum: Mose ist nicht der Verfasser seiner Bücher, sie wurden erst im fünften Jahrhundert zur Zeit der babylonischen Sklaverei verfasst, also um die 700 Jahre nach den Ereignissen (siehe u.a. „Was macht die Bibel heilig?", Bibel und Kirche, S. 199, Kath. Bibelwerk e.V.; Anhang Bibel „Zeittafel zur Überlieferung der Bibel").

Der erste König Israels war Saul (1012–1004), er wurde von Samuel (einem Propheten) zum „Fürsten" über Israel gesalbt und vom ganzen Volk anerkannt (1. Sam 22–31 / 2. Sam 1–2 / 1. Chr 8–10).

Unter der berühmtesten Gestalt des jüdischen Nationalismus (Davidstern in der Flagge des Staates Israel), als zweiter König und als der eigentliche Gründer des Reiches – er vereinigte Israel und Juda – und der Dynastie, gilt König David (Liebling Gottes, 5. Mose 7,16) von 1004–965 v.u.Z. Er erhob Jerusalem zur Hauptstadt und die 12 israelitischen Stämme erlebten ihre erste Blütezeit (1. Sam 16–24 / 2. Sam / 1. Chr 11–29). Es war ein „goldenes Zeitalter" unter David. Aus dem „Hause David" stammte nach christlicher Überzeugung Jesus, nach jüdischem Glauben der neue König und Erlöser und Erretter, der Messias (Jes 9,5–6 / Lk 1,32–33 / Lk 1,68–74 / Lk 2,10–14).

Fatal: Die davidische Dynastie/das davidische Geschlecht wurde durch den babylonischen König Nebukadnezar, 605–562 v.u.Z., zerschlagen. Er zerstörte 587/586 das Königshaus Davids und das Gotteshaus Jahwes in Jerusalem, für das Volk beginnt die „babylonische Gefangenschaft". Der letzte König des Südreiches Juda war Zedekia/Zidkija, 597–587 (2. Kön 25 / 2. Chr 36 / Jer 39,6 / Jer 52).

Kein Verlass auf „Gottes Wort":

Hatte Gott nicht verkündet: Aber dein Haus und dein Königstum sollen beständig sein in Ewigkeit vor mir, und dein Thron soll ewiglich bestehen ... und des Friedens kein Ende (2. Sam 7,12–16 / Jes 9,5–6 /

Jes 55,3 / Ps 89), ein ewiges Heil für Jerusalem (Jes 4), und Israel (Jes 51), unter Gottes Schutz (Ps 91), Bund für tausend Geschlechter (Ps 105,8), Haus und Thron ewiglich (1. Chr 17,12 / 22,10 und 28,6).

Aus der Zusage auf ein ewiges Königstum für die Dynastie (Geschlecht) Davids ... und eines Heils und Friedens ohne Ende wurde ein weltweit unvergleichbarer Leidensweg (Martyrium). Das erhoffte Friedensreich ist auch bis heute nicht zur Ruhe gekommen, die heilige Stadt Jerusalem (die Friedensreiche) wurde zur Superlative an Feindseligkeit. Nach und schon unter Petrus und Paulus begann der 2000-jährige Unfrieden, in und um die Religionen. (Judenchristen – Heidenchristen, Konfliktthema die Beschneidung) (Apg 15,1 / Gal 2 / Gal 5,2–6).

Der Sohn Davids, Salomo (um 965–926), hatte Jerusalem mit einem prächtigen Tempel und großen Königspalast ausgestattet (1. Kön 1–11 / 1. Chr 21–29 / 2. Chr 1–9), der Zionsberg galt nun als der wahre Gottesberg (Ps 48,1–3 / 1. Kön 1–11). Dieser erste jüdische Tempel wird 587/586 unter Nebukadnezar zerstört und nach der babylonischen/assyrischen Gefangenschaft, 597 bis 538/520, wieder aufgebaut (2. Kön 17–25 / Jer 51–55 / 2. Chr 36 / Jes 44,21–22).

Um 700 v.u.Z. entstehen die Prophetien über einen Nachfolger König Davids und eines Gottesreiches – der Mythos Jesus als „Gott rettet" oder „Jahwe hilft" – durch die Propheten Jesaja, Jeremia und Micha (Jes 7,15 / Mt 1,23 / Jes 9,1 / Lk 1,79 / Jes 9,5–6 / Lk 1,32–33 u. 2,10–14 / Jes 11,1–2 / Jes 53,4–5 / Jes 65,17–25 / Jer 23,5–6 / Mi 7,18 / 5. Mose 18,15 / Apg 3,22 u. 7,37).

Im krassen Widerspruch zu den Weissagungen dieser Propheten und den Vorstellungen und Hoffnungen der Israeliten steht die Realität – der ca. 3000-jährige Leidensweg eines scheinbar von Gott verlassenen und vergessenen Volkes.

Schon 63 v.u.Z. gerät Judäa unter röm. Herrschaft, 37 v.u.Z. wird Herodes der Große Prokurator der Provinz (bis 4 v.u.Z.), obwohl er kein Jude ist. Er lässt den zweiten Tempel großartig ausbauen, der 9 v.u.Z. eingeweiht wird. Davon ist nur die „Klagemauer“ erhalten.

Der Aufstand gegen die Römer ab 63–70 u.Z. endet mit der Niederschlagung und Zerstörung des Tempels durch Titus. Bis zur Neugründung Israels 1948 lebten die Juden weltweit in der Diaspora und einer unvergleichbaren Unterdrückung und Verfolgung, stigmatisiert als die „Mörder des Herrn Jesus“. Es war der Ursprung des Antisemitismus. Das unendliche Leid und Elend ließe sich nur in Buchform wiedergeben.

Die im Neuen Testament vielfach zugesagte Erlösung und Errettung „von und aus der Hand unserer Feinde“ (Lk 1,68–80 / Joh 4,42 / Apg 13,23 u. Gal 1,4) blieb aus ...

Jesus hatte für sein Volk nichts Neues gebracht, so auch Joseph Ratzinger in seinem Buch „Jesus von Nazareth“, 2. Kapitel, Seite 73.

Nach König Herodes dem Großen übernahmen in Erbfolge seine drei Söhne die Herrschaft über Teile Palästinas:

Archelaus (4 v.–6 u.Z. – Mt 2,22). Herodes Antipas (4 v.u.Z. bis 39 u.Z.), Landesherr über Johannes den Täufer und Jesus (nur bei Lk 23,6–12). Enthauptung des Johannes im Jahr 28, Beginn von Jesu Wirken über ein bis zwei Jahre. Kreuzigung um 30.

Dritter Sohn Philippus (4 v.u.Z. bis 34 u.Z.)

Quirinus, 6–11 u.Z., römischer Legat der kaiserlichen Provinz Syrien. Die Steuerschätzung in Judäa und Samaria im Jahr 6 u.Z. (Lk 2,2). Pontius Pilatus, 26–36 römischer Prokurator von Judäa (Mt 27 / Mk 15 / Lk 23 u. Joh 18). Pilatus verurteilte Jesus zum Tode auf Verlangen der Juden.

Faktum 3

Das Buch aller Bücher – griechisch „Buch“

Eine heilige Schrift der Juden – der Thora – ihr Bund mit Gott und dessen Zehn Gebote für das Judentum.

Für das Christentum gilt die Thora als der alte Bund mit Gott, das Alte Testament.

Das Neue Testament als der neue Bund mit dem Sohn Gottes – Jesus – und Gott. Die Bergpredigt für seine Nachfolger.

Die Bibel als eine Frohe Botschaft und eine Gute Nachricht, die Hoffnung auf eine grundlegende Wende, einen globalen Wandel, auf eine heile Welt. Der Beginn der Herrschaft Gottes auf Erden und das Ende der Herrschaft Satans.

Eine Verfügung Gottes und Gottes wahres Wort.

Verwunderlich: Der Schöpfer des Universums gilt als Inspirator von drei heiligen Schriften:
Vor ca. 6000 Jahren die Thora durch Jahwe für das Judentum.
Um 2000 u.Z. das Neue Testament für das Christentum durch Gott.
Vor ca. 1400 Jahren der Koran von Allah für den Islam.

Vorschlag: Die abrahamischen Religionen sollten sich auf den Gott ihres gemeinsamen Stammvaters einigen – die ewigen Konflikte wären beigelegt.

Die Erfüllung nach Lukas 2,14: „Ehre sei Gott in der höhe und Friede auf Erden ...“

Faktum 4

Die unendliche Vielfalt des Christentums – die unzähligen abrahamischen Religionen/Konfessionen

Im Ökumenischen Weltrat der Kirchen – der Rat konstituierte sich 1948 in Amsterdam – gibt es 349 selbstständige christliche/konfessionelle Kirchen, als Beobachter der sich für die einzig „wahre und heilig" haltenden Katholische Kirche.

Jede deklariert/betrachtet/bewertet unterschiedliche Bücher/Schriften aus der Urzeit des Juden- und Christentums als „kanonisch/Richtschnur/Maßstab" als glaubwürdig oder verbindlich.

Die Bibel ist somit ein Buch der tausend Möglichkeiten.

Schon im frühen Christentum trennten sich die Kirchen des Ostens und des Westens in die katholische, orthodoxe, unierte, armenische, nestorianische und letztendlich kam nach Martin Luther der Protestantismus. In der Grabeskirche Jesu in Jerusalem bekämpfen sich fünf Konfessionen.

Das Christentum, der ewige Konflikt – man nennt es Ökumene.

Faktum 5

Das Christentum hat kein gemeinsames „wahres Wort Gottes", keine einheitliche Bibel – verschiedene Bücher und diverse Übersetzungen

Die Luther-Bibel der Evangelischen Kirche umfasst 66 Bücher.

Das Neue Testament besteht inhaltlich aus 27 Schriften für beide Kirchen – evangelisch und katholisch.

Bei der evangelischen Kirche kommen 39 alttestamentliche Bücher hinzu. Den Pentateuch – es sind die fünf Bücher Mose – die Septuaginta – dazu zählen 12 „Geschichtsbücher", fünf Bücher Dichtung und Weisheitsliteratur und 17 Prophetenbücher, also insgesamt 66 Bücher.

Bei der katholischen Kirche kommen 7 Spätschriften zum Alten Testament hinzu. Das Buch Tobit, Judit, 2 Makkabäer, Weisheit des Salomo, Jesus Sirach und Baruch, also insgesamt 73 Bücher.

Die orthodoxen Kirchen halten noch drei weitere Bücher für „wahres Wort Gottes", insgesamt 76 Bücher.

Um eine einheitliche Bibel und diese in „gerechter Sprache" wird nunmehr seit 2000 Jahren gerungen, es ist eine sinnlose Sisyphusarbeit – jede Konfession hat ihre eigene Version und Vision.

Zum Nutzen der Kirchen – zur Last für die Bürger.

Faktum 6

Die Bibel – wahres Wort, nicht Gottes Wort! oder Alles nur grandiose Fantasien der Priesterschaft?

Katholischer Katechismus Nr. 105 bis 141 –
„Inspiration und Wahrheit der Heiligen Schrift":

Nr. 105 Gott ist der Urheber (Autor) der Heiligen Schrift. „Das von Gott Geoffenbarte, das in der Heiligen Schrift schriftlich enthalten ist und vorliegt, ist unter dem Anhauch des Heiligen Geistes aufgezeichnet worden."

„Denn die heilige Mutter Kirche hält aufgrund apostolischen Glaubens die Bücher des Alten Testaments in ihrer Ganzheit mit allen ihren Teilen für heilig und kanonisch, weil sie, auf Eingebung des Heiligen Geistes geschrieben, Gott zum Urheber (Autor) haben und als solche der Kirche übergeben sind."

Dazu Joseph Ratzinger als Kardinal in seinem Buch „Gott und die Welt":

„Weil sich niemand mehr zu sagen traut, dass das, was der Glaube sagt, wahr ist ... die einzig (katholische) wahre Kirche ..."

FOCUS Nr. 37/2000, „Ganze Größe von Gottes Wort", S. 48

Dr. Robert Zollitsch, Erzbischof von Freiburg, Vorsitzender der Deutschen Bischofskonferenz:

Buch „Das Wort Gottes für jeden Tag 2014", ISBN 978-3-7462-3618-6.

Henning Röhl, Stiftung Bibel-TV, Wandalenweg 26, 20097 Hamburg: „Gottes Wort rund um die Uhr"

Neue Kirchen-Zeitung, Erzbistum Hamburg, Nr. 18/2002

Bundespräsident Joachim Gauck, am 27. Mai 2012 in Ratzeburg
„Gottes Wort", Amtseid: „So wahr mir Gott helfe".

Wahres Wort in der Bibel:
2. Mose 20,1 / 2. Mose 20,22 / 5. Mose 5,6 / 5. Mose 5,22 / 5. Mose 6,1 / Ps 119 / Mi 6,8 / Lk 8,21 / Lk 11,28 / Joh 1,1 / 1,14 / 3,34 / 17,17 / Apg 6,7 / 12,24 / 13,46 / 15,36 / 18,9 / 19,20 / 1. Kor 2,13 / 1. Thess 2,13 / 2. Tim 3,16 / 1. Petr 1,23 / Offb 1,2

Broschüre: Bibel und Kirche, Kulturgut Bibel, Kath. Bibelwerk 2/1993, S. 68:
„Die Bibel ist auch nicht 'Wort des lebendigen Gottes', wie es heutzutage missverständlich nach der Epistel in die Kirche hineingerufen wird. Die über Jahrhunderte hin gültige fromme und gelehrte kath. Tradition belehrt uns vielmehr, dass sich das ewige Wort Gottes in den zeitlichen und geschichtlichen und irrenden Menschenworten offenbart.
Im Sinne einer wirklichen Weitergabe des Wesens des christlichen Glaubens wäre es deshalb auch, die erst in der Neuzeit entstandene, missverständliche Auffassung von der Inerranz (Irrtumslosigkeit) der Bibel fallenzulassen."

Theologe Dr. Helmut Feld

Den Wahrheitsanspruch der Bibel – als wahres Wort – kann man nur vermuten, er könnte bis zu 10 Prozent betragen.

Faktum 7

Auch Kleriker haben wenig Vertrauen in die Aussagen der Bibel – Schöpfungsgeschichte oder Evolution?

Für viele Bürger und die große Mehrheit von Wissenschaftlern gilt die Evolutionstheorie nach Charles Darwin (1809–1882) und Ernst Haeckel (1834–1919) als realer und glaubwürdiger. Bereits 1950 hat auch Papst Pius XII. sie als eine „ernstzunehmende Hypothese" bezeichnet, in seiner Enzyklika „Humani Generis". Diese These wird 1996 auch von Papst Johannes Paul II. akzeptiert. Schon der abendländische Kirchenlehrer und Bischof Augustinus von Hippo (354–430 u.Z.) wusste, dass der Bericht über die Schöpfung als ein Sechs-Tage-Werk Gottes nicht wörtlich und historisch aufzufassen sei.

Für Kreationisten gilt dagegen der wortgenaue Schöpfungsbericht der Genesis im ersten Buch Mose.

Die Naturwissenschaft legt für das Alter der Erde circa 4–6 Milliarden Jahre zugrunde, die jüdische Zeitrechnung 5761 Jahre, bezogen auf das Jahr 2000.

Die Stammbäume Jesu lassen sich mit dieser Zeitspanne nicht vereinbaren.

Dazu der Katholische Katechismus „Der Schöpfer" (Auszüge):

Nr. 280 u. 315 Schon von Anfang an hatte Gott die Herrlichkeit der Neuschöpfung in Christus vor Augen ... in Christus ist die Neuschöpfung verwirklicht ...

Nr. 349 u. Nr. 2174 (Auszüge): Der achte Tag. Für uns aber ist ein neuer Tag angebrochen: der Tag der Auferstehung Christi. Der siebte Tag vollendet die erste Schöpfung. Am achten Tag beginnt die Neuschöpfung ... als großes Werk der Erlösung ... das Reich Gottes/Himmelreich auf Erden ...

Nr. 2191 Die Kirche feiert die Auferstehung Christi am achten Tag, der mit Recht Tag des Herrn oder Sonntag genannt wird.

Unerklärlich: Warum hat ein allmächtiger und barmherziger Schöpfer des Himmels und der Erde nicht gleich eine „heile“ Welt geschaffen?

Die großen Denker der Geologie, Astronomie und Naturwissenschaft wurden von der Kirche bekämpft und verteufelt, mit unabsehbaren Folgen für die Wissenschaft und die Forscher:

Giordano Bruno, Philosoph, 1548–17.02.1600, als Ketzer verbrannt.

Galileo Galilei, Naturforscher, 1564–1642, Hausarrest.

Nikolaus Kopernikus, Begründer der Himmelskunde/Astronom, 1473–1543, traute sich nicht, seine Erkenntnisse über das heliozentrische Weltbild einer breiten Öffentlichkeit zugänglich zu machen.

Sie alle gehörten zu den Opfern.

Anmerkung der päpstlichen Bibelkommission:

Die päpstliche Bibelkommission hat am 30. Juni 1909 bestimmt, dass die ersten Kapitel der Genesis im buchstäblichen und historischen Sinn zu verstehen seien und Berichte über wirklich geschehene Ereignisse enthielten. (Bibel und Kirche, Kulturgut Bibel, S. 67, Katholisches Bibelwerk e.V.).

Faktum 8

Entwicklung und Verfasser der biblischen Schriften

Das Alte Testament – der alte Bund der Juden mit Gott – ist ein antikes, orientalisches und jüdisches Kulturgut. In der Frühzeit der Menschheit wanderten kleine Nomadenstämme, unter ihnen auch das „auserwählte Volk Gottes“, durch den Vorderen Orient. Das aufgenommene religiöse Kulturgut wurde über Generationen weitergegeben und die Schriften entstanden in einem über Jahrhunderte andauernden Prozess, besonders zwischen dem 8. und 2. Jahrhundert v.u.Z. durch Sammlung, Aussonderung, Änderung und Gliederung orientalischer, jüdischer und ägyptischer Sagen, Legenden, Mythen, Epos, Dichtung und historischer Ereignisse, dazu kamen erste ethische und moralische Grundregeln.

Nach jüdischer Zeitrechnung beginnt die Geschichte mit der Weltschöpfung – Genesis – vor ca. 6000 Jahren. Die ersten schriftlichen Zeugnisse entstanden zur Zeit der großen Propheten Jesaja, Jeremia und Micha um 700 v.u.Z., es sind somit über Tausende von Jahren mündliche Überlieferungen. Um 630 v.u.Z. schrieben Deuteronomisten Kernstücke des Alten Testaments.

Die fünf Bücher Mose – der Pentateuch, Genesis, Exodus, Numeri und Deuteronomium – gilt als das Gesetzbuch (Talmud) der Juden, die Thora. 398 v.u.Z. setzt der Priester Esra – Geschichtsbücher im Alten Testament – im Auftrag des persischen Religionsministeriums unter König Artaxerxes I. die Thora als Kult-, Zivil- und Strafgesetzbuch in Kraft. Die „Septuaginta“ gilt als die älteste erhaltene Übersetzung des Alten Testaments aus dem Hebräischen ins Griechische (3. und 2. Jh.

v.u.Z.). Nach der Legende von 70 bzw. 72 jüdischen Ältesten/Gelehrten aus Jerusalem – je 6 aus den 12 Stämmen der Israeliten – in nur 72 Tagen in Alexandria im Auftrag des ägyptischen Königs Ptolemäus II. Philadelphus (285–246 v.u.Z.) auf der Insel Pharos hergestellt.

Sie wurde zur Grundlage für die Übersetzung ins Lateinische – die Vulgata – jüdisches Kulturgut wurde somit vom Christentum übernommen.

Faktum 9

Wer schrieb die Evangelien?

Jesus, seine Begleiter und Zeitzeugen haben keine schriftlichen Zeugnisse hinterlassen. In Aramäisch – der Sprache Jesu – ist nichts erhalten. Von den damaligen jüdischen und römischen Geschichtsschreibern wurde der König der Juden und Sohn Gottes kaum wahrgenommen. Josephus Flavius (37–100 u.Z.), Tacitus (55–120), Plinius (23–79), Plutarch (46–120), Sueton und Philon von Alexandrien hinterließen nur vage und unzuverlässige Angaben. Oder waren Jesus und seine Apostel/Jünger etwa Analphabeten?

Oder bedürfte es für die Nachwelt keiner Gründe für schriftliche Zeugnisse? Jesus selbst hatte ja verkündet, er würde alsbald als Menschensohn wiederkommen.

Jesu Rede über die Endzeit bei Matthäus 24, Markus 13 und Lukas 21: „Es stehen einige hier, die werden den Tod nicht schmecken, bis sie sehen das Reich Gottes/Himmelreich kommen mit Kraft". Oder: „Dieses Geschlecht wird nicht vergehen, bis dies alles geschieht."

vgl. 1. Korinther 10,11, 1. Petrus 4,7, 1. Johannes 2,18, Offenb. 3,11/22,20

Dagegen im 2. Petrus 3,4:
Wo bleibt die Verheißung seines Kommens?

„Denn nachdem die Väter entschlafen sind, bleibt alles, wie es von Anfang der Schöpfung gewesen." (Von der Schöpfung bis in die Gegenwart.) Die ersten Christen hatten somit jeden Tag das große Wunder, den grundlegenden Wandel der Welt, halt das Ende der bösen Gegenwart, der Herrschaft Satans, erwartet. Mit Jesus beginnt nun das „Heil" der Welt, die Herrschaft Gottes auf Erden.

Warum sollte man da etwas festhalten – wenn doch die Welt in dieser Generation untergehen wird?!

Nachdem die „Wiederkunft Jesu“ nun schon Jahrzehnte ausgeblieben war, wurde als erstes um 70 das Markus-Evangelium verfasst. Matthäus folgte um 80 und Lukas um 90, Johannes bis 100 u.Z., alle in griechischer Sprache, alle unter einem Pseudonym, es sind somit keine Zeitzeugen.

Die Evangelien des Matthäus, Markus und Lukas bezeichnet man als die „Synoptiker“, die Texte sind weitgehend übereinstimmend. Johannes gilt als Sondergut, es ist sehr stark abweichend.

Die Offenbarung des Johannes ist eine Apokalypse (Enthüllung). Sie ist zwischen 90 und 95 in griechischer Sprache auf der Insel Patmos geschrieben, der Verfasser ist wahrscheinlich Johannes der Alte von Ephesos. Es ist ein sicher von hoher dichterischer Kraft getragenes Werk von der nahen Ankunft des Heils der Welt.

Die Briefe des Paulus, geschrieben in den Jahren 50 bis 58, sind nicht alle aus seiner Feder. Nur der 1. Thess, 1. und 2. Kor, Gal, Phil, Phlm und der Brief an die Römer, die anderen sind von einem Schüler des Paulus. Der heilige Simon Petrus hat keine Briefe hinterlassen, er bezeugt sich allerdings als Schreiber, sie wurden jedoch erst zwischen 80 und 120 geschrieben (2. Petr 1,1).

Ein Petrusevangelium und eine Petrusapokalypse aus dem 2. Jh. sind in die Apokryphen aufgenommen, dort findet man auch „fantastische Kindheitsevangelien“ über Jesus.

Übrigens: Nach einer Auseinandersetzung zwischen Paulus und Petrus in Antiochia (Antakya/Türkei) um 49/50 verschwindet Petrus im Schutt der Legenden, dazu gehört auch sein Aufenthalt in Rom. Eine letzte Erwähnung findet man in der Apostelgeschichte 15.

Das Neue Testament, der neue Bund der Christen mit Gott, die frohe Botschaft, die gute Nachricht

Als um das Jahr 100 immer mehr Evangelien und Offenbarungen auf dem christlichen Büchermarkt erschienen waren, in denen z. T. fantastische Dinge zu lesen waren, mussten die Kirchenführer klarstellen, was nun als heilige Überlieferung zu gelten hatte und was nicht. Nach Schätzungen gab es damals vom Neuen Testament so um die 4000 Abschriften in griechischer Sprache, aber kein einziges Original mehr.

Unglaubwürdige Schriften wurden im Laufe der Kanonisierung vernichtet oder frühzeitig als „Apokryphen" – nicht anerkannte Schriften – ausgesondert. So kam es zur Bildung des einheitlichen neutestamentlichen Kanons (Richtschnur, Maßstab) mit 27 Schriften.

Konzil in Nizäa, Türkei, 20.5.325, christliches Glaubensbekenntnis unter dem römischen Kaiser Konstantin dem Großen.

Der gesamte Text des Neuen Testaments ist mit Codex Vaticanus (um 325 u.Z.) und Codex Sinaiticus (350 u.Z.) erstmals zu belegen.

367 werden die 27 Bücher des Neuen Testaments vom Bischof Athanasius in Alexandria (Jesu Wesensgleichheit mit Gott) kanonisiert und haben somit die kirchliche Autorität.

(Die Kapiteleinteilung erfolgte im 13. Jahrhundert, 1551 die Einteilung in Verse.)

Der römische Kaiser Theodosius I. der Große (379–395) lässt am 8. 11. 392 jeglichen Götterkult verbieten, das Christentum wird Staatsreligion, das Edikt der Dreieinigkeit, die Gottheit des Vaters, des Sohnes und des Heiligen Geistes, wird als Glaubensbekenntnis für alle Bürger verbindlich.

Die „Vollendung" der Bibel

Seit nunmehr vier bis sechs Milliarden Jahren der Weltschöpfung und fast viertausend Jahren seit der ersten Erklärung des Gottes der abrahamischen Religionen Jahwe oder Allah soll nun „Gottes wahres Wort" seine endgültige Fassung finden.

383 u.Z. beauftragte Papst Damasus I., 366 bis 384, den heiligen Kirchenlehrer und berühmtesten Bibelwissenschaftler (Eusebius) Hieronymus aus Stridon in Dalmatien, um 330 bis um 420, die hebräischen und griechischen Texte ins Lateinische zu übersetzen. Die „Vulgata" (lat. „die allgemein verbreitete/gebräuchliche"), wurde durch das Tridentinum 1546 für „authentisch" erklärt.

Faktum 10

Bibelwissenschaftler Hieronymus über sein Werk

„Es ist eine gefährliche Anmaßung, eine Bibel zu schreiben, die den richtigen Text wiedergibt, denn die vorhandenen Abschriften des Urtextes weichen voneinander ab. Würde man nun eine Bibel herausgeben, so würde sie von den übrigen abweichen und die Folge würde sein, dass man mich einen gotteslästerlichen Fälscher nennt, weil ich Worte geändert, hier etwas ausgelassen, dort etwas hinzugesetzt und sonstige Verbesserungen vorgenommen habe. So wie die Bibel jetzt vorliegt, kann von einer göttlichen Wahrheit keine Rede sein."

Luther, die Bibel in Deutsch

Martin Luther, Eisleben, 10. 11. 1483–18. 2. 1546, Reformator, Augustiner-Mönch. Übersetzt 1521/22 auf der Wartburg bei Eisenach hebräisch/lateinische Bibeltexte ins Deutsche.

Zitat Luther: „Ich hab nun 28 Jahr, seit ich Doktor geworden bin, stetig in der Biblia gelesen und daraus gepredigt, doch find' noch alle Tage etwas Neues drinnen."

Luther in einer Rede im Jahr 1524 zum Jüngsten Tag: „Ich hoffe ja, der Tag sei nicht weit, und wir wollen ihn noch erleben."

Luther war nach dem Studium der biblischen Schriften durch zahlreiche paranoide Vorstellungen schwer belastet, sein Gewissen „außer Rand und Band" geraten.

Im 2. Jahrhundert machten viele gnostische (religiöse) Gruppierungen ausgiebig Gebrauch von Namen der Apostel, wenn sie Schriften verfassten, um diesen damit apostolische Autorität zu verleihen. Nahezu jeder Apostel wurde durch die Apokryphen zum Verfasser einer eigenen Schrift – grenzenlose Fantasien sind weltweit die hervorragenden Qualitäten des Klerus und der Priesterschaft.

Faktum 11

Die Kirchen und die Bibel? Jeder übersetzt, wie er lustig ist!

Stell dir vor, dein Nachbar erzählt dir, dass sein Urgroßvater von seinem Großvater und der wiederum von seiner Urgroßmutter und die aus sicherer Quelle von einer Urgroßtante mütterlicherseits erfahren hat, dass ... und so weiter und so fort. Du würdest solchen Gerüchten keinen Glauben schenken! Aber genauso verhält es sich mit der Bibel. Tausendmal übersetzt, jedes Mal sollte es wieder eine „verbesserte" Ausgabe sein. Die erste Niederschrift gab es erst Hunderte von Jahren nach den jeweiligen Ereignissen, die Evangelien wurden erst einige Jahrzehnte später zu Papier gebracht.

Die Widersprüche reichen vom Himmel bis in die Hölle

Wie kann man vernünftigerweise Gott als Urheber, als Kommunikator einer Heiligen Schrift, einer frohen Botschaft ansehen, die so schlecht bei den Menschen ankommt, dass über ihren Inhalt eine chaotische Uneinigkeit besteht, dass seit der Frühzeit des Christentums bis in die Gegenwart die verschiedenen Kirchen und sonstigen konfessionellen Gruppen darüber streiten, was eigentlich Gott sagen wollte oder gemeint hat?

Die Bibel als „wahres Wort Gottes“ – Ein Dogma ohne Authentizität

Der Bibel-Wahnsinn hatte Methode und Tradition. Erst durften die Kirchenschafe gar nicht in der Bibel lesen. Später wurde ihnen dann ein von Menschen gebasteltes, vielfach verändertes und für eigene Zwecke der Priesterschaft manipuliertes Werk voller Absurditäten und Widersprüche vorgesetzt, was sie dann auch noch wortwörtlich zu glauben hatten.

Fazit: Die Geschichte des christlichen Schrifttums ist eine über drei Jahrtausende fortlaufende grandiose literarische Fälschung. Es ist ein Missbrauch der Einfältigen.

Faktum 12

Altes Testament – Der Mythos Jesus und seine Entstehung

Der Mythos vom Messias (hebr. der gesalbte König, griech. „Christos"), der das geschundene und geplagte Volk der Hebräer vor seinen Feinden erlösen und erretten soll (Lk 1,68–74), entsteht durch die jüdischen Propheten während der babylonischen Sklaverei zur Zeit von König Nebukadnezar, 605 bis 562, der 587/586 v.u.Z. Jerusalem zerstörte.

Jesaja, der in der 2. Hälfte des 8. Jahrhunderts in Jerusalem wirkte:

Jesaja 7,14 Siehe, eine Jungfrau ist schwanger und wird einen Sohn gebären, den wird sie nennen Immanuel (Jesus?).
vgl. Mt 1,23 / Lk 1,31 / Jes 8,8

Jesaja 9,1–6 Das Volk, das im Finsteren wandelt, sieht ein großes Licht, und über denen, die da wohnen im finsteren Lande, scheint es hell. *vgl. Lk 1,79 / Mt 4,16*
Denn uns ist ein Kind geboren, ein Sohn ist uns gegeben, und die Herrschaft ruht auf seiner Schulter; und er heißt Wunder-Rat, Gott-Held, Ewig-Vater, Friede-Fürst; auf dass seine Herrschaft groß werde und des Friedens kein Ende auf dem Thron Davids und in seinem Königreich, dass er's stärke und stütze durch Recht und Gerechtigkeit. Solches wird tun der Eifer des Herrn Zebaoth.
vgl. 2. Sam 7,12–13 / Jes 11,1–6 / Ps 72,3–4 / Lk 1,32–33

Jesaja 53,4–5 Fürwahr, er trug unsere Krankheit und lud auf sich unsre Schmerzen. Wir aber hielten ihn für den, der geplagt und von Gott geschlagen und gemartert wäre.

Aber er ist um unsrer Missetat willen verwundet und um unsrer Sünde willen zerschlagen. Die Strafe liegt auf ihm, auf dass wir Frieden hätten, und durch seine Wunden sind wir geheilt.
vgl. Röm 4,25 / Röm 8,32–34 / 1. Petr 2,24

Jeremia, wirkte von 627 bis 587 in Jerusalem, Priestersohn aus Anathoth:

Jeremia 23,5–6 Siehe, es kommt die Zeit, spricht der Herr, dass ich dem David einen gerechten Sproß erwecken will. Der soll ein König sein, der wohl regieren und Recht und Gerechtigkeit im Lande üben wird.
vgl. Jes 32,1 / Mt 1,1 / Mt 1,20 / Lk 1,32 / Lk 2,11 / 5. Mose 18,15
Zu seiner Zeit soll Juda geholfen werden und Israel sicher wohnen. Und dies wird sein Name sein, mit dem man ihn nennen wird: Der Herr unsere Gerechtigkeit.
vgl. 5. Mose 33,28 / Jeremia 31,31–34 / Jeremia 33,16

Micha, Prophet aus Morescheth um 720 v.u.Z.:

Micha 5,1 Und du, Bethlehem Efrata, die du klein bist unter den Städten in Juda, aus dir soll mir der kommen, der in Israel Herr sei, dessen Ausgang von Anfang und von Ewigkeit gewesen ist.
vgl. Mt 2,5–6 Lk 2,4

Micha 7,18 Wo ist solch ein Gott, wie du bist, der die Sünde vergibt und erlässt die Schuld denen, die übriggeblieben sind von seinem Erbteil; der an seinem Zorn nicht ewig festhält, denn er ist barmherzig!
vgl. Psalm 103

Sacharja, mehrere Propheten um 500 v.u.Z.:

Sacharja 9,9–10 Du, Tochter Zion, freue dich sehr, und du, Tochter Jerusalem, jauchze! Siehe, dein König kommt zu dir, ein Gerechter und

ein Helfer, arm und reitet auf einem Esel, auf einem Füllen der Eselin.
Denn er wird Frieden gebieten den Völkern ...
vgl. Mt 21,5 / Dan 6,27–28 / Dan 7,13.27

Die Prophetien sind die Grundlage und dokumentieren in prägnanter Weise die Vorstellungen des kommenden Reiches Gottes für das Judentum und Christentum.

Reich Gottes: Die griechische Wortgruppe (basileia tou theou), in der deutschen Übersetzung meist mit „Reich Gottes“ wiedergegeben, bedeuetet wörtlich übersetzt „Königsherrschaft“ oder „Gottesherrschaft“. Matthäus schreibt auch „Himmelreich“ oder „Reich der Himmel“. Jesus machte die Verkündigung der Gottesherrschaft zur Mitte seiner Botschaft. Für ihn ist diese Herrschaft Gottes bereits Wirklichkeit, die mit seinem Kommen in die Welt begonnen hat. Gott selbst vollendet am Ende der Tage dieses Reich, wenn endgültig seine Herrschaft aufgerichtet wird.

Quelle: benno-Verlag [kath.] Leipzig, „Taschen-Lexikon Religion“, ISBN 978-3-7462-2280-6

Vgl. auch Worterklärungen in Nachschlagewerken unter Reich Gottes/Himmelreich, z.B. Lexikon.

Faktum 13

Neues Testament – Das erleuchtete Wissen der Evangelisten

Matthäus 1,1 Dies ist das Buch von der Geschichte Jesu Christi, des Sohnes Davids, des Sohnes Abrahams.
vgl. 1. Mose 22,18

Matthäus 2,6 Und du, Bethlehem im jüdischen Lande, bist keineswegs die kleinste unter den Städten in Juda; denn aus dir wird kommen der Fürst, der mein Volk Israel weiden soll.
vgl. Mi 5,1

Matthäus 1,21–23 Und sie wird einen Sohn gebären, dem sollst du den Namen „Jesu“ geben, denn er wird sein Volk retten von ihren Sünden. Das ist aber alles geschehen, damit erfüllt würde, was der Herr durch den Propheten gesagt hat, der da spricht (Jesaja 7,14): Siehe, eine Jungfrau wird schwanger sein und einen Sohn gebären, und sie werden ihm den Namen „Immanuel“ geben, das heißt übersetzt: Gott mit uns.

Lukas 1,31–33 Siehe, du wirst schwanger werden und einen Sohn gebären, und du sollst ihm den Namen „Jesus“ geben.
Der wird groß sein und Sohn des Höchsten genannt werden; und Gott der Herr wird ihm den Thron seines Vaters David geben, und er wird König sein über das Haus Jakob in Ewigkeit, und sein Reich wird kein Ende haben. *vgl. Jes 9,5–6.*

Lukas 1,52 Er stößt die Gewaltigen vom Thron und erhebt die Niederen.
vgl. Ps 147,6.
(Die Geschichte bezeugt die Umkehrung unter Pilatus, der Jesus vom „Thron“ stieß.)

Lukas 1,68–74 Gelobt sei der Herr, der Gott Israels! Denn er hat besucht und erlöst sein Volk ... dass er uns errette von unseren Feinden ... erlöst aus der Hand unsrer Feinde ...

Lukas 2,10–11 Und der Engel sprach zu ihnen: Fürchtet euch nicht! Siehe, ich verkündige euch große Freude, die allem Volk widerfahren wird; denn EUCH ist HEUTE der HEILAND geboren, welcher ist Christus, der Herr, in der Stadt Davids.

Lukas 2,14 Ehre sei Gott in der Höhe und FRIEDE auf ERDEN bei den Menschen seines Wohlgefallens.

Lukas 3,22 Du bist mein lieber Sohn, an dir habe ich Wohlgefallen. *vgl. Jes 9,5–6 / Jes 11,1–2 / Jes 26,9 / Jes 41,14 / Jes 43,1 / Jes 51,6.*

Faktum 14

Jesus kündigte das REICH GOTTES / HIMMELREICH an – Es war nur eine Fiktion

Wenn Christen auf der ganzen Welt heute das „Vaterunser“ beten, dann denken die wenigsten bei den Worten „Dein Reich komme“ an eine unmittelbar bevorstehende Wiederkehr Christi. Vor knapp 2000 Jahren aber war das anders, viele der ersten Christen lebten in der Naherwartung. Zu Lebzeiten hatte Jesus gepredigt, das Reich Gottes/Himmelreich sei nahe und er werde als Menschensohn alsbald wiederkommen, und seinen Zeitgenossen versprach er: „Wahrlich, ich sage euch: Es stehen einige hier, die werden den Tod nicht schmecken, bis sie den Menschensohn kommen sehen in seinem Reich.“

Mt 16,28 u. 24.34 / Mk 1,15, 9,1 u. 13,30 / Lk 9,27, 17,21 u. 21,32

Sie bereiteten sich voller Freude auf das Kommende vor und wollten auch alles hinter sich lassen, was sie an irdischem Besitz und Eigentum hatten. Jesus hatte doch die Gefahr im Reichtum gesehen, dem reichen Jüngling empfohlen: „Geh hin, verkaufe alles, was du hast, willst du vollkommen sein, gib’s den Armen, so wirst du einen Schatz im Himmel haben, und komm und folge mir nach.“

Mt 19,21 u. 6,20 / Lk 10,4, 12,33, 18,22 / Apg 2,45

„Wie schwer werden die Reichen in das Reich Gottes kommen, eher geht ein Kamel durch ein Nadelöhr – weh euch Reichen! Ihr habt euren Trost schon gehabt.“

Mt 19,23–24 / Mk 10,20–31 / Lk 6,24 / Apg 20,33

So waren sich die Anhänger des „Sohnes Gottes“ auch sicher, dass Jesus der Erlöser und Erretter war, und warteten daher nach der Kreuzigung Tag für Tag auf seine Wiederkehr. Diese Menschen waren verständlicherweise in höchst euphorischer Stimmung. Bald würde alles irdische Leid ein Ende haben und sie, die Auserwählten (Offb 7), würden der Herrlichkeit des Reiches Gottes alsbald teilhaftig werden.

Nachdem aber Jahrzehnte ins Land gegangen waren, kehrte bei der froh-endzeitlich gestimmten Christenschar Ernüchterung ein und in der Jerusalemer Gemeinde machte sich allmählich Unruhe breit, denn die Wiederkehr des Messias ließ auf sich warten, die ersten Christen hatte bereits der Tod ereilt: „Wo bleibt die Verheißung seines Kommens? Denn nachdem die Väter entschlafen sind, bleibt es alles, wie es von Anfang der Schöpfung gewesen ist“, 2. Petrus 3,4.

vgl. Jes 5,19 / Hes 12,22 / Mt 24,48

Es wurde aber auch gleich eine Lösung des Problems präsentiert: „Eins aber sei euch nicht verborgen, ihr Lieben, dass ein Tag vor dem Herrn wie tausend Jahre ist und tausend Jahre wie ein Tag“, 2. Petrus 3,8. Damit war die Prophezeihung Jesu ganz neu interpretiert: So nahe sei die Endzeit (Mt 24 / Mk 13 / Lk 21: Jesu Rede über die Endzeit) nun doch nicht.

Viele Christen waren jetzt natürlich zutiefst enttäuscht, wo sie doch sogar ihr Hab und Gut verkauft hatten! Und wenn nach der göttlichen Zeitrechnung tausend Jahre wie ein Tag sind, so ist dann die frohe Botschaft und gute Nachricht für die Menschheit ohne Bedeutung ... Obwohl doch da ein gewisser Jesus von Nazareth predigend durch die Lande gezogen war und verkündet hatte, die Zeit sei gekommen, das Reich Gottes sei nahe. Galater 1,4: ... damit er uns herausnehme aus der gegenwärtigen bösen Welt ...

Evangelisch-lutherische St.-Paulus-Kirchengemeinde Buxtehude
Pastor Lutz Tietje, Finkenstr. 51, 21614 Buxtehude

Herrn Walter Witt

Buxtehude, 5. September 2013

Ihr Brief vom 24.8.2013

Sehr geehrter Herr Witt,

vielen Dank für Ihren Brief, in dem Sie mir zwei „bescheidene Fragen" stellen. Dem beigefügten Faltblatt mit Literaturhinweisen entnehme ich, dass Sie Glaubensfragen kritisch nachgehen. Ihre beiden Fragen zu beantworten, würde bedeuten, mehrere Seiten zu füllen. Deshalb versuche ich es in aller Kürze:

Zu Ihrer ersten Frage: Die Bibel ist nicht Wort Gottes (das Christentum ist keine Buchreligion), aber nur in der Bibel finden wir das Wort Gottes.

Zu Ihrer zweiten Frage: Das „Reich Gottes" ist ein Begriff und eine Vorstellung aus dem Alten Testament der Bibel. Dort wird „Reich Gottes" verstanden als räumlicher Herrschaftsbereich Gottes (im Sinne von „Königreich"), oder als konkrete Machtausübung Gottes (im Sinne von „Königsherrschaft"). Jesus hat diese Vorstellung in seiner Verkündigung aufgenommen und mit vielen Gleichnissen versucht, inhaltlich zu beschreiben, was mit „Reich Gottes" gemeint ist.

Ich hoffe, das mag als erste Antwort genügen. Sicherlich gibt es auch in den Kirchengemeinden in Neu Wulmstorf viele Gelegenheiten, diesen Themen weiter nachzugehen und Gesprächspartner zu finden.

Mit freundlichen Grüßen
Lutz Tietje

Erzdiözese Freiburg, Erzbischöfliches Ordinariat, Postfach, 79095 Freiburg, Persönliche Referentin des Erzbischofs

Herrn Walter Witt

17. November 2011

Sehr geehrter Herr Witt,

wir danken Ihnen für Ihr Schreiben. Aufgrund der Vielzahl der täglich eingehenden Korrespondenz hat Herr Erzbischof Dr. Robert Zollitsch mich gebeten, Ihnen den Eingang Ihres Schreibens zu bestätigen und Ihnen zu antworten.

Die Frage nach der Lebenszeit Jesu und der Veränderung der Welt hat schon viele Menschen beschäftigt. Die ersten Christen lebten in der festen Hoffnung, dass Jesus noch zu ihren Lebzeiten wiederkommen und sein Gottesreich in Herrlichkeit errichten würde. Doch sie mussten erleben, dass es anders kam - und in dieser Erwartungshaltung leben wir Christen bis heute, so beten wir im Vaterunser „Dein Reich komme".

Das beten wir nicht nur in ferner Zukunft, sondern erhoffen das schon hier und heute unter uns. „Wo zwei oder drei in meinem Namen zusammen sind, da bin ich mitten unter ihnen" (Mt 18,20), so sagt Jesus uns. Deshalb glauben wir, dass da, wo Versöhnung geschieht, wo Menschen miteinander lachen und feiern, Gottes Reich Wirklichkeit wird. Entwicklungen wie ein Sozialwesen für die Bedürftigen, Armen- und Krankenhäuser stammen daher aus dem christlichen Glauben.

Da hat sich schon etwas verändert in den vergangenen 2000 Jahren, auch wenn manchmal in den kleinen Schritten. Und in Schritten, die wir bis heute gehen.

Von Herrn Erzbischof darf ich Ihnen gute Wünsche und Segensgrüße übermitteln und verbleibe mit freundlichen Grüßen

Katharina Müller

Bibel TV Stiftung gemeinnützige GmbH,
Wandalenweg 26, 20097 Hamburg

Herrn Walter Witt

3. September 2013

Bibel TV

Lieber Herr Witt,

vielen Dank für Ihren Brief an Matthias Brender. Auch wenn er nicht jeden Brief persönlich beantworten kann, liest er Ihre Rückmeldung sehr aufmerksam und freut sich darüber, dass Sie ihn an Ihren Gedanken teilhaben lassen. Herr Brender hat Ihren Brief bekommen und bat mich, Sie herzlich zu grüßen.

Bibel TV ist gerne im Kontakt mit seinen Zuschauern und wir freuen uns auch mit Ihnen in Verbindung stehen zu können. Vielen Dank für Ihr Vertrauen und dass Sie sich mit Ihren Fragen an uns wenden.

Wenn ich Ihre beiden Fragen lese, vermute ich, dass Sie sich über die Bibel, die Wahrhaftigkeit und die Bedeutung für uns Menschen Gedanken machen, oder? Besonders die Frage nach dem Reich Gottes und dem Himmelreich beschäftigen Sie?

Diese Fragen sind sehr interessant und haben auch eine große Wichtigkeit für uns Menschen heute und auch unsere Zukunft. Das sind Fragen nach dem Ursprung des Lebens und der Ewigkeit.

Diese Fragen sind meines Erachtens zu wichtig und zu vielschichtig, als dass wir dies von Bibel TV mit ein paar Zeilen beantworten könnten und wahrscheinlich haben Sie sich schon viele Gedanken dazu gemacht. Vielleicht wäre es auch sinnvoller im persönlichen Gespräch diese Fragen zu besprechen? Darum meine Frage: Ob Sie in Ihrem Umfeld einen Menschen Ihres Vertrauens oder eine christliche Gemeinde wissen, mit dem Sie Ihre Fragen besprechen können?

Ich hoffe, dass Sie Klärung Ihrer Fragen erhalten und Frieden finden können. Noch einmal vielen Dank für Ihren Brief!

Ich grüße Sie ganz herzlich aus der Redaktion in Hamburg und wünsche Ihnen Gottes Segen.

Rita Arnold

Bibel TV Stiftung gGmbH

Faktum 15

„Jesus von Nazareth“ Die große Frage des Joseph Ratzinger – nicht als Papst Benedikt XVI.

„Aber was hat Jesus dann eigentlich gebracht, wenn er nicht den Weltfrieden, nicht die bessere Welt gebracht hat? Was hat er gebracht?

Die Antwort lautet ganz einfach: Gott. Er hat den Gott, dessen Antlitz zuvor sich von Abraham über Mose und die Propheten bis zur Weisheitsliteratur langsam enthüllt hatte – den Gott, der nur in Israel sein Gesicht gezeigt hatte und der unter vielfältigen Verschattungen freilich in der Völkerwelt geehrt worden war –, diesen Gott, den Gott Abrahams, Isaaks und Jakobs, den wahren Gott, hat er zu den Völkern der Erde gebracht.“ (Jesus von Nazareth, 2. Kapitel, S. 73)

Dazu die Bibel:

2. Mose 3,6 Ich bin der Gott deines Vaters, der Gott Abrahams, der Gott Isaaks und der Gott Jakobs. Und Mose verhüllte sein Angesicht, denn er fürchtete sich, Gott anzuschauen.
vgl. 1. Mose 17,1 / 1. Mose 35,10–11 / 2. Mose 3,14–15 / Mt 22,32

Lukas 1,68 Gelobt sei der Herr, der Gott ISRAELS! Denn er hat besucht und erlöst sein Volk.
vgl. Jes 11,1 / Mt 10,5–6 / Mt 15,24 / Mt 19,28 / Lk 7,16 / Lk 12,32 / Joh 12,13 / Apg 13,23

Fazit: Alles, was der König der Juden, Jesus, dachte, war an das Volk Israel gerichtet, und Gott hatte sich schon Adam und Eva, Abraham, Isaak, Jakob und Mose offenbart.

Dazu der katholische Katechismus (Auszüge):

Nr. 441 Jesus als der Messias – auserwähltes Volk – ISRAEL ...

Nr. 436 Messias, den Gott senden würde, um sein Reich endgültig zu errichten ...

Nr. 567 Durch Christus beginnt auf Erden das Himmelreich ...

Nr. 570 Der Einzug in Jerusalem bezeugt das Kommen des Gottesreiches.

Lukas 2,11 ... denn EUCH ist HEUTE der HEILAND geboren ...

Lukas 1,71 ... dass er (Jesus) uns (Israeliten) errette von unseren Feinden ...

Joseph Ratzinger: „Was hat Jesus Neues gebracht?“

Fakt: Es ist alles beim Alten geblieben!

Im Judentum fand Jesus keine Anerkennung – alle Prophetien blieben aus. König der Juden war zur Zeit Jesu Herodes der Große, um 72–4 v.u.Z. und sein Sohn Antipas von 4 v.u.Z. bis 37 u.Z. Pontius Pilatus war von 26 bis 36 römischer Prokurator von Judäa.

Der Historiker Flavius Josephus erwähnt für das Jahr 6 u.Z. eine Steuerregistrierung in Judäa-Samaria unter Leitung des römischen Legaten Quirinius, 6–11 u.Z., der kaiserlichen Provinz Syrien.

Fazit: Geburt Jesu 6 u.Z. – nicht unter Herodes dem Großen, der für den Kindermord in Bethlehem verantwortlich sein soll ...

Faktum 16

Gottes Reich = Himmelreich, eine offene Frage, gegenwärtig oder zukünftig?

Matthäus 3,2 Tut Buße, denn das Himmelreich ist nahe herbeigekommen.

vgl. Mt 4,17 / 1 Petr 4,7

Matthäus 6,10–13 Dein Reich komme ... denn dein ist das Reich und die Kraft und die Herrlichkeit in Ewigkeit. Amen.

vgl. Lk 11,2

(Gebet: Vaterunser)

Matthäus 12,28 Wenn ich aber die bösen Geister durch den Geist Gottes austreibe, so ist ja das Reich Gottes zu euch gekommen.

vgl. 1. Joh 3,8

Matthäus 16,28 Jesus: Wahrlich, ich sage euch:
Es stehen einige hier, die werden den Tod nicht schmecken, bis sie den Menschensohn (Jesus) kommen sehen in seinem Reich.

vgl. Mt 10,23

Matthäus 24,34–35 Wahrlich, ich sage euch: Dieses Geschlecht wird nicht vergehen, bis dies alles geschieht. Himmel und Erde werden vergehen; aber meine Worte werden nicht vergehen.

Markus 1,15 Die Zeit ist erfüllt, und das Reich Gottes ist herbeigekommen. Tut Buße und glaubt an das Evangelium.

vgl. Gal 4,4–6 / Jak 5,8

Markus 9,1 Es stehen einige hier, die werden den Tod nicht schmecken, bis sie sehen das Reich Gottes kommen mit Kraft.

Lukas 4,21 Heute ist dieses Wort der Schrift erfüllt vor euren Augen.

Lukas 12,32 Fürchte dich nicht, du kleine Herde! Denn es hat eurem Vater wohlgefallen, euch das Reich zu geben.

vgl. Mt 10,5–7 / Mt 15,24 / Lk 22,29–30

Lukas 17,20–21 Das Reich Gottes kommt nicht so, dass man's beobachten kann; man wird auch nicht sagen: Denn siehe, das Reich Gottes ist mitten unter euch.

Lukas 21,32 Wahrlich, ich sage euch: Dieses Geschlecht wird nicht vergehen, bis es alles geschieht.

vgl. Jesu Rede über die Endzeit: Mt 24 / Mk 13 / Lk 21 / Joh 1,51 und das Kommen des Menschensohns (Jesus): Offb 21–22

Johannes 3,3–5 Es sei denn, dass jemand von neuem geboren werde, so kann er das Reich Gottes nicht sehen.

Es sei denn, dass jemand geboren werde aus Wasser und Geist, so kann er nicht in das Reich Gottes kommen.

Römer 14,17 Denn das Reich Gottes ist nicht Essen und Trinken, sondern Gerechtigkeit und Friede und Freude in dem heiligen Geist.

vgl. Kol 1,13/ Kol 1,20 / Kol 4,11 / 2. Thess 1,5 / 2. Petr 1,11

Lukas 12,40 Seid auch IHR bereit! Denn der Menschensohn kommt zu einer Stunde, da IHR'S nicht meint.

Offb 19,6 Halleluja! Denn der Herr, unser Gott, der Allmächtige, hat das Reich eingenommen!

vgl. Offb 12,10–11 / Offb 21,9

Johannes 4,42 Dieser (Jesus) ist wahrlich der Welt Heiland.

vgl. Lk 2,11 / Lk 3,6

Johannes 18,36 Jesus: Mein Reich ist nicht von dieser Welt ...???

vgl. 1. Kor 4,20 / 1. Kor 6,9 / Gal 5,21 / Eph 5,5

2. Petrus 3,4 Wo bleibt die Verheißung (Jesus) Kommens?

Denn nachdem die Väter entschlafen sind, bleibt alles, wie es von Anfang der Schöpfung gewesen ist.

vgl. Jes 5,9 / Jer 17,15 / Hes 12,22 / Mt 24,48

Faktum 17

Gottesherrschaft? Jesus verknüpfte mit seiner Person den Anbruch der Gottesherrschaft!

Gottesherrschaft, Reich Gottes – das waren Begriffe, mit denen die Juden viel verbinden konnten. Das bedeutete den Anbruch von Gerechtigkeit, Frieden, Ende von Sünden und Leiden auf Erden. Das war es, was sie sich von alters her erhofften. So war es ihnen von Gott durch den Propheten verheißen. Und mit dem Anbruch des Gottesreiches wurde die Ankunft eines gottgesandten Messias verbunden.

Jesus scheute sich nicht zu sagen: „Die Zeit ist erfüllt, und das Reich Gottes ist nahe. Kehrt um und glaubt an das Evangelium.“ (Mk 1,15) „Wenn ich aber mit der Kraft Gottes die Dämonen austreibe, dann ist das Reich Gottes schon zu euch gekommen.“ (Lk 11,20) „Das Reich Gottes ist schon mitten unter euch.“ (Lk 17,21)

Quelle: Katholische Glaubensinformationen, Heft „Jesus Christus“, Nr. 5, Seite 9.

Gebet der Christen für die Juden

Im Christentum betet man seit 1570 an jedem Karfreitag für die Bekehrung der „treulosen Juden“, um sie aus ihrer „Verblendung“ zu befreien.

„Lasst uns auch beten für die Juden ... zu denen Gott, unser Herr, zuerst gesprochen hat ... dass unser Gott und Herr ihre Herzen erleuchte, damit sie Jesus Christus erkennen, den Retter aller Menschen. Allmächtiger, ewiger Gott, der du willst, dass alle Menschen gerettet werden und zur Erkenntnis der Wahrheit gelangen. Gewähre gnädig, dass beim Eintritt der Fülle der Völker in deine Kirche ganz Israel gerettet wird! Durch Christus, unsern Herrn. Amen.

Quelle: Der Spiegel, Nr. 6/2009, S. 48.

Faktum

Der Heiland Jesus (Lk 2,11) hat zu keiner Zeit den Thron seines Vaters (Lk 1,32) eingenommen, zu seiner Zeit waren immer Herodes der Große, 37–4 v.u.Z. (Mt 2,1 / Lk 1,5) oder einer seiner Söhne (Archelaus, 4 v. bis 6 u.Z., Mt 2,22) König von Israel (Agrippa I., 41–44 u.Z., Apg 26,2).

Gottes Vorsehung (Apg 2,22–23) war die Kreuzigung seines Sohnes (Mt 3,17) zur Erlösung (Lk 1,68) Israels – (oder der Welt?) – von ihren Sünden, die aber immer noch allgegenwärtig sind, zum neuen Bund in seinem Blut (Mt 26,27 / Mk 14,24 / Lk 22,20), Vorsehung zur Rettung des Volkes Israel vor seinen Feinden (Lk 1,71 u. 1,74), deren Weissagung jedoch für das geschundene und geplagte Volk der Juden seit der Eroberung Jerusalems im Jahr 70 u.Z. durch Flavius Titus (röm. Kaiser, 79–81) nicht mehr in Erfüllung ging – und auch seit ewigen Zeiten – Zerstörung Jerusalems 587/586 v.u.Z. durch König Nebukadnezar – nie gegeben war.

Seit das Christentum die Juden kollektiv als Gottesmörder ansieht – die haben den Herrn Jesus getötet ... und gefallen Gott nicht und sind ALLEN Menschen feind (1. Thess 2,15 / Mt 23,31–33 u. 37 / Apg 7,52) – sind die Juden weltweit ständigen Verfolgungen und Anfeindungen ausgesetzt (Holocaust). Der Frieden auf Erden (Lk 2,14) ging nicht in Erfüllung.

Jesus wahrlich der Welt Heiland (Joh 4,42) – ein fataler Irrtum.

Faktum 18

Jesus, im Judentum und im Islam

In der jüdischen Religion – im Judentum – fand Jesus logischer- und konsequenterweise keine Anerkennung, der verhinderte gesalbte König und Friedefürst wird nicht als der göttliche Messias anerkannt, er erfüllte nicht die schon seit Jahrhunderten ersehnten Hoffnungen auf eine heile Welt, die Erwartungen einer Blütezeit wie unter König David, dem Liebling Gottes, das bezeugt die Geschichte, diese wurden in keiner Weise erfüllt. Das erhoffte Friedensreich ist auch bis in die Gegenwart nicht zur Ruhe gekommen, die Heilige Stadt Jerusalem, eigentlich die „Friedensreiche", wurde zur Superlative der Feindseligkeit. Nach Petrus und Paulus begann der 2000-jährige Unfrieden, in und um die Religionen, vor allem die abrahamischen Religionen.

Im Islam gilt Jesus als ein Nachfolger des Mose und ein Vorläufer Mohammeds, als ein Prophet. Im Koran:

Vierte Sure 172 Wahrlich, der Messias Jesus, der Sohn der Maria, ist ein Gesandter Allahs.

Vierte Sure 173 Jesus ist nicht zu stolz, lediglich ein Diener Allahs zu sein.

Dritte Sure 53 Als Jesus sah, dass viele von ihnen nicht glauben wollten, sprach er: „Wer will mir für Allahs Sache beistehen."

Dreiunddreißigste Sure 8 Als wir das Bündnis von dem Propheten annahmen, von dir (Allah) und Noah, Abraham, Moses und Jesus, dem Sohne der Maria, da machten wir ein festes Bündnis mit ihnen, damit Allah einst die Wahrhaften über ihre Wahrhaftigkeit befrage, so wie er für die Ungläubigen qualvolle Strafe bereitet hat.

Dreiundvierzigste Sure 60 Er (Jesus) ist nichts anderes als ein Diener, dem wir Gnade erzeigt und ihn als Beispiel für die Kinder Israels aufgestellt haben.

Einundsechzigste Sure 7 Und Jesus, der Sohn der Maria, sagte: „O ihr Kinder Israels, wahrlich, ich bin ein Gesandter Allahs, der die Thora bestätigt ...

Laut Koran: Islam bedeutet Friede, Gottergebenheit.

Jesus kontra Mohammed

Ein Zitat des byzantinischen Kaisers Manuel II. Palaeologos aus dem 14. Jahrhundert. Zitiert von Papst Benedikt XVI. in Regensburg: „Zeig mir doch, was Mohammed Neues gebracht hat, und da wirst du nur Schlechtes und Inhumanes finden wie dies, dass er vorgeschrieben hat, den Glauben, den er predigte, durch das Schwert zu verbreiten."

vgl. die Geschichte des Christentums.

Frage: Was haben Jesus und Mohammed Neues gebracht?
Sie sind ursächlich für nunmehr ca. 1400 Jahre Konflikte, Hass, Angst und Schrecken, Leid und Elend, Blut und Tränen – ein scheinbar nicht enden wollendes „Unheil".

Fakt: Im Judentum gibt es kein einziges Zeugnis für einen König der Juden – Jesus.

Faktum 19

Der Gott der Hebräer – Israel, der ewige Bund mit dem auserwählten Volk, die davidische Dynastie – Geschlecht – Thron ewiglich

1. Mose 6,18 Bund mit Noah ...

1. Mose 15,18–19 Bund mit Abram – Umbenennung durch Gott in Abraham ...

1. Mose 17,8 Das ganze Land Kanaan zum ewigen Besitz ...

1. Mose 17,19 Bund mit Isaak – einen ewigen Bund ...

1. Mose 35,11 Ein Volk und eine Menge von Völkern sollen vor dir kommen, und Könige sollen von dir abstammen ...

2. Mose 3,8 Ein weites und gutes Land, darin Milch und Honig fließt, in das Land der Kanaaniter, Hetiter, Amoriter, Perisiter, Hiwiter und Jebusiter ...

2. Mose 3,14 Gott zu Mose: Ich werde sein, der ich sein werde ...

2. Mose 4,22 Gott: Israel ist mein erstgeborener Sohn ...

2. Mose 15,26 Ich bin der Herr, dein Arzt ...

2. Mose 23,25 Ich will alle Krankheit von euch wenden ...

2. Mose 23,27–28 Alle Völker und Feinde vertreiben ...

2. Mose 31,16 Nachkommen Israels halten als ewigen Bund ...

2. Mose 32,13 Nachkommen sollen es besitzen ewiglich ...

2. Mose 34,28 Schrieb auf die Tafeln die Worte des Bundes – 10 Worte.

3. Mose 19,2 Ihr sollt heilig sein, denn ich bin heilig, der Herr, euer Gott ...

3. Mose 20,24 Ich bin der Herr, euer Gott, der euch von den Völkern abgesondert hat ...

3. Mose 27,34 Gebote des Herrn für die Israeliten auf dem Berg Sinai.

4. Mose 34,2–15 Land Kanaan als Erbteil in seinen Grenzen ...

4. Mose 35,34 Ich bin der Herr, der mitten unter den Israeliten wohnt.

5. Mose 7,6 Denn du bist ein heiliges Volk dem Herrn, deinem Gott. Dich hat der Herr, dein Gott erwählt zum Volk des Eigentums aus allen Völkern, die auf Erden sind ...

5. Mose 7,9 Den Bund hält bis ins tausendste Glied ...

5. Mose 10,12 Denn der Herr, euer Gott ...

Psalm 82 Der höchste Richter unter den Göttern ...

Hiob 1,6 / 2,1 Gottessöhne ...

5. Mose 26,19 Dich zum höchsten über alle Völker machen werde, damit du ein heiliges Volk seist ...

5. Mose 28,10–11 Alle Völker auf Erden werden sehen, dass du Überfluss an Gutem haben wirst, in dem Lande, das der Herr deinen Vätern geschworen hat, dir zu geben ...

2. Samuel 7,16 Ich will seinen Königsthron (David) bestätigen ewiglich ...

1. Könige 2,45 Der Thron Davids wird feststehen vor dem Herr ewiglich ...

1. Chronik 14,17 Der Herr ließ Furcht vor David über alle Völker kommen ...

1. Chronik 17,12 Davids/Salomos Thron bestätigen ewiglich ...

Psalm 18,51 David, und seinem Hause ewiglich ...

Psalm 89,5 Davids Geschlecht festen Grund und Thron auf ewig ...

Psalm 89,30 Ich will ihm ewiglich Nachkommen geben und seinen Thron erhalten, solange der Himmel währt ...

Psalm 105,8 Er gedenkt ewiglich an seinen Bund, an das Wort, das er verheißen hat für tausend Geschlechter ...

Psalm 132,11 Der Herr hat David einen Eid geschworen, davon wird er sich wahrlich nicht wenden: Ich will dir auf deinen Thron setzen einen, der von deinem Leibe kommt ...

Jesaja 9,6 Des Friedens kein Ende ... Thron Davids in seinem Königreich bis in Ewigkeit ... (Lk 1,32–33)

Jesaja 11 Der Messias und sein Friedensreich ...

Jesaja 51 Gottes ewiges Heil für Israel ...

Jesaja 55 Gnadenbunde Gottes ... ewiger Bund ... viel Vergebung ...

Jesaja 57 Gott will seinem Volke Heil geben ... Gottlose haben keinen Frieden ...

Jeremia 31,31–34 Ich will ihr Gott sein ... ihre Missetat vergeben ...

Jeremia 32,40 Ewigen Bund schließen ...

Hesekiel 48 Verteilung des Landes ...

Micha 5,1 Herrscher aus Davids Geschlecht kommt aus Bethlehem ... (Jesus kam aus Nazareth) ...

Sacharja 9,9–10 Verheißung des messianischen Friedensreiches ... er wird Frieden gebieten ... bis an die Enden der Erde ...

Lukas 1,32 Jesus auf den Thron Davids ... das Haus Jakob in Ewigkeit ...

Lukas 1,68–74 Gelobt sei der Herr, der Gott Israels! Denn er hat besucht und erlöst sein Volk ... eine Macht des Heils ... dass er uns errette und von unseren Feinden ... erlöst aus der Hand unserer Feinde ...

Die davidische Dynastie/Geschlecht ging allerdings nach der Eroberung Judas durch die Babylonier unter König Nebukadnezar und der Zerstörung Jerusalems 587/586 unter. Letzter König aus dem Geschlecht Davids war Zedekia/Zidkija, 597 bis 587 v.u.Z.

vgl. 2. Könige 25 / 2. Chronik 36,11–21 / Jeremia 52,1–30.

In den Stammbäumen Jesu – Mt 1,1–25 / Lk 3,23–38 – wird Zedekia nicht erwähnt.

Fazit: Jesus kam nicht aus dem Geschlecht Davids.

Der ewige Konflikt: Juden – Christen – Islam

Ohne Neues Testament –
kein Antisemitismus.
Ohne Antisemitismus
kein Holocaust.
Ohne Holocaust
kein Staat Israel.
Ohne Israel
kein ewiger Konflikt im Nahen Osten.
Ohne Altes Testament
kein (religiöser) jüdischer Gebietsanspruch.

Gottes ewiger Bund mit Israel, das Land Kanaan zu ewigem Besitz:

1. Mose 15,18 ... von dem Strom Ägyptens bis an den Strom Euphrat ...

1. Mose 17,8 ... das ganze Land Kanaan ...

2. Mose 3,8 ... in das Gebiet der Kanaaniter, Amotiter, Perisiter, Hiwiter und Jebusiter ...

5. Mose 11,24 ... vom Berg Libanon und von dem Strom Euphrat bis ans Meer ...

5. Mose 19,1 ... Gott, die Völker ausgerottet hat, deren Land dein Gott dir geben wird ...

5. Mose 26,19 ... der Herr dich zum höchsten über alle Völker machen werde ...

vgl. 1. Mose 16,10 / 1. Mose 17,3.13 / 1. Mose 32,13 / 1. Mose 35, 10-12 / 2. Mose 4,22 / 2. Mose 13,5 / 2. Mose 19,5-6 2. Mose 23,27-28 / 2. Mose 24,8 / 4. Mose 33,50-55 / 4. Mose 34,1-15 / 5. Mose 1,8-10 / 5. Mose 7,1-2 / 5. Mose 15,6 / 5. Mose 26,3.15 / 5. Mose 28,10-11 / 5. Mose 31,1-7 / 5. Mose 34,4.

Faktum: Die Grenzen Israels mit Sicherheit ohne ewige Realität.

Faktum 20

Sohn Gottes und König der Juden, ein Erlöser und Erretter für die Juden oder für die ganze Welt?

Kommentar zu:

Lukas 1,67–80 Die schon Stamm-/Erz-Vater Abraham (Abram/Abraham 3000–1500 v.u.Z.) geschworene Erlösung von den Sünden und Errettung von den Feinden blieb dem Volk Israel bis in die Gegenwart verwehrt – es ist das am meisten geschwundene und geplagte Volk der Geschichte, Jesus wird auch nicht vom jüdischen Volk als Sohn Gottes und König der Juden anerkannt.

Lukas 2,11 ... denn EUCH ist HEUTE der HEILAND geboren, welcher ist Christus ...

(Es blieb alles, wie es vom Anfang gewesen ist ...)

1. Mose 17,8 ... das ganze Land Kanaan, zu ewigem Besitz von Gott verheißen ...

2. Mose 3,8 ... ein Land, darin Milch und Honig fließen ...

Jesaja 9,1–6 ... der Stuhl Davids bis in Ewigkeit ... (David 1000–960 v.u.Z.)

Fazit: Das Land Kanaan ist ewiglich umstritten, das Land gleicht mehr „Sand und Gestein" und die Dynastie Davids ging unter König Nebukadnezar, König von Babylon 587 unter.

2. Könige 25,7 Zidkija (Zedekias) war der letzte König Juda (597–587 v.u.Z.)

1. Mose 35,11, Apostelg. 3,25 Ich bin der allmächtige Gott; sei fruchtbar und mehre dich! Ein Volk und eine Menge von Völkern sollen von dir kommen, und Könige sollen von dir abstammen ... des Bundes zwischen Gott und Abraham: Durch dein Geschlecht sollen gesegnet werden alle Völker auf Erden ...

Faktum und Kommentar zu:

2. Mose 5–12 Für die Nachbarvölker hatte der Gott Israels nur Plagen.

2. Mose 23,27–30 Vertreibung vieler Völker: Ich will meinen Schrecken vor dir her senden und alle Völker verzagt machen, wohin du kommst, und will geben, dass alle deine Feinde fliehen ... vertreiben die Hiwiter, Kanaaniter und Hetiter ...

5. Mose 19,1 Wenn der Herr, dein Gott, die Völker ausgerottet hat ... deren Land ... dein Gott dir geben wird ...
vgl. Apg 13,19

Lukas 1,52 Er (Jesus) stößt die Gewaltigen/Mächtigen vom Thron und erhebt die Niederen/Unterdrückten.
vgl. Ps 147,6 / Hiob 24,22.

Fakt: Die Gewaltigen/Mächtigen betrieben Jesu Ende – Niedergang und Kreuzigung – Vorsehung Gottes.

Johannes 1,29 Siehe, das ist Gottes Lamm, das der Welt Sünde trägt!
vgl. Jes. 53,4–7 / 1. Joh 2,1–2 / 2. Kor 5,17–20 / 1. Petr 2,24–25.

Römer 4,25 ... welcher – Jesus – ist um unsrer Sünden willen dahingegeben und um unsrer Rechtfertigung willen auferweckt ...
vgl. Röm 8,32–34.

Römer 5,10 Denn wenn wir mit Gott versöhnt worden sind durch den Tod seines Sohnes, als wir noch Feinde waren – mit Gott! –, um

wieviel mehr werden wir selig werden durch sein Leben, nach dem wir versöhnt sind.
vgl. 2. Kor 5,17–18 / Kol 1,18–22.

Fazit: Gott war es also, der in Christus die Welt mit sich versöhnt hat!

Dazu der Katholische Katechismus (Auszüge):

Nr. 388 Die Erbsünde – eine wesentliche Glaubenswahrheit.

411 ... Jesus ist der „neue Adam“, die heiligste Muttergottes, die „neue Eva“ ist ...

975 Wir glauben, dass die heiligste Muttergottes, die neue Eva, die Mutter der Kirche, im Himmel ihre Mutterschaft an den Gliedern Christi fortsetzt.

413 Gott hat den Tod nicht gemacht und keine Freude am Untergang der Lebenden ... doch durch den Neid des Teufels kam der Tod in die Welt.
vgl. Weish 1,13 u. 2,24.

977 Unser Herr hat die Sündenvergebung mit dem Glauben und der Taufe verbunden ... das Sakrament der Sündenvergebung ... wer glaubt und sich taufen lässt, wird gerettet; wer aber nicht glaubt, wird verdammt werden.
vgl. Mk 16,16 / Apg 2,38

597 Die Juden sind für den Tod Jesu nicht „kollektiv“ verantwortlich.

598 Alle Sünder sind am Leiden Christi schuld.

599 Der Erlösertod Christi im göttlichen Heilsplan ... Jesus wurde „nach Gottes festgesetztem Ratschluss ausgeliefert“ ... der Erlösertod Christi war im göttlichen Heilsplan ... hat sich für unsere Sünden seinem Vater dargebracht ...
vgl. Mt 26,39

Faktum 21

Alles, was Jesus tat und dachte, war an das Volk Israel gerichtet, Jesus – der Heiland Israels

Matthäus 10,5–25 Diese Zwölf sandte Jesus aus, gebot ihnen und sprach: Geht nicht den Weg zu den Heiden und zieht in keine Stadt der Samariter, sondern geht hin zu den verlorenen Schafen aus dem Hause Israel. Geht aber und predigt und sprecht: Das Himmelreich ist nahe herbeigekommen. Macht Kranke gesund, weckt TOTE auf, macht Aussätzige rein, treibt böse Geister aus ... ihr sollt weder Gold noch Silber noch Kupfer in euren Gürteln haben ...
vgl. Mk 3,13–19 / Mk 6,7–13 / Lk 9,2–6 / Lk 10,1–16

Matthäus 15,24 Jesus: Ich bin nur gesandt zu den Schafen des Hauses Israel.
vgl. 4. Mose 6,22–27 / Jes 11,1 / Mt 10,5–6 / Apg 13,23

Lukas 1,68–74 Gelob sei der Herr, der Gott Israels! Denn er hat besucht und erlöst sein Volk ... dass er uns errette von unseren Feinden ...
vgl. Mt 1,21 / Hes 48,31–35 / Gal 1,4 / 1. Petr 2,9 / Offb 21,12

Matthäus 19,27–30 Jesus aber sprach zu ihnen: Wahrlich, ich sage euch: Ihr, die ihr mir nachgefolgt seid, werdet bei der Wiedergeburt, wenn der Menschensohn sitzen wird auf dem Thron seiner Herrlichkeit, auch sitzen auf zwölf Thronen und richten die zwölf Stämme Israels. Und wer Häuser oder Brüder oder Schwestern oder Vater oder Mutter oder Kinder oder Äcker verlässt um meines Namens willen, der wird's hundertfach empfangen und das ewige Leben erben.
vgl. Mk 10,28–31 / Lk 22,28–30 / Offb 3,21 / Offb 7

Lukas 12,32 Fürchte dich nicht, du kleine Herde (Israel)! Denn es hat eurem Vater wohlgefallen, euch das Reich zu geben.
vgl. 5. Mose 7,7

Römer 15,8 Denn ich (Paulus) sage: Christus ist ein Diener der Juden geworden um der Wahrhaftigkeit willen, um die Verheißungen zu bestätigen, die den Vätern gegeben sind ...
vgl. Mt 27,11 / Mk 15,2 / Lk 23,3 / Joh 12,13

3. Mose 27,34 Das sind die Gebote, die der Herr dem Mose gebot für die ISAELITEN auf dem Berge Sinai, dem Berg Horeb.
vgl. 2. Mose 18,1 / 3. Mose 7,38/ 3. Mose 25,1 / 3. Mose 26,46 / 5. Mose 6,4

Faktum 22

Ist Jesus der Heiland der Welt, oder nur der König der Juden?

1. Mose 22,18 ... durch dein (Abrahams) Geschlecht sollen alle Völker auf Erden gesegnet werden, weil du meiner Stimme gehorcht hast ...
vgl. 1. Mose 12,3 / Apg 3,25

Jesaja 49,6 Gott: Es ist zu wenig, dass du mein Knecht bist, die Stämme Jakobs aufzurichten und die Zerstreuten Israels wiederzubringen, sondern ich habe dich auch zum Licht der Heiden gemacht, dass du seist mein Heil bis an die Enden der Erde.
vgl. Jes 42,6 / Jes 60,3 / Ps 47 / Lk 2,32 / Apg 13,47

Lukas 2,11 ... denn EUCH ist HEUTE der HEIILAND geboren ...

Lukas 3,6 Und alle Menschen werden den Heiland Gottes sehen.

Matthäus 5,14 Ihr seid das Licht der Welt – das Salz der Erde ...

Johannes 4,42 Dieser ist wahrlich der Welt Heiland.

Apg 13,23 Jesus, Heiland für das Volk Israel. *vgl. Jes 11,1*

Johannes 8,12 Jesus: Ich bin das Licht der Welt ...
vgl. Joh 1,5–9 / Apg 12,35

Johannes 9,5 Jesus: Solange ich in der Welt bin, bin ich das Licht der Welt ... *vgl. Joh 12,46–47 / Röm 15,9–11*

Allerdings!

Johannes 18,36 Jesus zu Pilatus: Mein Reich ist nicht von dieser Welt. Wäre mein Reich von dieser Welt, meine Diener würden darum kämpfen, dass ich den Juden nicht überantwortet würde; nun aber ist mein Reich nicht von dieser Welt.
vgl. Joh 18,37

Somit hatte Jesus das Scheitern seiner Mission erkannt. Das Böse blieb in der Welt – das Heil ist ausgeblieben.

Es ist erschienen der König der Juden, der Sohn Gottes, der Heiland der Welt – niemand soll es erfahren!

Matthäus 16,20 Da gebot er (Jesus) seinen Jüngern, niemandem zu sagen, dass er der Christus sei.

Matthäus 17,5.9 Die Verklärung Jesu.

Gott: Dies ist mein lieber Sohn, an dem ich Wohlgefallen habe; den sollt ihr hören!

Jesus: Ihr sollt von dieser Erscheinung niemandem sagen, bis der Menschensohn (Jesus) von den Toten auferstanden ist.

Markus 3,11–12 Und wenn ihn die unreinen Geister sahen, fielen sie vor ihm nieder und schrien: Du bist Gottes Sohn!

Und er gebot ihnen streng, dass sie ihn nicht offenbar machten. Je mehr er's aber verbot, desto mehr breiteten sie es aus.

vgl. Mk 5,43 / Mk 7,36 / Mk 8,30 / Mk 9,9 / Lk 5,14 / Lk 9,21

Faktum 23

Auferstehung zum irdischen ewigen leibhaftigen Leben – oder wie Engel im himmlischen Gottesreich?

1. Könige 17,17–24 ... Herr, mein Gott, lass sein Leben in dies Kind zurückkehren ... und der Herr erhörte die Stimme Elias, und es wurde wieder lebendig ...

2. Könige 4,32–37 Und als Elisa ins Haus kam, siehe, da lag der Knabe tot auf seinem Bett ... und Elisa betete zu dem Herrn ... da wurde das Kind wieder warm ... danach tat der Knabe seine Augen auf ...

2. Könige 13,20–23 ... und es begab sich, dass man einen Mann zu Grabe trug. Als man aber einige Leute von ihnen sah, warf man den Mann in Elisas Grab. Und als er die Gebeine Elisas berührte, wurde er lebendig und trat auf seine Füße ...

Jesaja 26,19 Aber deine Toten werden leben, deine Leichname auferstehen ... und die Erde wird die Toten herausgeben ...
vgl. Joh 5,28

Hesekiel 37,1–14 Israels Totenfeld wird durch Gottes Odem lebendig ... So spricht Gott der Herr: Siehe, ich will eure Gräber auftun und hole euch, mein Volk, aus euren Gräbern herauf und bringe euch ins Land Israel ...

Daniel 12,1–2 ... viele, die unter der Erde schlafen liegen, werden aufwachen, die einen zum ewigen Leben, die anderen zu ewiger Schmach und Schande ...

Matthäus 9,18–26 Jesus – ... die Auferweckung der Tochter des Jairus ...

Matthäus 10,8 Jesus – ... die Aussendung der zwölf Jünger ... weckt Tote auf ...

Matthäus 11,5 ... Tote stehen auf ...

Matthäus 17,9 ... bis der Menschensohn (Jesus) von den Toten auferstanden ist ...

Markus 5,21–43 Jesus – ... die Auferweckung der Tochter des Jairus ...

Lukas 8,40–56 Jesus – ... die Auferweckung der Tochter des Jairus ...

Lukas 7,11–17 Jesus – ... der Jüngling zu Nain: ... und der Tote richtete sich auf und fing an zu reden, und Jesus gab ihn seiner Mutter ...

Johannes 11,1–45 Jesus – ... die Auferweckung des Lazarus ... der schon stank ...

Apostelg. 9,36–43 Petrus – ... die Auferweckung der Tabita ...

Apostelg. 20,6–12 Paulus – ... Auferweckung eines jungen Manns ...

Matthäus 27,46–54 Beim Tod Jesu: Mein Gott, warum hast du mich verlassen ... Und die Erde erbebte, und die Felsen zerrissen, und die Gräber taten sich auf, und viele Leiber der entschlafenen Heiligen standen auf und gingen aus den Gräbern nach seiner Auferstehung und kamen in die heilige Stadt und erschienen vielen ...
... wahrlich, dieser ist Gottes Sohn gewesen ...

Ja, wo laufen sie denn, die auferstandenen Heiligen, sie müssen inzwischen um die 2000 Jahre alt sein – oder sind sie etwa noch einmal verstorben? Von all diesen Ereignissen wurde von Historikern nichts aufgezeichnet – oder hat sich alles gar nicht zugetragen?

Fragen an Jesus nach der Aufstehung:

Markus 12,18–27 Jesus: Wenn die Toten auferstehen werden, so werden sie weder heiraten noch sich heiraten lassen, sondern sie sind wie Engel im Himmel.

Lukas 20,27–40 Jesus: Denn sie können hinfort auch nicht sterben; denn sie sind den Engeln gleich und Gottes Kinder, weil sie Kinder der Auferstehung sind.
vgl. Mt 22,23–33

Jesus: Gott ist nicht ein Gott der Toten, sondern der Lebenden; denn ihm leben sie alle.

vgl. Mt 22,32 / Mk 12,27 / Lk 20,38 / Röm 14,7–9

Matthäus 19,28 Jesus: Ihr, die ihr mir nachgefolgt seid, werdet bei der Wiedergeburt, wenn der Menschensohn (Jesus) sitzen wird auf dem Thron seiner Herrlichkeit, auch sitzen auf zwölf Thronen und richten die zwölf Stämme Israels.

vgl. Lk 22,30

Johannes 3,16.36 Denn also hat Gott die Welt geliebt, dass er seinen eingeborenen Sohn gab, damit alle, die an ihn glauben, nicht verloren werden, sondern das ewige Leben haben.

Wer an den Sohn glaubt, der hat das ewige Leben.

1. Korinther 15,20 Nun aber ist Christus auferstanden von den Toten als Erstling unter denen, die entschlafen sind.

vgl. 1. Kor 6,14 / 1. Kor 15,3–8

Philipper 1,21 Denn Christus ist mein Leben, und Sterben ist mein Gewinn.

Dazu Papst Benedikt XVI.:

Der heutige Papst Benedikt XVI. schreibt in seiner „Einführung in das Christentum", es sei „klar, dass der eigentliche Kern des Auferstehungsglaubens gar nicht in der Idee der Rückgabe der Körper besteht, auf die wir ihn aber in unserem Denken reduziert haben". Versuche, sich die Auferstehung des Fleisches vorzustellen oder zu erklären, müssen scheitern. Deshalb versucht der Katechismus erst gar nicht, Worte zu finden: „Das Wie dieser Auferstehung übersteigt unsere Vorstellung und unser Verstehen."

Quelle: Neue Kirchenzeitung – Erzbistum Hamburg, Nr. 33/15.08.2010.

Dazu der katholische Katechismus,
Artikel 11: Ich glaube an die Auferstehung der Toten.
(Nr. 988–1060 – daraus Auszüge):

988 ... dass die Toten am Ende der Zeiten auferstehen und dass es ein ewiges Leben gibt ... wird sie am Letzten Tag auferwecken ...

997 Was heißt „auferstehen“? Im Tod, bei der Trennung der Seele vom Leib, fällt der Leib des Menschen der Verwesung anheim, während seine Seele Gott entgegengeht und darauf wartet, dass sie einst mit ihrem verherrlichten Leib wiedervereint wird. In seiner Allmacht wird Gott unserem Leib dann endgültig das unvergängliche Leben geben, indem er ihn kraft der Auferstehung Jesu wieder mit unserer Seele vereint ...

998 Wer wird auferstehen? Alle Menschen, die gestorben sind: „die das Gute getan haben, werden zum Leben auferstehen, die das Böse getan haben, zum Gericht“.
vgl. Mt 5,22 / Mt 5,29–30 / Mt 10,28 / Mt 18,7–9 / Mk 9,42–50 / Lk 12,5 / Joh 5,29 / 1. Joh 3,15 / 2. Petr 2,4 / Jes 66,24.

Dazu der Katechismus der Erzdiözese Freiburg von 1951
(Die Auferstehung des Fleisches Nr. 144–148):

144 Wie lange bleibt der Leib in der Erde?
Der Leib bleibt in der Erde bis zum Jüngsten Tage; dann wird Gott ihn wieder auferwecken und mit der Seele für immer vereinigen. Es kommt die Stunde, in der alle, die in den Gräbern sind, die Stimme des Sohnes Gottes hören werden. Und es werden hervorgehen, die Gutes getan haben zur Auferstehung des Lebens, die aber Böses getan haben zur Auferstehung des Gerichts.

145 Die Leiber der Bösen werden hässlich, die Leiber der Guten aber herrlich und dem verklärten Leibe Jesu Christi ähnlich.

Fakt: Die Wiederauferstehung ist ein fudamentales Glaubenselement – ein Dogma – eine Grundwahrheit des christlichen Glaubens, der biblischen Heilserwartung.

Die Frage nach dem Wie wird unterschiedlich beantwortet, es gilt die Lehre vom Leben der Seele nach dem Tod oder die Auferstehung des Fleisches am Jüngsten Tag. Die Wiedergeburt ist eine in vielen Religionen verbreitete Vorstellung der Seelenwanderung oder Wiederkehr der Seele zum neuen Leben. In der Antiken Welt gehörten Totenerweckungen zum Volksglauben, Grabbeigaben zeugen von dieser Hoffnung, in der Literatur findet man zahllose Beispiele.

Im Christentum gilt die Taufe als religiös-sittliche Erneuerung, sie tilgt nach kath. Lehre die Sünde oder „Erbsünde".

Im Judentum bleiben die Gräber daher bis zur körperlichen Auferstehung am jüngsten Tag unangetastet.

In der Bibel wird in der ca. 3000-jährigen Geschichte von sieben Totenauferweckungen berichtet.

Eine in der gesamten Welt verbreitete Feuerbestattung war seit 784 u.Z. für Christen verboten – es galt die Hoffnung auf eine leibliche Auferstehung am Jüngsten Tage.

Wissenschaft: Der Ablauf auf Erden ist mit Sicherheit eine geologische und biologische Evolution. Die Organe, Hirn und Gene entwickeln Geist, Denken und Handeln. Lebloses Hirn und Herz bedeuten das Ende der Psyche und Physis. Die Seele gehört in das Reich der Illusionen, der Religionen – und nicht der Anatomie.

Gottes Schöpfung – eine „heile Welt" – wäre sicher: Leben und leben lassen.

Frage: Wenn es die Wiederauferstehung gibt, wozu muss man dann eigentlich erst sterben?

Hat das Leben einen Sinn?

Hiob 10,1 Mich ekelt mein Leben an ...

Prediger 7,1 ... der Tag des Todes ist besser als der Tag der Geburt ...

Jesus Sirach 30,17 Tot sein und für immer Ruhe haben ist besser als ein elendes Leben mit nicht endender Krankheit.

Galater 1,4 ... Herr Jesus Christus, der sich selbst für unsere Sünden dahingegeben hat, dass er uns errette von dieser gegenwärtigen, bösen Welt nach dem Willen Gottes, unseres Vaters ...

Frage: Hat Jesus eigentlich Neues gebracht?

Faktum 24

Der Mensch muss davon – wie das Vieh

1. Mose 2,7 ... machte Gott den Menschen aus Erde vom Acker ...

1. Mose 3,19 ... du bist Erde und sollst Erde werden ...

Hiob 14,12 ... so ist ein Mensch, wenn er sich niederlegt, er wird nicht wieder auferstehen ... solange der Himmel bleibt ...

Psalm 49.13.21 Der Mensch in seiner Herrlichkeit kann nicht bleiben, sondern muss davon wie das Vieh.

Psalm 104,29 ... nimmst du weg ihren Odem, so vergehen sie und werden wieder Staub ...

Psalm 146,4 Denn des Menschen Geist muss davon, und er muss wieder zu Erde werden; dann sind verloren alle seine Pläne ...

Prediger 3,19 Denn es geht dem Menschen wie dem Vieh: wie dies stirbt, so stirbt auch er, und sie haben alle einen Odem, und der Mensch hat nichts voraus vor dem Vieh; denn es ist alles eitel.

Jesaja 26,14 Tote werden nicht lebendig, Schatten stehen nicht auf; darum hast du sie heimgesucht und vertilgt und jedes Gedenken an sie zunichte gemacht. (dagegen Jes 26,19). *vgl. Jes 51,12*

Weisheit 2,1 ... gegen das Sterben gibt es kein Heilmittel und wir kennen niemand, der aus der Totenwelt retten kann ...

Jesus Sirach 40,8.11 ... alle Geschöpfe, Menschen wie Tiere, haben das gleiche Schicksal ... aber die Sünder trifft es siebenfach ... alles, was aus der Erde hervorgegangen ist, kehrt in die Erde zurück , so wie alles Wasser ins Meer zurückfließt ...

Johannes 3,13 Und niemand ist gen Himmel aufgefahren außer dem, der vom Himmel herabgekommen ist, nämlich der Menschensohn (Jesus).

Faktum 25

Die Kreuzigung Jesu war Gottes Vorsehung und Wille für die Reinigung der Welt von Tod und Satan für einen neuen Himmel und eine neue Erde – der neue Bund, eine heile Welt

Die Ankündigung durch Jesus:

Matthäus 16,21–23 Seit der Zeit fing Jesus an, seinen Jüngern zu zeigen, wie er nach Jerusalem gehen und viel leiden müsse von den Ältesten und Hohenpriestern und Schriftgelehrten und getötet werden und am dritten Tage auferstehen. Und Petrus nahm ihn beiseite und fuhr ihn an und sprach: Gott bewahre dich, Herr! Das widerfahre dir NUR NICHT! Er (Jesus) aber wandte sich um und sprach zu Petrus: Geh weg von mir Satan! Du bist mir ein Ärgernis; denn du meinst nicht, was GÖTTLICH, sondern was menschlich ist. *vgl. Mt 17,22–23 / Mt 20,17–19 / Mk 8,31–33 / Mk 10,32–34 / Lk 9,21–22,43–45 / Lk 18,31–33 / Joh 18,11*

Apostelgeschichte 2,21–24 Und es soll geschehen: wer den Namen des Herrn anrufen wird, der soll gerettet werden. Ihr Männer von Israel, hört diese Worte: Jesus von Nazareth, von Gott unter euch ausgewiesen durch Taten und Wunder und Zeichen, die Gott durch ihn in eurer Mitte getan hat, wie ihr selbst wisst – diesen Mann, der durch Gottes RATSCHLUSS und VORSEHUNG dahingegeben war, habt ihr durch die Hand der Heiden (Juden) ans Kreuz geschlagen und umgebracht. Den hat Gott auferweckt und hat aufgelöst die Schmerzen des Todes, wie es denn unmöglich war, dass er vom Tode festgehalten werden konnte. *vgl. Agp 4,28 / Röm 4,25 / Röm 5,8–11 / Röm 8,31–34 / 1. Thess 2,15–16 / 1. Joh 2.1–2*

Weissagung durch den Propheten Jesaja:

Jesaja 53,4–6 Fürwahr, er trug unsre Krankheit und lud auf sich unsre Schmerzen. Wir aber hielten ihn für den, der geplagt und gemartert wäre.

Aber er ist um unsrer Missetat willen verwundet und um unsrer Sünde willen zerschlagen. Die Strafe liegt auf ihm, auf dass wir Frieden hätten, und durch seine Wunden sind wir geheilt.

vgl. Jes 52,13 / Mt 8,27 / 1. Petr. 2,24

Johannes 1,29 Siehe, das ist Gottes Lamm, das der Welt Sünde trägt!

Sollte nicht ein jeder für die eigenen Sünden gerichtet werden?

Johannes 3,16–17 Denn also hat Gott die Welt geliebt, dass er seinen eingeborenen Sohn gab, damit alle, die an ihn glauben, nicht verloren werden, sondern das ewige Leben haben.

Denn Gott hat seinen Sohn nicht in die Welt gesandt, dass er die Welt richte, sondern dass die Welt durch ihn gerettet werde.

vgl. Lk 1,67–80 / Lk 5,32 / Lk 19,10

Johannes 10,17–18 Darum liebt mich mein Vater, weil ich mein Leben lasse, dass ich's wiedernehme.

Niemand nimmt es von mir, sondern ich selber lasse es. Ich habe Macht, es wiederzunehmen. Dies Gebot habe ich empfangen von meinem Vater.

vgl. Joh 5,26

1. Korinther 2,8 ... die keiner von den Herrschern dieser Welt erkannt hat; denn wenn sie die (Juden) erkannt hätten, so hätten sie den Herrn (Jesus) der Herrlichkeit nicht gekreuzigt ...

War es nicht Gottes Vorsehung gewesen?

Dazu im kath. Katechismus Nr. 595 bis 658 (Auszüge/zitiert):
Die Juden sind für den Tod Jesu nicht kollektiv verantwortlich ...
Alle Sünder sind am Leiden Christi schuld ...
Der Erlösertod Christi im göttlichen Heilsplan ...
Jesus wurde „nach Gottes festgesetztem Ratschluss ausgeliefert ...“
Das Lamm, das die Sünde der Welt hinwegnimmt ...
Der Tod Christi ist das einzige österliche und endgültige Opfer, worin „das Lamm Gottes, das die Sünde der Welt hinwegnimmt ...“.
Christus ist für unsere Sünden gestorben, gemäß der Schrift ...
Jesus hat sich zu unserem Heil freiwillig dargebracht ...
Jesus, der Sohn Gottes, hat für uns freiwillig den Tod erlitten in einer völligen und freien Unterwerfung unter den Willen Gottes, seines Vaters. Durch seinen Tod hat er den Tod besiegt und so allen Menschen den Zugang zum Heil erschlossen.

Römer 5,1 Da wir nun gerecht geworden sind durch den Glauben, haben wir Frieden mit Gott durch unseren Herrn Jesus Christus.

Faktum 26

Jesus am Kreuz, der Vater hatte ihn verlassen

Matthäus 27,46 / Markus 15,34 Jesus am Kreuz: „Mein Gott, mein Gott, warum hast du mich verlassen?“
vgl. Ps 22,2

Lukas 23,46 Jesus: „Vater, ich befehle meinen Geist in deine Hände!“
vgl. Ps. 31,6

Johannes 19,30 Jesus: „Es ist vollbracht!“

Dazu der katholische Katechismus:

Nr. 598 Alle Sünder sind am Leiden Christi schuld

Nr. 619 Christus ist für unsere Sünden gestorben, gemäß der Schrift. (1 Kor 15,3)

Nr. 621 Jesus hat sich zu unserem Heil freiwillig dargebracht.

Nr. 550 Das Kommen des Gottesreiches ist die Niederlage des Reiches Satans. Das Reich Gottes wird durch das Kreuz Christi endgültig errichtet: „Vom Holz herab herrscht unser Gott.“

Galater 3,13 Verflucht ist jeder, der am Holz hängt.
vgl. 5. Mose 21–23 / 2. Kor 5,21

Matthäus 20,28 ... er diene und gebe sein Leben zu einer Erlösung für viele.

Lukas 1,68 Gelobt sei der Herr, der Gott Israels! Denn er hat besucht und erlöst sein Volk.

Apostelgesch. 2,23 ... diesen Mann (Jesus), der durch Gottes Ratschluss und Vorsehung dahingegeben ... habt ihr (Juden) umgebracht ...

Jesu Gebet in Gethsemane vor der Kreuzigung:

Matthäus 26,39 „Mein Vater, ist's möglich, so gehe dieser Kelch an mir vorüber; doch nicht wie ich will, sondern wie du willst!"
vgl. Joh 6,38 / Joh 18,11

Matthäus 26,53 Jesus: „Oder meinst du, ich könnte meinen Vater nicht bitten, dass er mir sogleich mehr als zwölf Legionen Engel schickte?"

Psalm 91,11 Denn er hat seinen Engeln befohlen, dass sie dich behüten auf allen deinen Wegen.
vgl. Mt 4,6

Johannes 16,32 Jesus: „Aber ich bin nicht allein, denn der Vater ist bei mir."

Johannes 10,30 Ich (Jesus) und der Vater sind eins.
vgl. Joh 17,21

Johannes 10,17 Jesus: Darum liebt mich mein Vater, weil ich mein Leben lasse.

Matthäus 26,54 ... die Schrift erfüllt, dass es so geschehen muss ...
vgl. Lk 4,21 / Joh 17,12

Die älteste Abendmahlsliturgie (um 210 u.Z.):

Wir danken dir, Gott, durch deinen geliebten Sohn Jesus Christus ... der als er verraten wurde zu freiwilligem Leiden, damit er den Tod vernichte, die Banden des Teufels zerbreche (von nun an die Herrschaft Gottes), die Gerechten zum Licht führe, die Grenze der Hölle festsetze und die Auferstehung kundtue ...

Nach der Kreuzigung gleich ins Paradies? Oder auferstanden zum irdischen Wandeln?

Lukas 23,43 Jesus sprach zum Leidensgenossen am Kreuz: Wahrlich, ich sage dir: Heute wirst du mit mir im Paradies sein.

Lukas 24,46 So steht's geschrieben, dass Christus leiden wird und auferstehen von den Toten am dritten Tage ... aufgehoben gen Himmel und sitzend zur Rechten Gottes ...
vgl. Mt 28 / Mk 8,31 / Mk 9,31 / Mk 16,19 Lk 24,51

Jesus als Licht der Welt?

Matthäus 28,18 Jesus: Mir ist gegeben alle Gewalt im Himmel und auf der Erden.
vgl. Mt 11,27 / Eph 1,20–22

Johannes 8,12 Jesus: Ich bin das Licht der Welt. Wer mir nachfolgt, der wird nicht wandeln in der Finsternis, sondern wird das Licht des Lebens haben.
vgl. Jes 9,1 / Jes 49,6 / Joh 1,5–9 / Mg 5,14–16

Johannes 9,5 Jesus: Solange ich in der Welt bin, bin ich das Licht der Welt.
vgl. Joh 12,35 / Joh 12,46–47

Matthäus 28,20 Jesus: Und siehe, ich bin bei euch alle Tage bis an der Welt Ende.

Jesu Rede über die Endzeit:

Matthäus 24,3–44 (34), Markus 13,3–37 (30), Lukas 21,5–38 (32) Jesus: Einige die hier stehen, werden das Reich Gottes noch sehen!

Das Licht der Welt – aber die Finsternis ist unverändert, die Endzeit ausgeblieben – das Heil der Welt ohne Erfüllung.

Jesus: Ich bin alle Tage bei euch ... und niemand merkt es ... das Heil der Welt!

Psalm 103,2 Lobe den Herrn, meine Seele, und vergiss nicht, was er dir Gutes getan hat ...
vgl. Ps 23

Faktum 27

Groteske, abstruse und skurrile Gleichnisse verbreitete Jesus über das Reich seines Vaters, das Reich Gottes – Himmelreich

Der damals unter großem Aufsehen geborene „Heiland der Welt“ und „davidische König“ übernimmt für Jahrzehnte die Aufgabe eines Handwerkers, wird dann Wanderprediger und vergleicht das Reich Gottes mit einem Sämann:

Wenn jemand das Wort von dem Reich Gottes hört und nicht versteht, so kommt der Böse und reißt hinweg, was in sein Herz gesät ist; das ist der, bei dem auf den Weg gesät ist. Bei dem aber auf felsigen Boden gesät ist, das ist, der das Wort hört und es gleich mit Freuden aufnimmt; aber er hat keine Wurzeln in sich, sondern er ist wetterwendisch; wenn sich Bedrängnis und Verfolgung erhebt um des Wortes willen, so fällt er gleich ab. Hört zu! Siehe, es ging ein Sämann aus zu säen. Und indem er säte, fiel einiges auf den Weg und wurde zertreten und die Vögel unter dem Himmel fraßen es auf. Und einiges fiel auf gutes Land; und es ging auf und trug hundertfach Frucht. Als er das sagte, rief er: Wer Ohren hat zu hören, der höre. Zu seinen Jüngern sprach er: Euch ist's gegeben, die Gleichnisse des Reich Gottes zu verstehen, den anderen aber in Gleichnissen, damit sie es nicht sehen, auch wenn sie es sehen, und nicht verstehen, auch wenn sie es hören.

Matthäus 13,1–23 / Markus 4,1–20 / Lukas 8,4–10 / vgl. Jes 6,9–10

Gleichnis mit einem Senfkorn:

Das Reich Gottes – bei Matthäus auch Himmelreich – gleicht einem

Senfkorn, das ein Mensch nahm und auf seinen Acker säte; das ist das kleinste unter allen Samenkörnern; wenn es aber gewachsen ist, so ist es größer als alle Kräuter und wird ein Baum, so dass die Vögel unter dem Himmel kommen und wohnen in den Zweigen.

vgl. Matthäus 13,31–32 / Markus 4,30–34 / Lukas 13,18–19

Gleichnis mit einem Sauerteig:

Ein anderes Gleichnis sagte (Jesus) ihnen: Das Himmelreich gleicht einem Sauerteig, den eine Frau nahm und unter einen halben Zentner Mehl mengte, bis es ganz durchsäuert war. Das alles redete Jesus in Gleichnissen zu dem Volk, und ohne Gleichnisse redete er nichts zu ihnen, damit erfüllt würde, was gesagt ist durch den Propheten, der da spricht (Psalm 78,2): Ich will meinen Mund auftun in Gleichnissen und will aussprechen, was verborgen war vom Anfang der Welt an.

vgl. Matthäus 13,33–35 / Lukas 13,20–21

Gleichnis vom Schatz im Acker und der kostbaren Perle:

Das Himmelreich gleicht einem Schatz, verborgen im Acker, den ein Mensch fand und verbarg; und in seiner Freude ging er hin und verkaufte alles, was er hatte, und kaufte den Acker. Wiederum gleicht das Himmelreich einem Kaufmann, der gute Perlen suchte, und als er eine kostbare Perle fand, ging er hin und verkaufte alles, was er hatte, und kaufte sie.

vgl. Matthäus 13,44–45 / Phil 3,7

Die Deutung des Gleichnisses vom Unkraut:

Der Menschensohn (Jesus) ist's, der den guten Samen sät. Der Acker ist die Welt. Der gute Same sind die Kinder des Reichs. Das Unkraut sind die Kinder des Bösen. Der Feind, der es sät, ist der Teufel. Die Ernte ist das Ende der Welt. Die Schnitter sind die Engel.

vgl. Matthäus 13,37–43

Vom Fischnetz:

Wiederum gleich das Himmelreich einem Netz, das ins Meer geworfen ist und Fische aller Art fängt.

vgl. Matthäus 13,47–52

Kindern gehört das Himmelreich:

Jesus sprach: Lasset die Kinder und wehret ihnen nicht, zu mir zu kommen; denn solchen gehört das Himmelreich.

vgl. Matthäus 18,3 / Matthäus 19,13–15 / Markus 10,13–16 / Lukas 18,15–17

Das Himmelreich gleicht zehn Jungfrauen:

Dann wird das Himmelreich gleichen zehn Jungfrauen, die ihre Lampen nahmen und gingen hinaus, dem Bräutigam entgegen. Aber fünf von ihnen waren töricht, und fünf waren klug. Die törichten nahmen ihre Lampen, aber sie nahmen kein Öl mit. Die klugen aber nahmen Öl mit in ihren Gefäßen, samt ihren Lampen.

vgl. Matthäus 25,1–13

Vergleich mit zwei ungleichen Söhnen:

Wahrlich, ich sage euch: Die Zöllner und Huren kommen eher ins Reich Gottes als ihr.

vgl. Matthäus 21,31 / Lukas 18,9–14

Die königliche Hochzeit:

Das Himmelreich gleicht einem König, der seinem Sohn die Hochzeit ausrichtete.

vgl. Matthäus 22,2

Matthäus 5,1–12 Die Bergpredigt/Seligpreisungen

Jesus: Selig sind, die da geistlich/geistig arm sind; denn ihrer ist das Himmelreich.

Selig sind, die da Leid tragen; denn sie sollen getröstet werden.

Selig sind die Sanftmütigen; denn sie werden das Erdreich besitzen.

Selig sind, die da hungert und dürstet nach der Gerechtigkeit; denn sie sollen satt werden.

Selig sind die Barmherzigen; denn sie werden Barmherzigkeit erlangen.

Selig sind, die reinen Herzens sind; denn sie werden Gott schauen.

Selig sind die Friedfertigen; denn sie werden Gottes Kinder heißen.

Selig sind, die um der Gerechtigkeit willen verfolgt werden; denn ihrer ist das Himmelreich.

Seid fröhlich und getrost; es wird euch im Himmel reichlich belohnt werden.

Lukas 6,20–26 Selig seid ihr Armen; denn das Reich Gottes ist euer.

Selig seid ihr, die ihr jetzt hungert; denn ihr soll satt werden.

Selig seid ihr, die ihr jetzt weint; denn ihr werdet lachen.

Selig seid ihr, wenn euch die Menschen hassen und euch ausstoßen und schmähen und verwerfen euren Namen als böse um des Menschensohnes – Jesus – willen.

Freut euch an jenem Tage und springt vor Freude; denn siehe, euer Lohn ist groß im Himmel.

Matthäus 19,21 Jesus: Willst du vollkommen sein, so geh hin, verkaufe, was du hast, und gib's den Armen, so wirst du einen Schatz im Himmel haben ... und folge mir nach.

vgl. Mt 6,20 / Mk 10,21 / Lk 12,33 / Lk 18,22 / Apg 2,45

Matthäus 19,23 Ein Reicher wird schwer ins Himmelreich/Reich Gottes kommen.

vgl. Mk 10,23

Matthäus 19,24 Es ist leichter, dass ein Kamel durch ein Nadelöhr ge-

he, als dass ein Reicher ins Reich Gottes komme.
vgl. Mk 10,25 / Lk 18,25

Wehrufe:

Lukas 6,24 Weh euch Reichen! Denn ihr habt euren Trost schon gehabt.

Jakobus 5,1 Und nun, ihr Reichen: Weint und heult über das Elend, das über euch kommen wird!

Sirach 11,14 Es kommt alles von Gott; Glück und Unglück, Leben und Tod, Armut und REICHTUM.

Fakt: Vom Reich seines Vaters hatte Jesus anscheinend keinerlei Kenntnisse.

Fatal: Die Weissagungen der Propheten und die Erwartungen des jüdischen Volkes sind mit den Gleichnissen Jesu unvereinbar.

Faktum 28

Der Aufstieg Jesu vom Sohn Gottes (Menschensohn, Joh 9,35–37) Dreieinigkeit – Dreifaltigkeit – Trinität – ein Mysterium

Vater – Sohn – Heiliger Geist, wesenhafte Einheit in drei göttlichen Personen: Grundlegende Glaubenswahrheit – als Dogma beschlossen

Bis zur Einberufung zum Konzil/zur Synode durch den röm. Kaiser Konstantin den Großen (306–337) in Nizäa (heute Nikaia, bei Byzanz, Konstantinopel, Istanbul) am 20. Mai 325 galt Jesus, nach der Lehre des Presbyter/Priester Arius (Arianismus) in Alexandrien (260–336), zu Gott nur als „wesensähnlich", als „Sohn Gottes".

Durch auch noch auf den Konzilen in Konstantinopel (381), Ephesos (431) und Chalkedon (451) ausgetragene Konflikte setzte sich dann das Glaubensbekenntnis des Athanasius des Großen von Alexandrien, Bischof und Kirchenlehrer und -heiliger (296–373), das Dogma als endgültig anerkannt durch: Jesus ist mit Gott – Trinität – nun „wesensgleich" und von Papst Leo I. (440–461) als die „menschliche und göttliche Natur Christi zur untrennbaren göttlichen Einheit".

Durch das Toleranz-Edikt von Mailand 313 wird durch Kaiser Konstantin das Christentum Staatsreligion. Es gilt aber Glaubensfreiheit.

380 wird dann durch Kaiser Theodosius I. (König der Ostgoten, Sagen um Dietrich von Bern) den Großen allen ihm untergebenen Völkern der christliche Trinitätsglaube vorgeschrieben, der große Durchbruch der katholischen Staatskirche war somit vollzogen.

Im Evangelium nach Johannes 10,30 hatte auch schon Jesus verkündet: „Ich und der Vater sind eins“, also wesensgleich.

vgl. Mt 28,19 / Joh 14,9–10.

Grundlagen im kath. Katechismus unter Nr. 195 / 232 bis 267 / 1170. Ausgießung des heiligen Geistes: Joel 3 / Jes 44,3 / Apg 1,5 / Apg 2,4 / Apg 11,16

Dazu Papst Benedikt XVI. in seinem Jesus-Buch:

Die Einheit der Schrift, von der die Tradition spricht, sei ein dogmatisches Konstrukt. Für die Exegese sei sie wissenschaftstheoretisch uneinholbar und irrelevant.

Für den Papst stellt sich die Situation dramatisch dar: Die Fortschritte der historisch-kritischen Forschung führten zu immer weiter verfeinerten Unterscheidungen zwischen Traditionsschichten, hinter denen die Gestalt Jesu, auf den sich doch der Glaube bezieht, immer undeutlicher wurde, immer mehr an Kontur verlor ...

Als gemeinsames Ergebnis all dieser Versuche ist der Eindruck zurückgeblieben, dass wir jedenfalls wenig Sicheres über Jesus wissen und dass der Glaube an seine „Gottheit“ erst nachträglich sein Bild geformt habe. Dieser Eindruck ist inzwischen weit ins allgemeine Bewusstsein der Christen vorgedrungen. Eine solche Situation ist dramatisch für den Glauben, weil sein eigentlicher Bezugspunkt unsicher wird: Die innere Freundschaft mit Jesus, auf die doch alles ankommt, droht ins Leere zu greifen.

Quelle: Bibel und Kirche, Evangelien als Erzählwerke, Nr. 3/2007/ S. 186

Der Spiegel – Geschichte – Nr. 6/2011/ S. 25:

„Die Geburtsgeschichte in der Krippe zu Bethlehem etwa, die zum Kanon der westlichen Kulturgeschichte gehört, ist nach Auffassung der großen Mehrheit der Neutestamentler reine Legende, eine Erzählung, mit der die Geburt von Jesus gedeutet werden soll ...“

Faktum 29

Gott wohnt nicht in Monumentalbauten, deren Türme in den Himmel reichen – zum Beten reicht ein Kämmerlein

Zur Rücksprache und zu Ehren von Göttern und Geistern wurden in allen Regionen und für alle Religionen monumentale Bauwerke geschaffen. Mit erdrückenden Abgaben und unvorstellbaren und unvergleichbaren physischen Leistungen für die Erbauer, überwiegend von Sklaven oder sozial Abhängigen, von denen viele durch diese Drangsal physisch, psychisch und auch sozial zugrunde gerichtet wurden.

Die Ausstattungen bezeugen vielfach eine von Unmengen an Gold verbrämte und unvergleichbare Prunksucht, zum Nutzen der Priesterschaft und zur Demonstration von religiöser oder weltlicher Macht, die die Bürger vor Ehrfurcht erstarren ließ.

Die Pyramiden zählen zu den ältesten dieser Art. Die Bauzeit für den Petersdom/Vatikan betrugt 120 Jahre, der Kölner Dom wurde zwischen 1248 und 1880 – also in 632 Jahren – erbaut. Nach Schätzungen betrügen die heutigen Baukosten – vergleichweise sieben bis zehn Milliarden Euro. Die Sanierung des Hamburger Wahrzeichens – des Michels – kostete zwischen 1983 und 2009 ganze 26 Millionen, die Hauptkirche St. Katharinen 23 Millionen oder der Hildesheimer Dom voraussichtlich um die 30 Millionen Euro – eine weitere Auflistung würde ganze Bücher füllen.

Fazit: Gott hat fast unbezahlbare Kosten – aber eine unermesslich reiche Kirche.

Und was hat Jesus dazu gesagt?

Matthäus 6,6 Jesus für das Vaterunser: „Wenn du aber betest, so geh in dein Kämmerlein und schließ die Tür zu und bete zu deinem Vater, der im Verborgenen ist; und dein Vater, der in das Verborgene sieht, wird dir's vergelten."

Apostelg. 7,48 u. 17,24 „Gott ... der Allerhöchste ... der die Welt gemacht hat ... wohnt nicht in Tempeln, die mit Händen gemacht sind ..." *vgl. Jes 66,1 / 1. Kön 8,27*

Fazit: Für ein Gebet und die Vergebung von Sünden bedarf es keiner Monumentalbauten und keiner Priesterschaft – es reicht ein Kämmerlein.

Gott ist überall – allgegenwärtig.

Faktum 30

Der allmächtige und allgütige Gott erhört jedes Gebet der Gläubigen

1. Mose 30,22 Gott gedachte aber an Rahel und erhörte sie und machte sie fruchtbar.
vgl. 1. Sam 1,19

Psalm 66,20 Gelobt sei Gott, der mein Gebet nicht verwirft noch seine Güte von mir wendet.
vgl. Ps 17,6 / Ps 37,5 / Ps 65,2 / Ps 145,18–19 / Spr 10,24 / Spr 15,29 / Joh 9,31

Psalm 120,1 Ich rufe zu dem Herrn in meiner Not, und er erhört mich.
vgl. Ps 55,23 / Ps 72,12 / Hiob 36,15 / Joel 3,5 / Sirach 35,16–17 / 2. Mose 22,22 / Röm 10,13

Matthäus 7,7–8 Bittet, so wird euch gegeben; suchet, so werdet ihr finden; klopfet an, so wird euch aufgetan.
Denn wer da bittet, der empfängt; und wer da sucht, der findet; und wer da anklopft, dem wird aufgetan.
vgl. Mk 9,23 / Mk 9,29 / Lk 11,9–10 / Joh 11,22 / Joh 14,13–14 / Joh 15,7 / Apg 16,25–26 / 1. Petr 5,7

Matthäus 21,21–22 Jesus sprach: „Wahrlich, ich sage euch: Wenn ihr Glauben habt und nicht zweifelt ... wenn ihr zu diesem Berge sagt: Heb dich und wirf dich ins Meer!, so wird's geschehen. Und alles, was ihr bittet im Gebet, wenn ihr glaubt, so werdet ihr's empfangen.
vgl. Mt 6,6 / Mt 18,19 / Mk 11,24 / Lk 17,5–6 / 1. Joh 3,22

Mk 9,29 Die Heilung eines besessenen Knaben.
Jesus sprach: „Diese Art kann durch nichts ausfahren als durch Beten.“ (Exorzismus)
vgl. Mt 10,8 / Mk 6,7 / Lk 9,1

Johannes 16,23–24 Jesus: „Wahrlich, wahrlich, ich sage euch: Wenn ihr den Vater um etwas bitten werdet in meinem Namen, wird er's euch geben.
Bisher habt ihr um nichts gebeten in meinem Namen. Bittet, so werdet ihr nehmen, dass eure Freude vollkommen sei.
vgl. Joh 15,16

Apostelg. 16,25–26 Um Mitternacht aber beteten Paulus und Silas und lobten Gott. Und die Gefangenen hörten sie.
Plötzlich aber geschah ein großes Erdbeben, so dass die Grundmauern des Gefängnisses wankten. Und sogleich öffneten sich alle Türen, und von allen fielen die Fesseln ab ...

... aber in Rom ließ Gott die Kreuzigung von Petrus und Paulus zu.

Philipper 4,6 Sorgt euch um nichts, sondern in allen Dingen lasst eure Bitten in Gebet und Flehen mit Danksagung vor Gott kundwerden!
vgl. Mt 6,25–34 / Lk 12,22–32 / Jak 5,15

Dazu im katholischen Katechismus Nr. (Auszüge):

313 Wir wissen, dass Gott bei denen, die ihn lieben, alles zum Guten führt. Das bezeugen die Heiligen immer wieder.
vgl. Röm 8,28

322 Petrus: „Werft alle eure Sorge auf ihn – himmlischen Vater – denn er kümmert sich um euch.“
vgl. 1. Petr 5,7

1510 Das gläubige Gebet wird den Kranken retten, und der Herr wird ihn aufrichten ...

Dazu die katholischen Glaubensinformationen Nr. 17 / S. 10:
Nur dem Gebet, das aus dem Glauben kommt, ist Erhörung zugesagt. Unzählige Menschen haben diese Erhörung erfahren.
vgl. Mt 21,22

Dagegen: Ein seit nunmehr 2000 Jahren unerfülltes Gebet – das Vaterunser (Matthäus 6,5–15)
„Dein Reich komme" (Mt 6,10 / Lk 11,2) blieb unerfüllt, dabei hatte Jesus seinen Zeitzeugen schon die feste Zusage gemacht: „Dieses Geschlecht wird nicht vergehen, bis dies alles geschieht." (Das Reich Gottes auf Erden, Lk 2,11)
vgl. Mt 16,28 / Mt 24,34 / Mk 1,15 / Mk 9,1 / Mk 13,30 / Lk 9,27 / Lk 17,21 / Lk 21,32

Auch Jesu Gebet wurde vom Vater nicht erhört (Mt 26,39):
Jesus: „Mein Vater, ist's möglich, so gehe dieser Kelch (die Kreuzigung) an mir vorüber ...!"

Ungeklärte Fragen:
Erhörte Gott die Gebete der Soldaten in Stalingrad nicht ...?
Erhörte Gott die Gebete der Holocaust–Opfer nicht ...?
Erhörte Gott die Gebete der Opfer des Hexenwahns nicht ...?
Waren sie alle ohne Glauben ...?

Papst betet für Frieden im Heiligen Land – Papst Johannes Paul II. am 8. Mai 2001 auf den Golanhöhen – Auszüge:
Betet für den Frieden und um die Mauern der Feindschaft und der Trennung niederzureißen. Nach Jahrzehnten des Krieges und des Hasses gelte es nun, eine Welt der Gerechtigkeit und der Solidarität aufzubauen. „„... von diesem Ort, der vom Krieg so zerstört ist (Jerusalem, die Friedensreiche), möchte ich mein Herz und meine Stimme für ein Gebet für den Frieden im Heiligen Land und in der Welt erheben ...

Fazit: Auch die Gebete des Stellvertreters Christi und Nachfolger Petrus erweisen sich als wirkungslos.

Papst Benedikt XVI. fordert Frieden in aller Welt:
Papst Benedikt fordert am Neujahrstag eindringlich Frieden in aller Welt, den Schrei der vielen Kriegsopfer – Männer, Frauen, Kinder und Alten – anzuhören, die das schreckliche Angesicht der Geschichte sind. Am 1. Januar feiert die katholische Kirche seit 1967 traditionell den Weltfriedenstag. Papst Paul VI. hatte mit einer Friedensbotschaft an die Regierenden in aller Welt zum Einhalt von Gewalt aufgerufen und den Neujahrstag zum Weltfriedenstag erklärt.

Faktum: Es wird eine erschreckende Macht- und Wirkungslosigkeit offenbar.

Zur Absicherung bei ausbleibender göttlicher Hilfe wurden durch die Kirche im 13. Jh. 14 Nothelfer – und später unzählige Heilige und Selige als Mittler zur Anrufung und Verehrung Gottes – berufen, die für viele Anliegen anzusprechen waren.

Für jederlei Gruppierung wurden Selige und Heilige eingesetzt, der Heilige Hieronymus für die Anliegen der Übersetzer (er hatte die Bibel 382–385 in Rom übersetzt), Franz von Assisi für den Umweltschutz und für die Armen, Jeanne d'Arc als Schutzpatronin für Frankreich.

Besonders pikant ist die Legende um die phänomenalen Heiligen Drei Könige, ohne Realität werden sie als Fürsprecher bei Gott durch die Kirche anerkannt.

Gegenwärtig glaubt nur noch eine Minderheit an die Erhörung von Gebeten – Gott und die Bibel sind unzuverlässig.

Faktum 31

Durch Glauben alles erreichen, alle Krankheiten beheben und das ewige Leben

Matthäus 9,22 Jesus sprach: Sei getrost, meine Tochter, dein Glaube hat dir geholfen. Und die Frau wurde gesund zu derselben Stunde.

Markus 9,23 Jesus sprach: ... alle Dinge sind möglich dem, der da glaubt.
vgl. Hebr 11,30

Markus 10,27 ... alle Dinge sind möglich bei Gott ...

Markus 10,52 Jesus sprach: Geh hin, dein Glaube hat dir geholfen. Und sogleich wurde er sehend und folgte ihm nach auf dem Wege.

Markus 16,15–18 Jesus sprach: Gehet hin in alle Welt und predigt das Evangelium ALLER KREATUR. Wer da glaubt und getauft wird, der wird selig werden; wer aber nicht glaubt, der wird verdammt werden (ins ewige Höllenfeuer). Die Zeichen aber, die folgen werden denen, die da glauben, sind diese: in meinem Namen werden sie böse Geister austreiben (Exorzismus), in neuen Zungen reden, Schlangen mit den Händen hochheben, und wenn sie etwas Tödliches trinken, wird's ihnen nicht schaden; auf Kranke werden sie die Hände legen, so wird's besser mit ihnen werden.
vgl. Lk 10,19 / Apg 16,18.31 / Apg 28,3–5 / Jak 5,14–15

Lukas 7,9 Jesus sprach: Solchen Glauben habe ich in Israel nicht gefunden. Und als die Boten wieder nach Hause kamen, fanden sie den Knecht gesund.

Lukas 7,50 Jesus sprach: Dein Glaube hat dir geholfen; geh hin in Frieden!
vgl. Mt 9,29 / Mt 15,28 / Mk 5,34 / Lk 8,48 / Lk 17,6 / Lk 17,19

Lukas 18,42 Jesus sprach: Sei sehend! Dein Glaube hat dir geholfen.

Johannes 3,16 Denn also hat Gott die Welt geliebt, dass er seinen eingeborenen Sohn gab, damit alle, die an ihn glauben, nicht verloren werden, sondern das ewige Leben haben.

vgl. Joh 3,36 / Joh 6,35 / Joh 6,47 / Joh 6,54 / Joh 11,25 / Joh 12,46

Johannes 11,40 Jesus sprach: Wenn du glaubst, wirst du die Herrlichkeit Gottes sehen?

Jesu Auftrag für die zwölf Jünger, die Apostel:

Matthäus 10,1–9 Und er (Jesus) rief seine zwölf Jünger zu sich und gab ihnen Macht über die unreinen Geister, dass sie die austrieben und heilten ALLE Krankheiten und ALLE Gebrechen ... weckt Tote auf und macht Aussätzige rein ...

vgl. Mk 6,7–13 / Lk 9,2–6

Apostelg. 20,28 So habt nun acht auf euch selbst und auf die ganze Herde, in der euch der heilige Geist eingesetzt hat zu Bischöfen, die er durch sein eigenes Blut erworben hat.

Dazu im katholischen Katechismus Nr. 861 bis 870 (Auszüge):

Die Bischöfe sind Nachfolger der Apostel ... dass die Bischöfe aufgrund göttlicher Einsetzung an die Stelle der Apostel nachgerückt sind, gleichsam als Hirten der Kirche; wer sie hört, hört Christus ... die Kirche ist die eine, heilige, katholische und apostolische in ihrer tiefen, letzten Identität, denn in ihr existiert schon „das Himmelreich“, das „Reich Gottes“ ... sie ist auf feste Grundlagen gebaut: auf die „zwölf Apostel des Lammes“ (Jesus) – (Offb 21,14); sie ist unzerstörbar; sie ist unfehlbar in der Wahrheit gehalten; Christus leitet sie durch Petrus und die anderen Apostel, die in ihren Nachfolgern, dem Papst und dem Bischofskollegium, bei ihr sind ...

Fazit: Die Aufgabe durch Jesus an die Apostel gilt somit auch für die Bischöfe und den Papst ...

Frage: Haben sie ihre Aufträge je erfüllt ...?

vgl. kath. Katechismus Nr. 543–570 / 846–860 / 1500 bis 1532

Faktum 32

Die Schuld aller vor Gott, sie sind allesamt Sünder: Rechtfertigung allein aufgrund des Glaubens – nicht durch Werke

Römer 3,28 So halten wir nun dafür, dass der Mensch gerecht wird ohne des Gesetzes Werke, ALLEIN durch den Glauben.

Galater 2,16 ... sind auch wir zum Glauben an Christus Jesus gekommen, damit wir gerecht werden durch den Glauben an Christus und nicht durch Werke des Gesetzes; denn durch Werke des Gesetzes wird kein Mensch gerecht.
vgl. Röm 3,20 / Röm 5,1 / Gal 3,11 / Eph 2,8–9

Durch diese Verse erreichte Martin Luther die Erkenntnis und Erlösung seines Gewissens: „Sei ein Sünder und sündige wacker, aber vertraue (glaube) und freue dich in Christus."

Hintergründig: Christus, das Lamm Gottes, trägt die Sünden der Welt ...

Es wäre sicher ein böses Erwachen für Luther:

Römer 2,5–6 Du aber mit deinem verstockten und unbußfertigen Herzen häufst dir selbst Zorn an auf den Tag des Zorns und der Offenbarung des gerechten Gerichtes Gottes, der einem jeden geben wird nach seinen WERKEN: ewiges Leben ...

2. Korinther 5,10 Denn wir müssen alle offenbar werden vor dem Richterstuhl Christi, damit jeder seinen Lohn empfange für das, was er getan hat bei Lebzeiten, es sei gut oder böse.

Jakobus 2,24 So seht ihr nun, dass der Mensch durch Werke gerecht wird, nicht durch Glauben allein.

vgl. 5. Mose 27,26 / Ps 11,5 / Ps 33,15 / Ps 75/76 / Jer 32,19 / Mt 5,22 / Mt 16,27 / Mt 18,8–9 / Mt 22,14 / Mt 25,41 / Mt 25,46 / Lk 10,20 / Joh 5,29 / 1. Kor 6,9 / Röm 2,6 / Röm 2,16 / Gal 5,21 / Eph 6,8 / Kol 3,25 / 1. Tim 6,18 / Jak 2,13 / Jak 2,17 / Offb 7,4 / Offb 20,12 / Offb 22,12

Jesus – Richter der Welt:

Mt 11,27 / Mt 28,18 / Joh 5,22 / Apg 10,42 / Röm 2,16 / Röm 3,24 / 2. Kor 5,10

Jesus – Für die Sünden aller freiwillig und nach Gottes Willen am Kreuz gestorben:

Jes 53,4–5 / Mt 8,17 Joh 1,29 / Röm 4,25 / 1. Kor 15,3–5 / 1. Petr 2,24 / Hebr 10,28 / Hebr 10,31 / Hebr 12,29

Faktum 33

Die Texte der Bibel – übersät mit unüberbrückbaren Ungereimtheiten und fatalen Widersprüchen

Bei Matthäus: Flucht nach Ägypten

Matthäus 2,13–14 Der Engel des Herrn sprach zu Josef ... flieh nach Ägypten und bleib dort bis nach dem Tod von König Herodes ... (Herodes Antipas Tetrach von Galiläa und Peräa, 37–4 v.u.Z. / Archelaus Ethnarch in Judäa, Idumäa, Samaria, 4 v.–6 u.Z. – Mt 2,22)

Matthäus 2,16 Der Kindermord von Bethlehem gilt als eine Legende, er ist in keiner Geschichtsquelle belegt.

Bei Lukas dagegen: Rückkehr nach Galiläa

Lukas 2,21–39 Und als acht Tage um waren und man das Kind beschneiden musste ... brachten sie ihn nach Jerusalem ... und kehrten wieder zurück nach Galiläa in ihre Stadt Nazareth ...

(Steuerschätzung in Judäa, Idumäa und Samaria unter Prokuratur,
Legat der röm. Provinz Syrien, Quirinius, 6–41 u.Z. /
Pontius Pilatus Prokurator in Judäa, 26–36 u.Z.
Augustus Gasius Octavius Caesar, röm. Kaiser, 63 v.u.Z. bis 14 u.Z.
Tiberius Claudius Nero, 14–37 u.Z.)

Bei Matthäus muss Jesus bis 4 v.u.Z. geboren worden sein.

Bei Lukas 6 u.Z. Steuerschätzung Lukas 2,2, Quirinius:

1. Mose 17,23 Beschneidung der Vorhaut als Zeichen des Bundes zwischen Gott und dem auserwählten Volk Israel – *nur bei Lukas 2,21.*

Fazit: Jesus war ein Jude, Christen werden nicht beschnitten.

Name(n) Jesu:

Matthäus 1,23 Siehe, eine Jungfrau wird schwanger ... und sie werden ihm den Namen „Immanuel“ geben ... „Gott mit uns“ . „Gott hilft“. *vgl. Jesaja 7,14*

Lukas 1,31 ... du sollst ihm den Namen „Jesu“ geben ...

Weitere fatale und skurrile Widersprüche:

Evangelium nach Matthäus:

König der Juden (Mt 2,2), Heiland der Welt (Lk 2,11 / Joh 4,42), Jesus am Kreuz: „Mein Gott, warum hast du mich verlassen?“ (Mt 27,46), Sohn Davids: Salomo Sohn Davids (Mt 1,6), Großvater Jesu: Jakob, Vater Josefs (Mt 1,16) Jesus: Heute mit mir im Paradies (Lk 23,43)

Evangelium nach Lukas:

Sohn Gottes (Lk 3,22), Reich Gottes/Himmelreich umgehend (Mt 24,34 / Lk 21,32 / Mk 13,30), Jesus am Kreuz: „Vater, ich befehle meinen Geist in deine Hände.“ (Lk 23,46), Sohn Davids: Nathan Sohn Davids (Lk 3,31), Großvater Jesu: Elis, Vater Josefs (Lk 3,23), Jesus: Am dritten Tage auferstanden (Lk 24,46).

Reich Gottes – Himmelreich:

Jesus: „Es wird diesem Geschlecht kein Zeichen gegeben!“ (Mk 8,12) Jesus: „Dieses Geschlecht wird nicht vergehen, bis dies alles geschieht.“ (Mk 13,30)

Jesus, der Friedefürst und Heiland der Welt:

Lk 6,27 „Liebt eure Feinde; tut wohl denen, die euch hassen; segnet, die euch verfluchen; bittet für die, die euch beleidigen."

Dagegen: Jesus kannte für seine Feinde und die Gottlosen kein Erbarmen.

Lk 19,27 „Doch diese meine Feinde, die nicht wollten, dass ich ihr König – der Juden – werde, bringt her und macht sie vor mir nieder / erwürgt sie vor mir / macht sie vor meinen Augen nieder / bringt her und erschlagt sie vor mir." (Unterschiedliche Texte aus mehreren Bibeln.)

vgl. Ps 58,11 / Ps 106,18 / Ps 110,6

Lk 23,6–12 Jesus vor Herodes – *nur bei Lukas (Lk 3,1 / Lk 9,9)*

Faktum 34

Die Stammbäume Davids/Jesu sind ohne historischen Wert: Sie sind ausschließlich theologisch motiviert

Stammbäume bei 1. Mose 5 / 1. Mose 7/9/10–11 / Matthäus 1,1–17 / Lukas 3,23–38:

Nach Matthäus 1,17 sind es 42 Glieder, bei Lukas 77 Glieder (Generationen) von Adam bis Jesus.

Sie ergeben niemals eine Zeitspanne von ca. 4–5 Milliarden Jahren für das wissenschaftliche Alter der Erde. Sie steht auch im Widerspruch zur jüdischen Zeitrechnung von 5761 Jahren (bezogen auf das Jahr 2000) in Anlehnung an die Schöpfungsgeschichte 1. Mose, die Genesis.

Jesus Vater hatte gleich zwei Väter:

Matthäus 1,16 Jakob zeugte Josef, den Mann der Maria, von der geboren ist Jesus, der da heißt Christus.

Lukas 3,23 Und Jesus, als er auftrat, etwa dreißig Jahre alt und wurde gehalten für einen Sohn Josefs, der war ein Sohn Elis ...

Lukas 3,36 Noah, der war ein Sohn Lamechs ...

vgl. 1. Mose 5,32 / 1. Chr. 1,3

Bei Matthäus 1 fehlen Noah und Lamech.

1. Mose 5,25–27 Lamech war ein Sohn des Metuschelach, gezeugt im Alter von 187 Jahren, sein ganzes Alter wart 969 Jahre.

Ein derart hohes Lebensalter wurde mit Sicherheit von Erdenbürgern niemals erreicht.

Faktum: Auch ging die davidische Dynastie bereits nach der Eroberung Judas durch die Babylonier unter. 587 v.u.Z.

2. Könige 25,7 Unter Nebukadnezar (605–562 v.u.Z.): Und sie erschlugen die Söhne Zedekias – auch Zidkija – 597–587 v.u.Z., letzter König Judas, vor seinen Augen und blendeten Zedekia die Augen und legten ihn in Ketten und führten ihn nach Babel ...
vgl. 2. Chr 36 / Jer 39,6 / Jer 52,10

Zwischen der Zeittafel der jüdischen Könige (Anhang/Bibel) und den Stammbäumen Jesu besteht keine Chronologie. Die Stammbäume Matthäus und Lukas sind unterschiedlich.

Faktum 35

Die Verklärung des Mysteriums „Jesus“ durch die Katholische Kirche

Katholischer Katechismus (Tridentinisches Konzil, 1545–1563)
Markante Auszüge aus Nr.:

422 Als die Zeit erfüllt war, sandte Gott seinen Sohn; er hat die Verheißungen erfüllt.
vgl. Lk 1,32 / Lk 2,11

438 Seine ewige messianische Salbung wurde in der Zeit seines Erdenlebens bei seiner Taufe durch Johannes geoffenbart, als ihn Gott salbte; damit er Israel offenbar würde.
vgl. Lk 3,21–22

441 Dem auserwählten Volk, den Kindern Israels, der verheißene Messias-König „Sohn Gottes“, Jesus der Messias Israel.
vgl. Lk 1,68

481 Jesus Christus hat zwei Naturen, die göttliche und die menschliche; sie sind nicht miteinander vermischt, sondern in einer einzigen Person des Sohnes vereint.
vgl. Nr. 232 bis 267

528 Erscheinung des Herrn, Offenbarung Jesu als Messias Israel, als Sohn Gottes und Erlöser der Welt, dem König der Juden.
vgl. Mt 26,63–64 / Lk 22,70 u. 23,3

536 Das Lamm Gottes, das die Sünde der Welt hinwegnimmt, er kommt um alle Gerechtigkeit zu erfüllen, öffnete sich der Himmel, den die Sünde Adams verschlossen hatte.
vgl. Mt 3,15–16

541 Die Zeit ist erfüllt, das Reich Gottes ist nahe, die Kirche stellt den

„Keim und Anfang“ des Reich Gottes auf Erden dar.

544 Das Reich gehört den Armen und Kleinen, er bringt den Armen die Frohbotschaft, den Weisen und Klugen bleibt es verborgen.
vgl. Mt 5,3 / Lk 4,18 / Lk 6,20 / Lk 10,21 / Lk 16,20–22. Nr. 2546

546 Um das Reich zu erwerben, muss man alles (Besitztümer) aufgeben, um die Geheimnisse des Himmelreichs zu erkennen.
vgl. Mt 13,11

549 Indem er einzelne Menschen von irdischen Übeln: von Hunger, Unrecht, Krankheit und Tod befreit, setzt Jesus messianische Zeichen.
vgl. Mt 10,1–8 / Mk 6,7–13 / Lk 9,1–3

550 Das Kommen des Gottesreiches ist die Niederlage des Reiches des Satans.

567 Durch Christus beginnt auf Erden das Himmelreich.

570 Der Einzug Jesu in Jerusalem bezeugt das Kommen des Gottesreiches.

Faktum 36

Jesus: Der Heiland der Welt? Zusammenstellung – Kurzfassung Synoptische Evangelien

Nach Matthäus:

1,21 ... er wird sein Volk (Israel) retten von ihren Sünden ...
3,17 ... dies ist mein lieber Sohn, an dem ich Wohlgefallen habe ...
4,17 ... denn das Himmelreich ist nahe herbeigekommen ...
5,17 ... ich (Jesus) bin gekommen, das Gesetz zu erfüllen ...
8,17 ... unsre Schwachheit genommen, unsre Krankheit getragen ...
10,1 ... zwölf Jünger, alle Gewalt über Krankheit und Tod ...
10,34 ... nicht gekommen, den Frieden zu bringen, sondern das Schwert ...
13,14 ... die Weissagung Jesajas (6,14 / 9,1–6 / 11 / 51) erfüllt ...
14,33 ... Jünger Jesu: Du bist wahrhaftig Gottes Sohn ...
15,24 ... gesandt nur zu den Schafen des Hauses Israel ...
16,16 ... Petrus: Du bist Christus, Sohn des lebendigen Gottes ...
24 ... Jesu Rede über die Endzeit / Kommen des Menschensohns ...
26,27 ... Blut des neuen Bundes, zur Vergebung der Sünden ...
27,11 ... Jesus: König der Juden ...
27,43 ... Jesus: Gottes Sohn ...
27,46 ... Jesus: Mein Gott, warum hast du mich verlassen ...
28,18 ... Mir ist alle Gewalt gegeben, im Himmel und auf Erden ...
28,20 ... Jesus: Ich bin alle Tage bei euch, bis an der Welt Ende ...

Nach Markus:

3,11 ... unreine Geister schrien: Du bist Gottes Sohn ...

4,11 ... Euch ist das Geheimnis des Reiches Gottes gegeben ...
11,24 ... Alles, was ihr bittet im Gebet, wird euch zuteil werden ...
14,24 ... Blut des neuen Bundes, das für viele vergossen wird ...
14,61 ... Jesus: Ich bin Christus, der Sohn des Hochgelobten ...
14,62 ... Ich bin der Menschensohn, sitzend zur Rechten Gottes ...

Nach Lukas:

1,32 ... Sohn des Höchsten, Thron seines Vaters David ...
1,33 ... König über Haus Jakob (Israel) in Ewigkeit und kein Ende ...
1,52 ... er stößt die Gewaltigen vom Thron und erhebt die Niederen ...
1,68 ... der Gott Israel besucht und erlöst sein Volk ...
1,74 ... erlöst aus der Hand unserer Feinde ...
2,10 ... große Freude, die allem Volk widerfahren wird ...
2,11 ... denn EUCH ist HEUTE der HEILAND geboren ...
2,11 ... welcher ist Christus, der Herr, in der Stadt Davids ...
2,14 ... Ehre sei Gott und FRIEDE auf ERDEN bei den Menschen ...
2,30 ... meine Augen haben deinen Heiland gesehen ...
3,6 ... und alle Menschen werden den Heiland Gottes sehen ...
6,27 ... Liebt eure Feinde; tut wohl denen, die euch hassen ...
7,21 ... machte viele gesund von Krankheiten und Plagen ...
19,27 ... doch diese meine Feinde, die nicht wollten, dass ich ihr König werde, bringt her und macht sie vor mir nieder ...
21 ... Jesu Rede über die Endzeit / Kommen des Menschensohns ...
23,34 ... Vater, vergib ihnen; denn sie wissen nicht, was sie tun ...
23,46 ... Vater, ich befehle meinen Geist in deine Hände ...

Das besondere Evangelium – nach Johannes:

1,1 ... Das Wort ward Fleisch – Gott war das Wort ...
1,17 ... Denn das Gesetz ist durch Mose gegeben, durch Christus ...
1,29 ... Siehe, das ist Gottes Lamm, das der Welt Sünde trägt ...
1,49 ... du bist Gottes Sohn, du bist der König von Israel ...

1,41 ... wir haben den Messias gefunden, der Gesalbte ...
3,17 ... Gott sandte seinen Sohn, dass die Welt gerettet werde ...
4,25 ... der Messias kommt, der Christus Jesus: „Ich bin's ..."
4,42 ... Dieser ist wahrlich der Welt Heiland ...
5,22 ... der Vater hat alles Gericht dem Sohn übergeben ...
6,47 ... Wer glaubt, der hat das ewige Leben ...
6,69 ... Petrus: Du bist der Heilige Gottes ...
8,12 ... Jesus das Licht der Welt ...
8,18 ... Ich bin's, der Vater hat mich gesandt ...
8,29 ... Und der mich gesandt hat, lässt mich nicht allein ...
9,5 ... Solange ich in der Welt bin, bin ich das Licht der Welt ...
10,17 ... Darum liebt mich mein Vater, weil ich mein Leben lasse ...
10,30 ... Ich und der Vater sind eins ...
12,13 ... der da kommt im Namen des Herrn, der König von Israel ...
12,15 ... Tochter Zion! Dein König reitet auf einem Eselfüllen ...
12,46 ... Ich bin in die Welt gekommen als ein Licht ...
13,33 ... Wo ich hingehe, da könnt ihr nicht hinkommen ...
17,16 ... wie auch ich nicht von der Welt bin ...
17,17 ... dein Wort ist die Wahrheit ...
18,36 ... Mein Reich ist nicht von dieser Welt ...
18,37 ... Ich bin als König in die Welt gekommen ...
19,21 ... Ich bin der König der Juden ...
19,30 ... Jesus am Kreuz: Es ist vollbracht ...

Faktum 37

Offenbarung des Johannes – Apokalypse, Erkenntnis, Erleuchtung, Enthüllung: Visionäre Geschichten von Weltende und neuer Schöpfung

Johannes 1,1 ... Dies ist die Offenbarung Jesu Christi, was in Kürze geschehen soll ...

1,5 ... Ihm (Jesus), der uns liebt und uns erlöst hat von unsern Sünden mit seinem Blut ...

3,11 ... Jesus: Siehe, ich komme bald ...

3,12 ... Stadt meines Gottes ... Jerusalem ... vom Himmel herniederkommt ...

19,1 ... Heil und Herrlichkeit, die Kraft unseres Gottes ...

19,6 ... Gott, der Allmächtige, hat das Reich Gottes eingenommen ...

20,4 ... Mit Christus regieren tausend Jahre ... vier Enden der Erde ...

21,4 ... Der Tod wird nicht mehr sein, noch Leid noch Schmerz ... denn das Erste ist vergangen ...

21 ... Das neue Jerusalem ... neuen Himmel ... neue Erde ...

22 ... Siehe, ich komme bald ... die Zeit ist nahe ...
Amen, ja, komm, Herr Jesus.
vgl. „Jesu Rede über die Endzeit"
Matthäus 24 / Markus 13 / Lukas 21

Mt 24,34, Mk 13,30, Lk 21,32 Dieses Geschlecht wird nicht vergehen, bis es alles geschieht ...

2. Petr 3,4 Wo bleibt die Verheißung seines Kommens? Denn nachdem die Väter entschlafen sind, bleibt alles, wie es von Anfang der Schöpfung gewesen ist.

vgl. Joseph Ratzinger: „Jesus von Nazareth" (2. Kapitel, S. 73)
„Aber was hat Jesus dann eigentlich gebracht, wenn er nicht den Weltfrieden, nicht den Wohlstand für alle, nicht die bessere Welt gebracht hat? Was hat er gebracht ..."

(Er hat Gott gebracht!)

Eine kleine Auswahl aus unzähligen prophezeiten Apokalypsen:

Papst Sylvester II. (950–1003) kündigte den Weltuntergang für Silvester des Jahres 999 an.

Martin Luther (1483–1546) sagte für die Jahre 1532, 1538 und 1541 den Weltuntergang voraus (und empfahl, vorher ein Apfelbäumchen zu pflanzen).

Charles Taze Russell (1852–1916) sah die Apokalypse mehrfach, erstmals im Jahr 1874 kommen und gründete die Zeugen Jehovas – die Auserwählten ...

Michel de Nostradamus (1503–1566) erkannte den Juli 1999 als „letzten Erdentag".

Harold Camping, US-Radioprediger, prophezeite die „Entrückung" für den 21. Mai oder den 21. Oktober 2011.

Auch der als „Schlächter Europas" geltende Massenmörder, der von der katholischen Kirche „selig" gesprochen wurde – **Karl der Große (768 bis 814)** – war von der festen Überzeugung beseelt, das Jüngste Gericht, die Apokalypse noch persönlich zu erleben.

Die **Jahrtausendwende** ist eine bevorzugte Prophetie für das Weltende, das tausendjährige Reich in der Offenbarung 20.

Faktum 38

Jesu Rede über die Endzeit – die Apokalypse/Enthüllung

Mt 24 / Mk 13 / Lk 17,20–37 / Lk 21,20–37 / Offenbarung des Johannes: Ende des Tempels und Jerusalems – Kommen des Menschensohns (Jesus) Wiederkunft – das neue Reich Gottes – das neue Jerusalem – der Herr kommt – Auszüge:

Wenn ihr aber hören werdet von Kriegen und Aufruhr ... denn es wird sich ein Volk gegen das andere erheben ... und es werden Erdbeben und Hungersnöte hier und dort ... denn das muss zuvor geschehen; aber das Ende ist noch nicht so bald da ... Jerusalem wird zertreten werden von den Heiden ... wenn ihr nun sehen werdet das Gräuelbild der Verwüstung ... alsdann fliehe auf die Berge, wer in Judäa ist; und wer auf dem Dach ist, der steige nicht hinunter ... zu jener Zeit wird sich die Sonne verfinstern und der Mond seinen Schein verlieren, und die Sterne werden vom Himmel fallen (Joel 2,10 u. 3,4.15 / Apg 2,20) (Ob Astronomen es für möglich halten?) ... und die Kräfte des Himmels werden ins Wanken kommen ... dann wird er die Engel senden und die Auserwählten versammeln ... mit hellen Posaunen ... und dann werden wehklagen alle Geschlechter auf Erden und werden sehen den Menschensohn kommen auf den Wolken des Himmels mit großer Kraft und Herrlichkeit ... und ein jeder gerichtet nach seinen Werken ... und der Tod und sein Reich wurden geworfen in den feurigen Pfuhl ... und ich sah die heilige Stadt, das neue Jerusalem, von Gott aus dem Himmel herabkommen, bereitet wie eine geschmückte Braut für ihren Mann ... dieses Geschlecht wird nicht vergehen, bis dies alles geschieht ... Himmel und Erde werden vergehen; aber meine Worte werden nicht vergehen ...

vgl. Mt 16,28 / Mt 24,34 /Mk 1,15 / Mk 9,1 / Mk 13,30 / Lk 9,27 / Lk 17,21 / Lk 21,32 (Weltgericht Mt 25,31–46)

Im 2. Petrus 3,4 tauchen erste Zweifel auf:
Wo bleibt die Verheißung seines Kommens? Denn nachdem die Väter entschlafen sind, bleibt alles, wie es von Anfang der Schöpfung gewesen ist ... wir warten aber auf einen neuen Himmel und eine neue Erde (2. Petrus 3,13) nach seiner Verheißung ...

... auch noch nach 2000 Jahren ...

Matthäus 24,42: Darum wachet; denn ihr wisst nicht, an welchem Tag euer Herr (Jesus) kommt.
vgl. Mt 25,13 / Mk 13,35–36 / Lk 21,36

Faktum 39

Gottes Heil – ewiger Frieden: Die Weissagungen der Propheten – ewiges Heil und Frieden für Israel und die Welt

Vollendet durch den Erlöser und Erretter Jesus Christus – Friedefürst und Menschensohn

Psalm 4,9 Ich liege und schlafe ganz mit Frieden; denn allein du, Herr, hilfst mir, dass ich sicher wohne.
vgl. Ps 23 / Ps 91,11 / Mt 4,6 / Lk 4,10

Psalm 46,10 ... der den Kriegen steuert in aller Welt, der Bogen zerbricht, Spieße zerschlägt und Wagen mit Feuer verbrennt.
vgl. Ps 76,4

Psalm 72 Der Friedefürst und sein Reich.

Psalm 128,5 Der Herr wird dich segnen aus Zion, dass du siehst das Glück Jerusalems dein Leben lang und siehst Kinder deiner Kinder. Friede sei über Israel.
vgl. Ps 125,5

Jesaja 2,4 Und er wird richten unter den Heiden und zurechtweisen viele Völker. Da werden sie ihre Schwerter zu Pflugscharen und ihre Spieße zu Sicheln machen. Denn es wird kein Volks wider das andere das Schwert erheben, und sie werden hinfort nicht mehr lernen, Krieg zu führen.

Jesaja 9,1 Der Friedefürst wird verheißen.
Das Volk, das im Finsteren wandelt, sieht ein großes Licht, und über denen, die da wohnen im finsteren Lande, scheint es hell.
vgl. Mt 5,14 / Joh 8,12 / Joh 12,36 / Eph 5,8 / 1. Petr 2,9

Jesaja 9,5–6 ... Friede-Fürst ... und des Friedens kein Ende ... bis in Ewigkeit ...
vgl. Lk 1,32 / Lk 1,79

Jesaja 11 Der Messias und sein Friedensreich ...

Jesaja 43,22 Gott tilgt Israels Sünde.

Jesaja 45,7 ... der ich Frieden gebe und schaffe Unheil. Ich bin der Herr, der dies alles tut.

Jesaja 49,6 ... ich habe dich zum Licht der Heiden gemacht, dass du seist mein Heil bis an die Enden der Erde ...
vgl. Jes 42,6 / Lk 2,32

Jesaja 51 Gottes ewiges Heil für Israel

Jesaja 52,7 Die frohe Botschaft

Jesaja 53,5 ... die Strafe liegt auf ihm (Jesus), auf dass wir Frieden hätten ...

Jesaja 59 Gott überwindet die Sünde seines Volkes.

Jesaja 60 Zions zukünftige Herrlichkeit
vgl. Jes 61 / Jes 62,11–12

Jesaja 65,17 Verheißung eines neuen Himmels und einer neuen Erde ... Jerusalem zur Wonne ...
vgl. Jes 65,25

Jesaja 66,5 Das zukünftige Heil Jerusalems – das Gericht über die Gottlosen ...
vgl. Offb 21 u. 22

Jeremia 33,6 Siehe, ich will sie heilen und gesund machen und ihnen dauerhaften Frieden gewähren ...
vgl. 5. Mose 33,28 / Jer 23,5–6 / Jer 33,16–17 / Hes 37

Daniel 2,44 Aber zur Zeit dieser Könige wird der Gott des Himmels ein Reich aufrichten, das nimmermehr zerstört wird; und sein Reich wird auf kein anderes Volk kommen. Es wird diese Königreiche zermalmen und zerstören; aber es selbst wird ewig bleiben.
vgl. Dan 3,33 / Dan 6,27 / Dan 7,14.27 / Jes 9,6 / 1. Kor 15,24 / Offb 11,15 / Offb 12,10–11

Micha 4 Das kommende Friedensreich

Micha 5 Der Herrscher aus Davids Geschlecht wird aus Bethlehem kommen.
vgl. Jes 9,6 / Mt 2,5–6

Sacharja 9,9–10 Du, Tochter Zion, freue dich sehr, und du, Tochter Jerusalem, jauchze! Siehe, dein König kommt zu dir, ein Gerechter und dein Helfer, arm und reitet auf einem Esel, auf einem Füllen der Eselin ... denn er wird Frieden gebieten den Völkern und seine Herrschaft wird sein von einem Meer bis zum anderen und vom Strom bis an die Enden der Erde.
vgl. Zef 3,14 / Mt 21,5

Lukas 1,52 Er stößt die Gewaltigen vom Thron und erhebt die Niederen.
vgl. Ps 147,6

Lukas 1,68–80 Gelobt sei der Herr, der Gott Israels! Denn er hat besucht und erlöst sein Volk ... uns errette von unseren Feinden ... den Eid, den er geschworen hat unserem Vater Abraham ...
vgl. 2. Mose 23,25–28 / 5. Mose 28,10–12 / Mt 28,19–20

Lukas 2,10–14 Fürchtet EUCH nicht! Siehe ich verkündige EUCH große Freude, die ALLEM Volk widerfahren wird; denn EUCH ist HEUTE der HEILAND geboren, welcher ist Christus, der Herr, in der Stadt Davids.
Ehre sei Gott in der Höhe und FRIEDEN auf ERDEN bei den Menschen seines Wohlgefallens.
vgl. 4. Mose 6,26 / Ps 118,26 / Lk 19,38 / Gal 4,4–5 / Eph 2,14.17 / Offb 12,10–11

Realität: Ein seit nunmehr fast 2700 Jahren (Jesaja um 700 v.u.Z.) andauerndes Martyrium eines kleinen geschundenen und geplagten Volkes – das auserwählte Gottes ... auch das Heilige Jerusalem, die „Friedensreiche", wurde zur Superlative an Feindseligkeit.

Faktum 40

Jesus: „Dies ist das höchste und größte Gebot – du sollst deinen Nächsten, deine Feinde lieben …"

3. Mose 19,18 Du sollst deinen Nächsten lieben wie dich selbst; ich bin der Herr.

vgl. Mt 22,38–39 / Mk 12,31 / Lk 10,27 / Joh 13,34 / Joh 15,12

Matthäus 5,9 Selig sind die Friedfertigen; denn sie werden Gottes Kinder heißen.

Matthäus 5,43–48 Liebt eure Feinde und bittet für die, die euch verfolgen.

vgl. Lk 23,34 / Apg 7,60 / Röm 12,14 / Röm 13,9 / Gal 5,14

Lukas 6,27–42 Von der Feindesliebe:

Aber ich sage euch, die ihr zuhört: Liebt eure Feinde; tut wohl denen, die euch hassen; segnet, die euch verfluchen; bittet für die, die euch beleidigen.

Und wer dich auf die eine Backe schlägt, dem biete die andere auch dar; und wer dir den Mantel nimmt, dem verweigere auch den Rock nicht.

Wer dich bittet, dem gib; und wer dir das Deine nimmt, von dem fordere es nicht zurück.

Und wie ihr wollt, dass euch die Leute tun, so tut ihnen auch.

Und wenn ihr denen leiht, von denen ihr etwas zu bekommen hofft, welchen Dank habt ihr davon? Auch die Sünder leihen Sündern, damit sie das Gleiche bekommen.

Vielmehr liebt eure Feinde; tut Gutes und leiht, wo ihr nichts dafür zu bekommen hofft. So wird euer Lohn groß sein, und ihr werdet

Kinder des Allerhöchsten sein; denn er ist gütig gegen die Undankbaren und Bösen.
Seid barmherzig, wie auch euer Vater barmherzig ist.
vgl. Mt 5

Römer 12,17–18 Vergeltet niemand Böses mit Bösen. Seid auf Gutes bedacht gegenüber jedermann. Ist's möglich, soviel an euch liegt, so habt mit allen Menschen Frieden.

Sprüche 14,34 Gerechtigkeit erhöht ein Volk; aber die Sünde ist der Leute Verderben.

Mit soviel utopischem Wohlwollen war nicht nur Jesus überfordert:

Doch diese meine (Jesu) Feinde (die Juden), die nicht wollten, dass ich ihr König (der König der Juden) werde, bringt her und macht sie vor mir nieder – macht sie vor meinen Augen nieder – bringt her und erschlagt sie vor mir – erwürget sie vor mir.

Unterschiedliche Übersetzungen:

Lukas 19,27 Jesus schickte alle seine Feinde in die Hölle, ins ewige Feuer.
vgl. Mt 13,40–43 / Mt 25,40–41 / Joh 15,6–7

2. Mose 21,23–25 Auge um Auge, Zahn um Zahn, Hand um Hand, Fuß um Fuß, Brandmal um Brandmal, Beule um Beule, Wunde um Wunde ...
vgl. 3. Mose 24,20 / 5. Mose 19,21 / Mt 5,38 / Lk 6,29

So hatte es schon im Alten Testament geheißen, trotz Widerspruch durch Jesus sind diese Praktiken noch allzeit allgegenwärtig, besonders auffällig in den abrahamischen Religionen.

Faktum 41

Jesus betrachtete sich nicht als „Fürst des Friedens“, als „Friedensstifter“

Matthäus 10,34–39 Ihr sollt nicht meinen, dass ich gekommen bin, Frieden zu bringen auf die Erde. Ich bin nicht gekommen, Frieden zu bringen, sondern das Schwert.

Denn ich bin gekommen, den Menschen zu entzweien mit seinem Vater und die Tochter mit ihrer Mutter und die Schwiegertochter mit der Schwiegermutter. Und des Menschen Feinde werden seine eigenen Hausgenossen sein. Wer Vater oder Mutter mehr liebt als mich, der ist meiner nicht wert; und wer Sohn oder Tochter mehr liebt als mich, der ist meiner nicht wert.

vgl. Lk 12,49–53 / Mi 7,6

Lukas 14,26 Wenn jemand zu mit kommt und hasst nicht seinen Vater, Mutter, Frau, Kinder, Brüder, Schwestern und dazu sich selbst, der kann nicht mein Jünger sein.

vgl. Mt 19,27–30 / Mk 10,28–31 / Lk 18,28–30

Dazu Zitate und Auszüge aus dem katholischen Katechismus Nr. 2302–2330 Aufrechterhaltung des Friedens:

Frucht des Friedens Christi, welcher der messianische „Fürst des Friedens“ ist (Jes 9,5). Durch sein am Kreuz vergossenes Blut hat er „in seiner Person die Feindschaft getötet“.

vgl. Eph 2,16–17 / Jes 57,19

Lukas 19,27 Jesus: Doch diese meine Feinde, die nicht wollten, dass ich ihr König werde, bringt her und macht sie vor mir nieder – erwürgt sie vor mir.

Faktum 42

Im kommenden Reich Gottes: Der Beginn einer unendlichen Gerechtigkeit

Psalm 71,19 Gott, deine Gerechtigkeit reicht bis zum Himmel; der du große Dinge tust, Gott, wer ist dir gleich?

vgl. Ps 58,11 / Ps 71,16 / Ps 97,6 / Spr 11,31 / Spr 15,29 / Dan 9,24

Psalm 72,12 Denn er wird den Armen erretten, der um Hilfe schreit, und den Elenden, der keinen Helfer hat.

vgl. Hiob 34,11–12 / Hiob 36,15 / Spr 11,23

Psalm 146,7–9 ... der Recht schafft denen, die Gewalt leiden, der die Hungrigen speiset.

Der Herr macht die Gefangenen frei. Der Herr macht die Blinden sehend. Der Herr richtet auf die Niedergeschlagenen. Der Herr liebt die Gerechten. Der Herr ist König ewiglich, dein Gott, Zion, für und für. Halleluja!

vgl. Ps 145,14

Sprüche 14,34 Gerechtigkeit erhöht ein Volk; aber die Sünde ist der Leute Verderben.

Jesaja 9,6 ... Recht und Gerechtigkeit von nun an bis in Ewigkeit ...

vgl. Jes 51,6–8 / Mt 5,6

Jesaja 56,1 So spricht der Herr: Wahret das Recht und übt Gerechtigkeit; denn mein Heil ist nahe, das da komme, und meine Gerechtigkeit, dass sie offenbart werde.

vgl. Röm 1,17 / Röm 3,21

Jeremia 33,15–16 In jenen Tagen und zu jener Zeit will ich dem David einen gerechten Spross aufgehen lassen; der soll Recht und Ge-

rechtigkeit schaffen im Lande. Zu derselben Zeit soll Juda geholfen werden und Jerusalem sicher wohnen, und man wird es nennen „Der Herr unsere Gerechtigkeit“.
vgl. 5. Mose 33,28–29 / 1. Kön 5,5

Matthäus 25,46 Und sie werden hingehen; diese zur ewigen Strafe, aber die Gerechten in das ewige Leben.
vgl. Dan 12,2 / Joh 5,29 / Apg 17,31 / Röm 2,16 / Röm 14,10 / 2. Kor 5,10 / Jak 5,13.24 / Mt 5,22

Faktum: Gottes Gerechtigkeit, der Mensch hat keine Wahl: Himmel oder Hölle, Gott tut niemals Unrecht (Hiob 34,12).

Lukas 1,52–53 Er stößt die Gewaltigen vom Thron und erhebt die Niedrigen.
vgl. Ps 72,1 / Ps 75,11 / Ps 147,6

Lukas 1,68–71 Gelobt sei der Herr, Gott Israels! Denn er hat besucht und erlöst sein Volk ... dass er uns errette von unseren Feinden ...
vgl. Mt 1,21

2. Petr 3,13 Wir warten aber auf einen neuen Himmel und eine neue Erde nach seiner Verheißung, in denen Gerechtigkeit wohnt.
vgl. Jes 65,17 / Offb 21,1 / Offb 21,27

Die Geschichte der Menschheit bezeugt eine Welt voller Gewalt und Disharmonie – als der liebe Gott die Welt gemacht hat, hat er anscheinend an Gerechtigkeit nicht gedacht?

Faktum 43

Jesus empfand das irdische Dasein als paradiesisch: „Euer Vater sorgt für alles“, „ohne Müh und Arbeit“, „frohe Botschaft“, „Sanssouci – ohne Sorge“

Matthäus 6,25–34 / Lukas 12,22–34:

Darum sage ich euch: Sorgt nicht um euer Leben, was ihr essen und trinken werdet; auch nicht um euren Leib, was ihr anziehen werdet. Ist nicht das Leben mehr als die Nahrung und der Leib mehr als die Kleidung?

Seht die Vögel unter dem Himmel an: sie säen nicht, sie ernten nicht, sie sammeln nicht in den Scheunen; und euer himmlischer Vater ernährt sie doch. Seid ihr denn nicht viel mehr als sie?

Wer ist unter euch, der seines Lebens Länge eine Spanne zusetzen könnte, wie sehr er sich auch darum sorgt?

Und warum sorgt ihr euch um die Kleidung? Schaut die Lilien auf dem Feld an, wie sie wachsen: sie ARBEITEN nicht, auch spinnen sie nicht. Ich sage euch, dass auch Salomo in aller seiner Herrlichkeit nicht gekleidet gewesen ist wie eine von ihnen.

Wenn nun Gott das Gras auf dem Feld so kleidet, das doch heute steht und morgen in den Ofen geworfen wird: sollte er das nicht viel mehr für euch tun, ihr Kleingläubigen?

Darum sollt ihr nicht sorgen und sagen: Was werden wir essen? Was werden wir trinken? Womit werden wir uns kleiden?

Nach dem allen trachten die HEIDEN. Denn euer himmlischer Vater weiß, dass ihr all dessen bedürft.

Trachtet zuerst nach dem Reich Gottes und nach seiner Gerechtigkeit, SO WIRD EUCH DAS ALLES ZUFALLEN.

Darum sorgt nicht für morgen, denn der morgige Tag wird für das Seine sorgen. Es ist genug, dass JEDER TAG seine eigene Plage hat ...

Ps 55,23 Wirf dein Anliegen auf den Herrn; der wird dich versorgen ...
1. Petr 5,7 Alle eure Sorge werft auf ihn; denn er sorgt für euch ...
vgl. 2. Mose 16,1–35 / 5. Mose 28,9–14

Dagegen:
2. Thess 3,10 Wer nicht arbeiten will, der soll auch nicht essen ...
Gal 1,4 ... dass er (Jesus) uns errette von dieser gegenwärtigen bösen Welt ...

Gottes wunderbare Welt – ein ewiger Wunschtraum für die Menschheit ...

Sammelt Schätze im Himmel.

Mt 6,19–21 / Mt 19,21 / Mk 10,21 / Lk 12,33–34 / Lk 18,22

Faktum 44

Der gute Hirte – Gottes unendliche Fürsorge und allumfassender Schutz

Psalm 23 Der Herr ist mein Hirte, mir wird nichts mangeln.
Er weidet mich auf einer grünen Aue und führet mich zum frischen Wasser.
Er erquicket meine Seele. Er führet mich auf rechter Straße um seines Namens willen.
Und ob ich schon wanderte im finsteren Tal, fürchte ich kein Unglück; denn du bist bei mir, dein Stecken und Stab trösten mich. Du bereitest vor mir einen Tisch im Angesicht meiner Feinde.
Du salbest mein Haupt mit Öl und schenkest mir voll ein.
Gutes und Barmherzigkeit werden mir folgen mein Leben lang, und ich werde bleiben im Hause des Herrn immerdar.
vgl. Jes 40,11 / Ps 46 / Ps 103 / Hes 34,13–14 / Joh 10 / Offb 7,17

Psalm 56,5 Ich will Gottes Wort rühmen; auf Gott will ich hoffen und mich nicht fürchten.
Was können mir Menschen tun???
vgl. Ps 27,1 / Ps 55,23 / Ps 118,6 / Jes 51,12 / Mt 10,28

Psalm 91,11 Denn er hat seinen Engeln befohlen, dass sie dich behüten auf allen deinen Wegen.

Matthäus 4,6 Er wird seinen Engeln deinetwegen Befehl geben; und sie werden dich auf den Händen tragen, damit du deinen Fuß nicht an einen Stein stößt. *vgl. Jos 1,9*

Johannes 10,11 Der gute Hirte lässt sein Leben für die Schafe ...

1. Petrus 5,7 Alle eure Sorge werft auf ihn; denn er sorgt für euch.

Faktum 45

Wer ist der höchste Richter auf Erden?

Psalm 58 Gott ist noch Richter auf Erden. (Luther-Bibel)
Gott sorgt für Recht auf der Erden. (Immendorff-Bibel)

Psalm 76 Gott, der furchtbare Richter. (Luther-Bibel)
Gott ist Sieger. (Immendorff-Bibel)
vgl. 2. Mose 20,5–7 / 5. Mose 5,9–11 / 5. Mose 4,24 / 5. Mose 9,3

Matthäus 11,27 Jesus: Alles ist mir übergeben von meinem Vater (Luther)
Mein Vater hat mir alle Macht übergeben ... (Immendorff)

Matthäus 28,18 Jesus: Mir ist gegeben alle Gewalt im Himmel und auf der Erden. (Luther)
Gott hat mir unbeschränkte Vollmacht im Himmel und auf der Erde gegeben. (Immendorff)

Johannes 5,22 Denn der Vater richtet niemand, sondern hat alles Gericht dem Sohn übergeben. (Luther)
Auch seine ganze richterliche Macht hat der Vater dem Sohn übergeben; er selbst spricht über niemand das Urteil. (Immendorff)
vgl. Joh 3,17 / Joh 12,47

Apostelgesch. 10,42 Und er (Jesus) hat uns geboten, dem Volk zu predigen und zu bezeugen, dass er von Gott bestimmt ist zum Richter der Lebenden und der Toten. (Luther)
Und uns gab Jesus den Auftrag, dem Volk Israel zu verkündigen und zu bezeugen, dass er von Gott zum Richter über die Lebenden und die Toten eingesetzt ist. (Immendorff)
vgl. Apg 5,31

Hebräer 10,31 Schrecklich ist's, in die Hände des lebendigen Gottes zu fallen. *vgl. Hebr 12,29 / 5. Mose 6,15 / Ps 145,8*

Johannes 18,36 Jesus zu Pilatus: Mein Reich ist nicht von dieser Welt. (Luther)

Mein Königstum stammt nicht von dieser Welt ...
nein, mein Königstum ist von ganz anderer Art ... (Immendorff)

Jesus: König der Juden
vgl. Mt 27,11 / Mk 15,2 / Lk 23,3 / Joh 19,21

Katholischer Katechismus:
Nr. 1441 Gott allein kann Sünden vergeben ...

Faktum 46

Seligpreisungen für die da geistlich/geistig arm sind – denn das Reich Gottes/Himmelreich gehört ihnen. Den Klugen und Reichen bleibt es verborgen und verwehrt.

Matthäus 5,3 Selig sind, die da geistlich arm sind, denn ihrer ist das Himmelreich.

Lukas 6,20 Selig seid ihr Armen, denn das Reich Gottes ist euer.

Matthäus 18,3 Wenn ihr nicht umkehrt und werdet wie Kinder, so werdet ihr nicht ins Himmelreich kommen.
vgl. Mt 19,14

Lukas 10,21 Zu der Stunde freute sich Jesus im heiligen Geist und sprach: Ich preise dich, Vater, Herr des Himmels und der Erde, weil du dies den Weisen und Klugen verborgen hast und hast es den Unmündigen offenbart. Ja, Vater, so hat es dir wohlgefallen.
vgl. Mt 11,25

Dazu im katholischen Katechismus Nr.:

322 Christus fordert uns auf, uns kindlich auf die Vorsehung unseres himmlischen Vaters zu verlassen ...

709 Das David verheißene Reich ... wird den im Geiste Armen gehören ...

2443 Wenn „den Armen das Evangelium verkündet wird“ ...

2546 Selig, die arm sind im Geiste ... Armut im Geiste ...

2556 Um in das Himmelreich einzugehen, muss man sich von den

Reichtümern lösen. „Selig, die arm sind im Geiste!“
Geh und verkaufe alles was du hast, und folge mir nach. So wirst du einen Schatz im Himmel haben.

Matthäus 6,19 Ihr sollt nicht Schätze sammeln auf Erden ...

Matthäus 10,9 Ihr sollt weder Gold noch Silber noch Kupfer in euren Gürteln haben ...

Matthäus 19,21 Willst du vollkommen sein, so geh hin, verkaufe, was du hast, und gib's den Armen, so wirst du einen Schatz im Himmel haben; und komm und folge mir nach!
vgl. Mk 10,21 / Lk 12,33 / Lk 18,22

Markus 6,8 Und gebot ihnen, nichts mitzunehmen auf den Weg als allein einen Stab, kein Geld im Gürtel ...
vgl. Lk 10,4

Matthäus 19,23–24 Ein Reicher wird schwer ins Himmelreich kommen ... es ist leichter, dass ein Kamel durch ein Nadelöhr gehe, als dass ein Reicher ins Reich Gottes komme ...
vgl. Lk 18,24–25

Apostelg. 2,44 Alle aber, die gläubig geworden waren, waren beieinander und hatten alle Dinge gemeinsam ... Sie verkauften Güter und Habe und teilten sie aus unter alle, je nachdem es einer nötig hatte ...

Apostelg. 8,20 Petrus sprach: Dass du verdammt werdest mit samt deinem Geld, weil du meinst, Gottes Gabe werde durch Geld erlangt ...

Apostelg. 20,33.35 Ich habe von niemandem Silber oder Gold oder Kleidung begehrt ... Jesus: geben ist seliger als nehmen ...

Dazu der katholische Katechismus Nr.:

544 Das Reich gehört den Armen und Kleinen ... was den Weisen und Klugen verborgen bleibt ...

567 Durch Christus beginnt auf Erden das Himmelreich ...

570 Der Einzug in Jerusalem bezeugt das Kommen des Gottesreiches ...

2816 Das Reich Gottes ist schon da ...
Lukas 6,24 Weh euch Reichen! Denn ihr habt euren Trost schon gehabt ... *vgl. Jak 5,1–6*

Fatal:

Wieviel die Fabel von Christus Uns und den Unsern genützt hat, ist bekannt.

Papst Leo X., 1513–1521

Wir brennen wahrhaftig vor Geldgier, und indem wir gegen das Geld wettern, füllen wir unsere Krüge mit Gold, und nichts ist uns genug.

Bischof Hieronymus, 340/50 bis 419/20

Faktum 47

Alles kommt von Gott: Glück und Unglück, Leben und Tod, Armut und Reichtum – Gott, ein furchtbarer Richter

1. Mose 6–8 Die Sintflut für die böse und sündige Menschheit (Die Sündflut).

1. Mose 8,21–22 Ich will hinfort nicht mehr die Erde verfluchen um der Menschen willen; denn das Dichten und Trachten des menschlichen Herzens ist böse von Jugend auf. Und ich will hinfort nicht mehr schlagen alles, was da lebt, wie ich getan habe.

vgl. 1. Mose 19 (Sodom und Gomorra)

vgl. 1. Mose 1,31 (Und Gott sah an alles, was er gemacht hatte, und siehe, es war sehr gut.)

vgl. Mt 5,48 (Darum sollt ihr vollkommen sein, wie euer Vater im Himmel vollkommen ist.)

1. Mose 17,1 Als nun Abram/Abraham neunundneunzig Jahre alt war, erschien ihm der Herr und sprach zu ihm: Ich bin der allmächtige Gott: wandle vor mir und sei fromm.

vgl. 1. Mose 35,11 / 2. Mose 3,14 / 2. Mose 6,3 / 2. Mose 15,3 / 2. Mose 15,26 / 2. Mose 20,2 / 3. Mose 19,2 / 5. Mose 5,6 / 5. Mose 10,12 / 5. Mose 28.10–11

Fazit: Nach ca. vier bis fünf Milliarden Erdgeschichte offenbarte sich jetzt erstmalig ein Gott den Hebräern.

2. Mose 15,3 Der Herr ist der rechte Kriegsmann, Herr ist sein Name.
vgl. Ps 46 (Ein feste Burg ist unser Gott)

2. Mose 33,19 Wem ich gnädig bin, dem bin ich gnädig, und wessen ich mich erbarme, dessen erbarme ich mich.
vgl. Röm 9,15

2. Mose 34,6–7 Und der Herr ging vor seinem (Mose) Angesicht vorüber, und er rief aus: Herr, Herr, Gott, barmherzig und gnädig und geduldig und von großer Gnade und Treue, der da Tausenden Gnade bewahrt und vergibt Missetat, Übertretung und Sünde, aber ungestraft lässt niemand, sondern sucht die Missetat der Väter heim an Kindern und Kindeskindern bis ins dritte und vierte Glied.
vgl. 2. Mose 20,5–6 / 5. Mose 5,9–10 / Nah 1,2

3. Mose 26,14–39 Werdet ihr aber nicht gehorchen und nicht alle diese Gebote tun ... ich will euch heimsuchen mit Schrecken, mit Auszehrung und Fieber, dass euch die Augen erlöschen und das Leben hinschwindet ... ihr geschlagen werdet von euren Feinden ... und ich will wilde Tiere unter euch senden, die sollen eure Kinder fressen und euer Vieh zerreißen ... die Pest unter euch senden und will euch in die Hände eurer Feinde geben ... um eurer Sünden willen, dass ihr sollt eurer Söhne und Töchter Fleisch essen ...
vgl. 5. Mose 28,53 / Jer 19,9 / Klgl 2,20

5. Mose 28,27 Der Herr wird dich schlagen mit ägyptischem Geschwür, mit Pocken, mit Grind und Krätze, dass du nicht geheilt werden kannst. *vgl. 2. Mose 7–11*

5. Mose 32,39 Sehet nun, dass ich's allein bin und ist kein Gott neben mir! Ich kann töten und lebendig machen, ich kann schlagen und kann heilen, und niemand ist da, der aus meiner Hand errettet.
vgl. 2. Mose 15,26 / 2. Mose 23,25 / 5. Mose 7,15 / 1. Sam 2,6 / Hiob 5,18 / Jes 45,5

Hiob 38,15 Und der Gottlosen wird ihr Licht genommen und der erhobene Arm zerbrochen.

Psalm 11,4–7 Der Herr prüft den Gerechten und den Gottlosen; wer Unrecht liebt, den hasst seine Seele. Er wird regnen lassen über die Gottlosen Feuer und Schwefel und Glutwind ihnen zum Lohne geben. Denn der Herr ist gerecht und hat Gerechtigkeit lieb. Die Frommen werden schauen sein Angesicht.
vgl. 1. Mose 19 / Mt 5,8

Psalm 75,11 Er wird alle Gewalt der Gottlosen zerbrechen, dass die Gewalt des Gerechten erhöht werde.

Psalm 76 Gott, der furchtbare Richter.

Psalm 104,35 Die Sünder sollen ein Ende nehmen auf Erden und die Gottlosen nicht mehr sein.

Psalm 115,3 Unser Gott im Himmel; er kann schaffen was er will.

Jesaja 3,11 Wehe aber den Gottlosen, sie haben es schlecht! Denn es wird ihnen vergolten werden, wie sie es verdienen.

Jesaja 30,30 Und der Herr wird seine herrliche Stimme erschallen lassen, und man wird sehen, wie sein Arm herniederfährt mit zornigem Drohen und mit Flammen verzehrenden Feuers, mit Wolkenbruch und Hagelschlag.

Jesaja 45,5–8 Ich bin der Herr, und sonst keiner mehr, kein Gott ist außer mir ... der ich den Frieden gebe und schaffe Unheil. Ich bin der Herr, der dies alles tut ... es regnet Gerechtigkeit ... die Erde tue sich auf und bringe Heil, und Gerechtigkeit wachse mit auf! Ich bin der Herr, habe es geschaffen.

Jesaja 51 Gottes ewiges Heil für Israel.
vgl. 1. Chr 16,15.17.23.34

Micha 7,18 Wo ist solch ein Gott, wie du es bist, der die Sünde vergibt und erlässt die Schuld denen, die übriggeblieben sind von seinem Erbteil; der an seinem Zorn nicht ewig festhält, denn er ist barmherzig! *vgl. Ps 103 / Röm 11,32*

Weisheit Salomos 11,23–24 Aber du erbarmst dich über alles; denn du hast Gewalt über alles und übersiehst der Menschen Sünden, dass sie sich besssern sollen. Denn du liebst alles, was da ist, und hassest nichts, was du gemacht hast; denn du hast ja nichts bereitet, dawider du Hass hättest.

Jesus Sirach 11,14.22 Es kommt alles von Gott: Glück und Unglück, Leben und Tod, Armut und Reichtum ... denn es ist dem Herrn gar leicht, einen Armen reich zu machen ...

Jesus Sirach 39 (Verse 25 bis 41)

25: Er (Gott) sieht alles von Anfang der Welt bis ans Ende der Welt, und vor ihm ist kein Ding neu.

26: Man darf nicht sagen: Was ist das? was soll das? Denn er hat ein jegliches geschaffen, dass es zu etwas dienen soll.

27: Denn sein Segen fließt daher wie ein Strom und tränkt die Erde wie eine Sintflut.

28: Wiederum sein Zorn trifft die Heiden, als wenn er ein wasserreiches Land verdorren lässt.

29: Sein Tun ist bei den Heiligen recht; aber die Gottlosen stoßen sich daran.

30: Alles, was von Anfang geschaffen ist, das ist den Frommen gut, aber den Gottlosen schädlich.

31: Der Mensch bedarf zu seinem Leben Wasser, Feuer, Eisen, Salz, Mehl, Honig, Milch, Wein, Öl und Kleider.

32: Solches kommt den Frommen zugut, und den Gottlosen zu Schaden.

33: Es sind auch die Winde ein Teil zur Rache geschaffen, und durch ihr Stürmen tun sie Schaden;

34: und wenn die Strafe kommen soll, so toben sie und richten den Zorn aus des, der sie geschaffen hat.

35: Feuer, Hagel, Hunger, Tod, solches alles ist zur Rache geschaffen.

36: Die wilden Tiere, Skorpione, Schlangen und das Schwert sind auch zur Rache geschaffen, zu verderben die Gottlosen.

37: Mit Freuden tun sie seinen Befehl und sind bereit, wo er ihrer bedarf auf Erden; und wenn das Stündlein kommt, lassen sie nicht ab.

38: Das ist's, was ich anfing und gedachte zu schreiben:

39: dass alle Werke des Herrn gut sind und ein jegliches zu seiner Zeit nütze ist;

40: dass man nicht sagen darf: „Es ist nicht alles gut"; denn es ist ein jegliches zu seiner Zeit köstlich.

41: Darum soll man den Herrn loben und danken mit Herzen und Munde.

Quelle: Neu durchgesehen nach dem vom Deutschen Evangelischen Kirchenausschuss genehmigten Text. Württembergische Bibelanstalt Stuttgart.

Jesus Sirach 39 (Verse 25 bis 35)

25: Gleich am Anfang schuf er Gutes für die Guten und ebenso Schlechtes für die Sünder.

26: Was der Mensch vor allem zum Leben braucht, ist Wasser und Feuer, Eisen und Salz, feines Weizenmehl, Milch und Honig, Wein, Olivenöl und Kleidung.

27: Dies alles dient den Treuen zum Guten, doch für Sünder verwandelt es sich in Schlechtes.

28: Die Stürme hat Gott zur Vergeltung geschaffen, ihr Wüten gleicht Geißelhieben. Wenn die Zeit der Bestrafung gekommen ist, zeigen sie ihre ganze Gewalt, bis der Zorn ihres Schöpfers sich wieder legt.

29: Feuer und Hagel, Hunger und Pest, auch sie hat Gott zum Strafen geschaffen.

30–31: Reißende Tiere, Skorpione und Schlangen, das Schwert, das die Verbrecher vernichtet, sie gehorchen mit Freuden seinem Befehl. Sie stehen auf der Erde für ihn bereit, bis ihr Augenblick gekommen ist; dann tun sie unfehlbar, was er verlangt.

32: Dies alles stand von Anfang an für mich fest. Deshalb habe ich darüber nachgedacht und es schließlich niedergeschrieben:

33: Alles, was der Herr geschaffen hat, ist gut. Wenn etwas fehlt, dann schafft er es herbei.

34: Von dem, was er tut, kann niemand behaupten, das eine sei schlechter als das andere; denn zur rechten Zeit hat jedes seinen Wert.

35: Darum singt nun und jubelt mit Herz und Mund und preist den Namen eures Herrn!

Quelle: Gemeinschaftsausgabe für das Gütersloher Verlagshaus in der Verlagsgruppe Random House GmbH, für die RM Buch und Medien Vertrieb GmbH und die angeschlossenen Buchgemeinschaften und für den Medienshop.de. Wissen Media Verlag GmbH, Gütersloh/München und Axel Springer AG, Hamburg/Berlin.

Ein Vergleich der beiden Texte – Jesus Sirach 39 – macht offenkundig, die Übersetzung der Heiligen Schrift ist eine ausschließlich individuelle Angelegenheit.

Lukas 1,32–33 Der wird groß sein und Sohn des Höchsten genannt werden; und Gott der Herr wird ihm den Thron seines Vaters David geben, und er wird König sein über das Haus Jakob in Ewigkeit, und sein Reich wird kein Ende haben.

Lukas 1,52 Er stößt die Gewaltigen vom Thron und erhebt die Niederen.

Lukas 2,10.11.14 Fürchtet euch nicht! Siehe, ich verkündige euch große Freude, die ALLEM VOLK widerfahren wird; denn EUCH ist HEUTE der HEILAND geboren, welcher ist Christus, der Herr, in der Stadt Davids.

Ehre sei Gott in der Höhe und Friede auf ERDEN bei den Menschen seines Wohlgefallens. *vgl. Jes 9,5–6*

Johannes 4,42 Dieser ist wahrlich der Welt Heiland.

Hebräer 10,31 Schrecklich ist's, in die Hände des lebendigen Gottes zu fallen.

Hebräer 12,29 ... denn unser Gott ist ein verzehrendes Feuer.
vgl. 5. Mose 4,24 / 5. Mose 6,15 / 5. Mose 9,3

Psalm 91,11–13 Denn er hat seinen Engeln befohlen, dass sie dich behüten auf allen deinen Wegen, dass sie dich auf den Händen tragen und du deinen Fuß nicht an einen Stein stoßest. Über Löwen und Ottern wirst du gehen und junge Löwen und Drachen niedertreten.
vgl. Mt 4,6 / Mk 16,18 / Lk 4,10 / Lk 10,19

Psalm 118,6 Der Herr ist mit mir, darum fürchte ich mich nicht; was können mir Menschen tun.
vgl. Ps 56,5 / Röm 8,31 / Hebr 13,6

Hiob 42,2 Ich erkenne, dass du alles vermagst, und nichts, das du dir vorgenommen, ist dir zu schwer.

Lukas 1,37 Denn bei Gott ist kein Ding unmöglich.
vgl. 1. Mose 17,1 / Mt 19,26 / Mk 10,27

1. Petr 5,7 Alle eure Sorge werft auf ihn; denn er sorgt für euch.
vgl. Ps 55,23 / Mt 6,25 / Phil 4,6

Faktum 48

Nach der Bibel ist Gott!

Gott schuf den Menschen zu seinem (Eben-)Bilde:
1. Mose 1,26–27/ + 1. Mose 5,1 + 1. Mose 9,6 / Der Herr aller Götter: 5. Mose 10,17 / unergründlich: Röm 11,33–34 / erkennbar: Apg 14,17 + Apg 17,26–27 + Röm 1,19–20 + Röm 2,14–15 / Geist: Joh 4,24 / einzig: 2. Mose 20,3 + 5. Mose 6,4 + Jes 44,6 + Mt 19,17 + Mk 12,29 + 1. Kor 8,4 + Gal 3,20 + 1. Tim 2,5 + Jak 2,19 / ewig: Ps 90,2 + Ps 102,25.28 + Jes 40,28 + 1. Tim 1,17 + 1. Tim 6,16 + Offb 1,8 / dreieinig: Jes 11,2 + Mt 3,16–17 + Joh 10,30 + Joh 14,9 + 1. Kor 12,4–6 + 2. Kor 13,13 + Eph 4,4–7 + 1. Petr 1,2 + Hebr 10,29–31 + Jud 20–25 + Offb 1,4–5 / Licht: 1. Joh 1,5 / Liebe: 1. Joh 4,8.16 / Leben: Joh 5,26 / allgegenwärtig: 1. Kön 8,27 + Ps 139,7 + Jer 23,23–24 / Apg 17,27–28 / allmächtig: 1. Mose 17,1 + Hiob 5,17–19 / Ps 91,1 / Luk 1,37 + Joh 10,29 / allwissend: Ps 139 + Mt 6,32 + Hebr 4,13 / allweise: Röm 11,33 / heilig: 3. Mose 11,44–45 + 3. Mose 19,2 + 3. Mose 20,26 + Jes 1,4 + Jes 6,3 + Jes 10,17.20 + Jes 40,25 + Jes 43.3.15 + Jes 60,9 + Joh 17,11 + 1. Petr 1,15–16 + Offb 4,8 / gerecht: 5. Mose 32,4 + 2. Chr 12,6 + Esr 9,15 + Neh 9,33 + Ps 11,7 + Ps 116,5 + Ps 119,137 + 129,4 + Klgl 1,18 + Dan 9,7.14 + Zef 3,5 + Apg 17,31 + Röm 2,5 ff + 2. Thess 1,6 + 1. Joh 1,9 + Hebr 6,10 / wahrhaftig: 4. Mose 23,19 + 5. Mose 32,4 + 1. Sam 15,29 + Ps 33,4 + Jes 25,1 + Tit 1,2 + 2. Hebr 6,18 / treu: 1. Mose 32,11 + 2. Mose 34,6 + 5. Mose 7,9 + Ps 31,6 + Ps 33,4 + Ps 40,11–12 + Jes 49,6–7 + Klgl 3,23 + 1. Kor 1,9 + 1. Thess 5,24 / 2. Thess 3,3 + 1. Joh 1,9 + Hebr 10,23 / selig: 1. Tim 1,11 + 1. Tim 6,15 / gütig: 2. Chr 5,13 + 2. Chr 7,3 + 2. Chr 30,18 + Ps 31,20 + Ps 107,1 + Ps 118,29 + Ps 145,8–9 + Klgl 3,25 + Joel 2,13 + Jona 4,2 + Nh 1,7 + Röm 2,4 / barmherzig: 1. Mose 32,11 + 2. Mose 34,6 + 5. Mose 4,31 + Nah 9,17.19.31 + Ps 103,4.8 + Ps 111,4 + Ps 116,4–5 + Klgl

3,22 + Dan 9,9.18 + Hos 2,20–21 + Hos 11,8 + Joel 2,13 + Jona 4,2 + Lk 1,72 + Lk 6,36 + 2. Kor 1,3 / gnädig: 2. Mose 34,6–7 + Ps 25,10 + Ps 31,22 + Ps 33,22 + Ps 36,6.8.11 + Ps 40,11–12 + Ps 103,4 + Ps 111,4 + Ps 116,5 + Ps 118,1–4 + Ps 136,1 + Jer 3,12 + Joel 2,13 + Jona 4,2 + Joh 1,14–16 / geduldig und langmütig: 2. Mose 34,6 + 4. Mose 14,18 + Ps 86,15 + Ps 103,8 + Ps 145,8 + Joel 2,13 + Nah 1,3 + Apg 17,30 + Röm 2,4 + Röm 3,25 + Röm 9,22.

Gott, der furchtbare Richter:

Ps 76 + 2. Thess 1,6–12 + Hebr 10,28.31 + Hebr 12,29

Gott des Friedens:

Jes 9,5–6 + Lk 2,14 + 1. Thess 5,23

Gott des Krieges:

5. Mose 20 und 21

Papst Benedikt XVI.:

Enzyklika: „Deus caritas est“ – „Gott ist Liebe“:

Gott ist die Liebe, und wer in der Liebe bleibt, bleibt in Gott, und Gott bleibt in ihm (1. Joh 4,16). In diesen Worten aus dem Ersten Johannesbrief ist die Mitte des christlichen Glaubens, das christliche Gottesbild und auch das daraus folgende Bild des Menschen und seines Weges in einzigartiger Klarheit ausgesprochen ...

Augustinus, Aurelius, 354–430, Heiliger und Kirchenlehrer:

Der allmächtige Gott ... könnte in seiner unendlichen Güte unmöglich irgend etwas Böses in seinen Werken dulden, wenn er nicht dermaßen allmächtig und gut wäre, dass er auch aus dem Bösen Gutes zu ziehen vermöchte.

Kath. Katechismus Nr. 311

Katholischer Katechismus Nr.:

214 ... in all seinen Werken zeigt Gott sein Wohlwollen, seine Güte, seine Gnade, seine Liebe, aber auch seine Verlässlichkeit, seine Beharrlichkeit, seine Treue und seine Wahrheit ... Gott ist Licht, und keine Finsternis ist in ihm (1. Joh 1,5), er ist „die Liebe" (1. Joh 4,8).

218 ... Dank seiner Propheten hat Israel begriffen, dass Gott es aus Liebe immer wieder rettet und ihm seine Untreue und seine Sünden verzeiht.

2012 Wir wissen, dass Gott bei denen, die ihn lieben, alles zum Guten führt ...

Paulus Brief an die Galater 1,3–4:

Gnade sei mit euch und Friede von Gott, unserem Vater, und dem Herrn Jesus Christus, der sich selbst für unsere Sünden dahingegeben hat, dass er uns errette von dieser gegenwärtigen, bösen Welt nach dem Willen Gottes, unseres Vaters.

vgl. Lk 1,67–80

Joseph Ratzinger, ausdrücklich nicht als Papst Benedikt XVI.:
Literatur: „Jesus von Nazareth" (2. Kapitel, Seite 73)

Die große Frage ..., die uns durch dieses ganze Buch hindurch begleiten wird: Aber was hat Jesus eigentlich gebracht, wenn er nicht den Weltfrieden, nicht den Wohlstand für alle, nicht die bessere Welt gebracht hat? Was hat er gebracht?

Die Antwort lautet ganz einfach: Gott. Er hat Gott gebracht ...
Faktum: Gott hatte sich bereits in der Schöpfungsgeschichte Adam und Eva offenbart ...

Epikur, Samos 341 bis 271, griech. Philosoph:
Entweder will Gott die Übel beseitigen und kann es nicht,
oder er kann es und will es nicht,
oder er kann es nicht und will es nicht,
oder er kann es und will es.
Wenn er nun will und nicht kann, so ist er schwach,
was auf Gott nicht zutrifft.
Wenn er kann und nicht will, dann ist er missgünstig,
was ebenfalls Gott fremd ist.
Wenn er nicht will und nicht kann, dann ist er wohl missgünstig
wie auch schwach – und dann auch nicht Gott.
Wenn er aber will und kann, was allein sich für Gott ziemt,
woher kommen dann die Übel und warum nimmt er sie nicht weg?

Arthur Schopenhauer, Philosoph, Berlin 1788–1860:
Ich möchte nicht Gott sein, weil ich das Leid der Menschen nicht ertragen (nicht mit ansehen) könnte.

Dietrich Bonhoeffer, 1906–1945,
ev. Geistlicher, im KZ Flossenburg hingerichtet:
Von guten Mächten wunderbar geborgen, erwarten wir getrost, was kommen mag.

Gott ist bei uns am Abend und am Morgen und ganz gewiss an jedem neuen Tag.

Faktum: In den ca. 6000 Jahren (nach jüdischer Zeitrechnung) seiner Existenz hat der allmächtige und allgütige Gott der Juden und der Christen in seinem Reich unermessliches Leid und Elend zugelassen, fast täglich bedenkt er die Menschheit mit einer neuen Naturkatastrophe.

Hunger und Krankheit scheint er nicht wahrzunehmen, die blutrünstigen und blutdürstigen abrahamischen Religionen nicht verhindert – obwohl er doch ihr Gott war. Die unzähligen Opfer im Dreißigjährigen Krieg, bei den Hexenverbrennungen und die Juden im Holocaust allein gelassen – u.v.a.m. – nicht geholfen und nicht erhört.

Auch der „Heiland der Welt“ hat die Welt nicht verändert, trotz seiner Versprechungen: Wahrlich, ich sage euch: Es stehen einige hier, die werden den Tod nicht schmecken, bis sie sehen das Reich Gottes (die heile Welt) kommen mit Kraft.

vgl. Mt 16,28/ 24,34. Mk 1,15 / 9,1 / 13,30. Lk 9,27 / 17,21 / 21,32. In der Offenbarung des Johannes: ... ich komme bald (Offb 3,11 u. 22,7), ... ja, ich komme bald (Offb 22,20).

Faktum 49

Die Gottlosen – ins höllische Feuer – zur ewigen Pein

Psalm 21,10 Du wirst es mit ihnen machen wie im Feuerofen, wenn du erscheinen wirst. Der Herr wird sie verschlingen in seinem Zorn; Feuer wird sie fressen.

Psalm 106,18 ... und Feuer wurde unter ihrer Rotte angezündet, die Flamme verbrannte die Gottlosen.
vgl. Offb 18,8

Im Widerspruch!

Micha 7,18 Wo ist solch ein Gott, wie du bist, der die Sünde vergibt und erlässt die Schuld denen, die übriggeblieben sind von seinem Erbteil; der an seinem Zorn nicht ewig festhält, denn er ist barmherzig.
vgl. Hiob 34,11–12 / Ps 76 / Jes 3,11 / Hes 18,4 / Sirach 39,28

Matthäus 3,10–12 Es ist schon die Axt den Bäumen an die Wurzel gelegt. Darum: jeder Bau, der nicht gute Frucht bringt, wird abgehauen und ins Feuer geworfen ... aber die Spreu wird er verbrennen mit unauslöschbarem Feuer.

Matthäus 13,41–42 ... und die da Unrecht tun, und werden sie in den Feuerofen werfen; da wird Heulen und Zähneklappern sein ...

Matthäus 25,41–45 Jesus: Geht weg von mir, ihr Verfluchten, in das ewige Feuer, das bereitet ist dem Teufel und seinen Engeln ... diese zur ewigen Strafe, aber die Gerechten in das ewige Leben ...
vgl. Mt 13,49–50

Johannes 15,2.6 ... wer nicht in mir bleibt, der wird weggeworfen wie eine Rebe und verdorrt, und man sammelt sie und wirft sie ins Feuer, und sie müssen brennen ...

vgl. Mt 5,29 / Mt 7,19 / Mt 13,40 / Mt 18,6–9 / Mk 9,43 / Mk 16,16 / Lk 3,9 / Lk 3,17 / Heb 10,31 / Heb 12,29

Judas 1,7 ... Sodom und Gomorra ... sind zum Beispiel gesetzt und leiden des ewigen Feuers Pein ...

Offenb. 20,11–15 ... und wenn jemand nicht gefunden wurde geschrieben in dem Buch des Lebens, der wurde geworfen in den feurigen Pfuhl.

vgl. Offb 7

Faktum: Für Ketzer, Hexen, Indianer u.v.a. bereitete das Christentum schon das höllische Feuer auf Erden. Zahllosen Klerikern blieb die irdische Sündenstrafe erspart.

Auch Jesus glaubte an den Satan:
Mt 16,23 / Mk 8,33
... und an eine Hölle:
Mt 5,22 / Mt 10,28 / Mk 9,43 / Lk 12,5.

Faktum 50

Gottes Gebote unabänderlich – Göttliche Todesstrafen

Können göttlich inspirierte und autorisierte Gebote und Gesetze der Heiligen Schrift in eine bürgerliche und humane Gesetzgebung übernommen werden? Sie sollten eigentlich Vorbild sein und Vorrang haben.

1. Mose 17,14 Wenn aber ein männlicher nicht beschnitten wird an seiner Vorhaut, wird er ausgerottet werden aus seinem Volk, weil er meinen Bund gebrochen hat. *vgl. Lk 2,21*

1. Mose 38,24 Deine Schwiegertochter Tamar hat Hurerei getrieben ... führt sie heraus, dass sie verbrannt werde.

2. Mose 19,12–13 Der Herr sprach zu Mose: Hütet euch, auf den Berg zu steigen oder seinen Fuß anzurühren; denn wer den Berg anrührt, der soll sterben. Keine Hand soll ihn anrühren, sondern er soll gesteinigt oder erschossen werden; es sei Tier oder Mensch ...
vgl. 2. Mose 34,2–3 / Hebr 12,18–20

2. Mose 21,12 Wer einen Menschen schlägt, dass er stirbt, der soll des Todes sterben.
(Blutrache!)
vgl. 1. Mose 9,6 / 2. Mose 21,23 / 3. Mose 24,17 / 4. Mose 35,16.21.31.33/ 5. Mose 19,11–12 / Offb 13,10.

2. Mose 21,16 Wer einen Menschen raubt, sei es, dass er ihn verkauft, sei es, dass man ihn bei ihm findet, der soll des Todes sterben.
vgl. 5. Mose 24,7

2. Mose 21,17 Wer Vater oder Mutter flucht, der soll des Todes sterben.
vgl. 2. Mose 21.15 / 3. Mose 20,9 / 5. Mose 27,16 / Spr 20,20 / Mt 15,4

2. Mose 22,17 Die Zauberinnen sollst du nicht am Leben lassen.
(Hexenwahn!)
vgl. 3. Mose 20,6 / 3. Mose 20,27 / 1. Sam 28,9

2. Mose 22,18 Wer einem Vieh beiwohnt, der soll sterben, auch das Tier. *vgl. 3. Mose 18,23 / 3. Mose 20,15–16 / 5. Mose 27,21*

2. Mose 31,15 Wer eine Arbeit tut am Sabbattag, soll des Todes sterben. *vgl. 2. Mose 20,8–11 / 2. Mose 35,2 / 4. Mose 15,32–36 / 5. Mose 5,12–14*

3. Mose 17,10 Verbot des Genusses von Blut und verendeten Tieren. Und wer vom Haus Israel oder von den Fremdlingen unter euch irgendwelches Blut isst, gegen den will ich mein Antlitz kehren und will ihn aus seinem Volk ausrotten.
(Begründet das Schächten.)
vgl. 1. Mose 9,4 / 3. Mose 7,23–27 / 5. Mose 12,16–25 / Apg 15,20.29

3. Mose 18,8 Du sollst mit der Frau deines Vaters nicht Umgang haben; denn damit schändest du deinen Vater.
vgl. 3. Mose 20,11 / 5. Mose 27,20

3. Mose 18,10 Du sollst mit der Tochter deines Sohnes oder deiner Tochter nicht Umgang haben, damit schändest du dich selbst.
u.a.m. bei 3. Mose 18

3. Mose 18,29 Denn alle, die solche Gräuel tun, werden ausgerottet aus ihrem Volk.

3. Mose 20,10 Wenn jemand die Ehe bricht mit der Frau seines Nächsten, so sollen beide des Todes sterben ...
vgl. 2. Mose 20,14 / 5. Mose 22,22 / 2. Sam 11,4 / Mt 5,27–29 / Mt 19,6 / Mk 10,9 / Joh 8,1–11

3. Mose 20,13 Wenn jemand bei einem Manne liegt wie bei einer Frau, so haben sie getan, was ein Gräuel ist, und sollen beide des Todes sterben; Blutschuld lastet auf ihnen.
vgl. 3. Mose 18,22 / Röm 1,27 / 1. Kor 6,9 / Koran Sure 4,17

3. Mose 20,14 Wenn jemand eine Frau nimmt und ihre Mutter dazu, der hat eine Schandtat begangen; man soll ihn mit Feuer verbrennen und die beiden Frauen auch, damit keine Schandtat unter euch sei.

3. Mose 20,17 Wenn jemand seine Halbschwester nimmt, seines Vaters Tochter oder seiner Mutter Tochter, und sie miteinander Umgang haben, so ist das Blutschande; sie sollen ausgerottet werden vor den Leuten ihres Volkes.
u.a.m. bei 3. Mose 20

3. Mose 24,16 Wer des Herrn Namen lästert, der soll des Todes sterben; die ganze Gemeinde soll ihn steinigen. Ob Fremdling oder Einheimischer, wer den Namen lästert, soll sterben.
vgl. 2. Mose 20,7 / 3. Mose 24,10–16 / 5. Mose 5,11 / Mt 12,31–32 / Mt 26,65–66 / Mk 3,28–30 / Lk 12,10 / Joh 10,33 / Joh 19,7 / Röm 1,30–32
(Ursächlich für die Kreuzigung Jesu, Forderung der Juden.)
(Blasphemie, § 166 StGB, Gefängnis bis zu drei Jahren.)
4. Mose 18,7 Du aber und deine Söhne mit dir, ihr sollt auf euer Priesteramt achthalten, dass ihr dienet in allen Verrichtungen am Altar und drinnen hinter dem Vorhang; denn euer Priesteramt gebe ich euch zum Geschenk. Wenn ein Fremder sich naht, so soll er sterben. *vgl. 4. Mose 1,51 / 4. Mose 3,10.38 / 5. Mose 17,12*

5. Mose 14,21 Ihr sollt kein Aas essen; dem Fremdling in deiner Stadt darfst du’s geben, dass er’s esse oder dass er’s verkaufe einem Ausländer; denn du bist ein heiliges Volk dem Herrn, deinem Gott. Du sollst das Böcklein nicht kochen in der Milch seiner Mutter.
vgl. 2. Mose 22,30 / 2. Mose 23,19

5. Mose 17,12 Und wenn jemand vermessen handeln würde, dass er dem Priester nicht gehorcht, der dort im Dienst des Herrn, deines Gottes, steht, oder dem Richter, der soll sterben, und du sollst das Böse aus Israel wegtun.

5. Mose 18,10 Doch wenn ein Prophet so vermessen ist, dass er redet in meinem Namen, was ich ihm nicht geboten habe, und wenn einer redet in dem Namen anderer Götter, dieser Prophet soll sterben. *vgl. 5. Mose 13,1–6 / Jos 1,18 / Jer 14,15–16*

5. Mose 21,18–21 Todesstrafe für ungeratene Söhne.

Wenn jemand einen widerspenstigen und ungehorsamen Sohn hat, der der Stimme seines Vaters und seiner Mutter nicht gehorcht und auch, wenn sie ihn züchtigen, ihnen nicht gehorchen will ... ein Prasser und Trunkenbold ... so sollen ihn steinigen alle Leute seiner Stadt ... dass er sterbe ...

5. Mose 21,22–23 Wenn jemand eine Sünde getan hat, die des Todes würdig ist, und wird getötet und man hängt ihn an ein Holz ... denn ein Aufgehängter ist verflucht bei Gott ...
(Kreuzigung Jesu?)

Gottes Wort, Gebote und Gesetze für Israel, die Thora, Weisung und Anleitung (Talmud, Auslegung), 365 Verbote und 248 Gebote (613), auf ewiglich unabänderlich:

2. Mose 20–24 Die heiligen (zehn) Gebote und Gesetze (5. Mose 5)

2. Mose 31,18 Übergabe der zwei Gesetzestafeln an Mose.

Und als der Herr mit Mose zu Ende geredet hatte auf dem Berge Sinai, gab er ihm die beiden Tafeln des Gesetzes; die waren aus Stein und beschrieben von dem Finger Gottes.
vgl. 2. Mose 24,12 / 2. Mose 32,15–16 / 2. Mose 34,28 / 5. Mose 4,13–15 / 5. Mose 5,22 / 5. Mose 9,10 / 5. Mose 10

3. Mose 1–27 Auslegung der Gebote/Gesetze

5. Mose 3–41 Wiederholung der Gebote – die neuen Tafeln des Gesetzes.

5. Mose 4,1–2 Ermahnung zum Gehorsam gegen das Gesetz

Und nun höre, ISRAEL, die Gebote und Rechte, die ich euch lehre, dass ihr sie tun sollt, auf dass ihr lebet und hineinkommt und das

Land einnehmt, das euch der Herr, der Gott eurer Väter, gibt – wo Milch und Honig fließen ...
Ihr sollt nichts dazutun zu dem, was ich euch gebiete, und sollt auch nichts davontun, auf dass ihr bewahrt die Gebote des Herrn, eures Gottes, die ich euch gebiete.
vgl. 5. Mose 13,1 / Ps 119,89 / Ps 119,96 / Spr 30,6 / Jes 24,5 / Jes 40,8 / Hes 18,9

Matthäus 5–7: Jesu Stellung zum Gesetz

Matthäus 5,18: Denn wahrlich, ich (Jesus) sage euch: Bis Himmel und Erde vergehen, wird nicht vergehen der kleinste Buchstabe noch ein Tüpfelchen vom Gesetz, bis es alles geschieht ... ich bin nicht gekommen aufzulösen, sondern zu erfüllen ... wer nun eines von diesen kleinsten Geboten auflöst ... so werdet ihr nicht in das Himmelreich (Reich Gottes) kommen ...
vgl. Mt 19,17 / Mt 24,35 / Mk 7,6–23 / Mk 10,3–12 / Mk 13,31 / Lk 16,17 / Lk 21,32–33 / Lk 24,44 / Joh 14,15.21.23 / Joh 15,10–12 / Joh 17,17 / Röm 1,17 / Röm 10,4 / Gal 5,14 / 2. Tim 3,16–17 / 1. Petr 1,25 / Jak 2,8

2. Petr 1,20–21 Und das sollt ihr vor allem wissen, dass keine Weissagung in der Schrift eine Sache der Auslegung ist.

Denn es ist noch nie eine Weissagung aus menschlichem Willen hervorgebracht worden, sondern getrieben von dem heiligen Geist haben Menschen im Namen Gottes geredet.

Gottes Gesetze und Gebote sind somit unabänderlich – ansonsten sollte er es kundtun, aber seit der Zeit Mose vor jetzt circa 3000 Jahren hüllt sich Gott in Schweigen ...

Allerdings ist eine Vielzahl dieser Gebote fragwürdig – eine abstruse und skurrile Hypothese mit teilweise drakonischen Strafen – sie stehen im Widerspruch zur humanen, ethischen und moralischen Auffassung von Menschenwürde, zur „Allgemeinen Erklärung der Menschenrechte der Vereinten Nationen" von 1948 und dem „Grundgesetz für die Bundesrepublik Deutschland" vom 23. Mai 1949.

Anmerkung: Martin Luther orientierte sich konsequent an „Gottes wahren Geboten", mit fatalen Folgen an Blutvergießen: Hexenwahn und Holocaust an Andersgläubigen und aufständischen Bauern ...

Dazu der kath. Katechismus Nr. 1854 bis 1876 und 2266:
Der Schutz des Gemeinwohls der Gesellschaft erfordert ... der Schwere des Verbrechens angemessene Strafen zu verhängen, ohne in schwerwiegendsten Fällen die Todesstrafe auszuschließen ...

Unzählige „Anwärter" für die biblischen Todesstrafen, darunter Bischöfinnen, Bundespräsidenten u.v.a.m.

„Was Gott zusammengefügt hat, soll der Mensch nicht scheiden."
vgl. Mt 19,6 / Mk 10,9 / 1. Kor 7,10–11 / Mt 5,32 / Lk 16,18

Kath. Katechismus Nr. 1603:
... Gott ist selbst der Urheber der Ehe ...
Wenn jemand die Ehe bricht mit der Frau seines Nächsten, so sollen beide des Todes sterben ...
3. Mose 20,10.

Rom im Oktober 2014:
Papst Franziskus fordert das Aus für die Todesstrafe – er sprach vor Mitgliedern der Internationalen Vereinigung von Strafrechtlern.

Und was würde Gott dazu sagen?

Faktum 51

Steinigung – eine sakrale Hinrichtungsart, ein mosaisches Gesetz – ein „göttliches" Gebot?

2. Mose 22.17 Die Zauberinnen sollst du nicht am Leben lassen.

3. Mose 20,27 Wenn ein Mann oder eine Frau Geister beschwören oder Zeichen deuten kann, so sollen sie des Todes sterben; man soll sie steinigen; ihre Blutschuld komme über sie.

3. Mose 24,14 Gotteslästerung: Führe den Flucher hinaus vor das Lager und lass alle, die es gehört haben, ihre Hände auf sein Haupt legen und lass die ganze Gemeinde ihn steinigen.
vgl. 5. Mose 17,5 / Apg 7,58

3. Mose 24,16 Wer des Herrn Namen lästert, der soll des Todes sterben, die ganze Gemeinde soll ihn steinigen. Ob Fremdling oder Einheimischer, wer den Namen lästert, soll sterben.
vgl. 2. Mose 20,7 / 5. Mose 5,11 / Mt 26,65–66 / Mk 14,64 / Joh 10,33 (Steinigung Jesu) / Joh 19,7

4. Mose 14,10 Abfall vom Herrn: Aber das ganze Volk sprach, man sollte sie steinigen. Da erschien die Herrlichkeit des Herrn über der Stiftshütte allen Israeliten. *vgl. 2. Mose 17,4 / 5. Mose 17,1–6*

4. Mose 15,35–36 Sabbatschändung: Der Herr aber sprach zu Mose: Der Mann soll des Todes sterben; die ganze Gemeinde soll ihn steinigen draußen vor dem Lager.
Da führte die ganze Gemeinde ihn hinaus vor das Lager und steinigte ihn, so dass er starb, wie der Herr dem Mose geboten hatte.

5. Mose 13,11–12 Falscher Götzendienst: Man soll ihn zu Tode steinigen, denn er hat dich abbringen wollen von dem Herrn, deinem

Gott, der dich aus Ägyptenland, aus der Knechtschaft, geführt hat, auf dass ganz Israel aufhorche und sich fürchte und man nicht mehr solch Böses tue unter euch. *vgl. 1. Kön 12,18*

5. Mose 21,18–21 Todesstrafe für ungeratene Söhne: Wenn jemand einen widerspenstigen und ungehorsamen Sohn hat, der der Stimme seines Vaters und seiner Mutter nicht gehorcht und auch, wenn sie ihn züchtigen, ihnen nicht gehorchen will ... und ist ein Prasser und Trunkenbold ... so sollen ihn steinigen alle Leute seiner Stadt, dass er sterbe ...

5. Mose 22,20–21 Ist's aber die Wahrheit, dass das Mädchen nicht mehr Jungfrau war, so soll man sie heraus vor die Tür des Hauses ihres Vaters führen, und die Leute der Stadt sollen sie zu Tode steinigen, weil sie eine Schandtat in Israel begangen und in ihres Vaters Hause Hurerei getrieben hat; so sollst du das Böse aus deiner Mitte wegtun.

5. Mose 22,22–29 Wenn jemand dabei ergriffen wird, dass er einer Frau beiwohnt, die einen Ehemann hat, so sollen sie beide sterben, der Mann und die Frau, der er beigewohnt hat; so sollst du das Böse aus Israel wegtun ...

vgl. 2. Mose 20,14 / 3. Mose 20,10 / 5. Mose 5,18 / 2. Sam 11,4 / Mt 5,27–32 / Mt 19,1–12 / Mk 10,1–12 / Lk 16,18 / Joh 8,1–11 / 1. Kor 7,1–16 / Kol 3,5 / 2. Petr 2,14–15

Weitere Steinigungen:

vgl. Jos 7,23–216 / Apg 7,54–60

Steinigung auch für sündige Tiere.

2. Mose 21,28–29 Wenn ein Rind einen Mann oder eine Frau stößt, dass sie sterben, so soll man das Rind steinigen und sein Fleisch nicht essen; aber der Besitzer des Rindes soll nicht bestraft werden. Ist aber das Rind zuvor stößig gewesen und seinem Besitzer war's bekannt und er hat das Rind nicht verwahrt und es tötet nun einen

Mann oder eine Frau, so soll man das Rind steinigen, und sein Besitzer soll sterben. *vgl. 4. Mose 35,33*

2. Mose 21,32 Stößt es (ein Rind) aber einen Sklaven oder eine Sklavin, so soll der Besitzer ihrem Herrn dreißig Lot Silber geben, und das Rind soll man steinigen.

Die Steinigung ist eine archaisch-antike Hinrichtungsart, die neben der Bestrafung auch Unheil von der Gemeinde abwenden sollte.

Im Neuen Testament wird mehrfach erwähnt, dass Jesus – wegen Gotteslästerung – Paulus und Jakobus per Lynchjustiz gesteinigt werden sollten wie später Stephanus. Seit dem Ende der Antike wird sie im Judentum nicht mehr praktiziert. In islamischen Ländern wird sie vereinzelt noch vollzogen, obwohl sie im Koran nicht erwähnt wird.

Steinigung bei Ehebruch in der Thora

Nach der Thora wurden bei den Israeliten Ehebrecher meist durch Steinigung getötet. Da einem Mann nach alttestamentlichem Recht die Mehrehe gestattet war, konnte er mit einer sexuellen Beziehung zu einer anderen Frau nur deren Ehe brechen, nicht aber die eigene. Vergewaltigte er eine verheiratete oder verlobte Frau, wurde der Mann hingerichtet. Jesus erweiterte den Begriff des Ehebruchs. Ihm genügten die Bestimmungen der Thora nicht. So kann auch der Mann seine eigene Ehe brechen (Mk 10,11); und das nicht nur durch sexuelle Kontakte, sondern allein schon durch begehrliches Ansehen bricht er im Herzen die Ehe (Mt 5,28 (Mk 9,47). Hebt widersprüchlich für eine sündige Ehebrecherin das Gebot auch wieder auf: Wer ohne Sünde ist, werfe den ersten Stein (Joh 8).

Die Steinigung widerspricht jeglichem humanen Empfinden und internationalen Rechten, sie kann niemals das Gesetz eines gütigen und barmherzigen Gottes sein.

Faktum 52

Gottes Legitimation – Gottes Forderung und Anleitung zur Sklaverei und Leibeigenschaft

(Rassismus und Kolonialisierung, Zerstörung zahlreicher Kulturen)

2. Mose 20,10 / 5. Mose 5,14 Die zehn Gebote: Aber am siebten Tage (im Judentum der Samstag, Christentum der Sonntag) ist der Sabbat des Herrn, deines Gottes. Da sollst du keine Arbeit tun, auch nicht dein Sohn, deine Tochter (und die Frau?), dein Knecht (Sklave), deine Magd (Sklavin), dein Vieh, auch nicht dein Fremdling, der in deiner Stadt lebt.

vgl. 2. Mose 31,13–17 / Hes 20,12 / Mk 2,27–28

3. Mose 25,38–55 ... willst du aber Sklaven und Sklavinnen haben, so sollst du sie kaufen von den Völkern, die um euch her sind ... und sollt sie vererben euren Kindern zum Eigentum für immer; die sollt ihr Sklaven sein lassen. Aber von euren Brüdern, den Israeliten, soll keiner über den anderen herrschen mit Härte ...

vgl. 2. Mose 21,1–11.20.26 / 3. Mose 19,20 / 5. Mose 15,1–18 / 5. Mose 7,1–11 (Rassismus).

Sirach 23,10 Ein Sklave, dem man ständig auf die Finger schaut, ist nie frei von Striemen ...

Sirach 33,25–31 Ein Esel braucht sein Futter, seine Last und den Stock; ein Sklave braucht sein Brot, seine Arbeit und strenge Zucht. Lade deinem Sklaven Arbeit auf, dann hast du deine Ruhe. Wenn er müßig geht, will er nur freikommen ...

1. Korinth. 7,17–24 ... jeder bleibe in der Berufung, in der er berufen wurde ... bist du als Knecht berufen, so sorge dich nicht ...

Epheser 6,5–9 Ihr Sklaven, seid gehorsam euren irdischen Herren mit Furcht und Zittern, in Einfalt eures Herzens, als dem Herrn Christus ... *vgl. Kol 3,22*

1. Timoth. 6,1–3 Alle, die als Sklaven unter dem Joch sind, sollen ihre Herren aller Ehre wert halten, damit nicht der Name Gottes und die Lehre verlästert werde ...

Titus 2,9–10 Den Sklaven sage, dass sie sich ihren Herren in allen Dingen unterordnen, ihnen gefällig sein, nicht widersprechen, nichts veruntreuen, sondern sich in allem als gut und treu erweisen, damit sie der Lehre Gottes, unseres Heilands, Ehre machen in allen Stücken.

1. Petrus 2,18–25 Mahnungen an die Sklaven

Ihr Sklaven, ordnet euch in aller Furcht den Herren unter, nicht allein den gütigen und freundlichen, sondern auch den wunderlichen. Denn das ist Gnade, wenn jemand vor Gott um des Gewissens willen das Übel erträgt und leidet das Unrecht. Denn was ist das für ein Ruhm, wenn ihr um schlechter Taten willen geschlagen werdet und es geduldig ertragt? Aber wenn ihr um guter Taten willen leidet und es ertragt, das ist Gnade bei Gott. Dazu seid ihr berufen, da auch Christus gelitten hat für euch und euch ein Vorbild hinterlassen, dass ihr sollt nachfolgen seinen Fußtapfen ...

vgl. Jes 53,4–5 / Jer 34,8–22 / Joh 1,29 / Gal 3,28 / 1. Kor 12,13 / 1. Petr 3,18

Die Anfänge der Sklaverei waren kulturell schon vor den abrahamischen Religionen im Gebrauch, im Alten Testament als „göttlich legitimiert“ und vom Christentum ca. 400 Jahre praktiziert. Sie galt als ein Geschenk Gottes und man hielt sie für zweckdienlich.

Papst Nikolaus V. legitimierte in seiner Bulle „Divino amore communiti“ als „Aus heiliger Liebe zur Gemeinschaft“ die Sklaverei,

1452, und saktionierte sie 1454 in der Bulle „Romanus Pontifex" als Praxis für alle unterworfenen Völker, indem er den portugiesischen König ermächtigte, die Länder der Ungläubigen zu erobern, ihre Bewohner zu vertreiben, zu unterjochen und in ewige Knechtschaft zu zwingen.

1493 teilte Papst Alexander VI. den amerikanischen Kontinent unter Spaniern und Portugiesen auf und schuf damit für die europäischen Kolonialmächte die Legalisierung der Versklavung und Ausbeutung.

Unter dem Zeichen des Kreuzes und unter dem Vorwand, den Ruhm der christlichen Religion zu mehren, begannen die großen Entdecker und Konquistadoren, darunter der Italiener Christoph Kolumbus (1447 in Genua geboren bis 1506, erreichte am 12. Oktober 1492 Amerika), die Spanier Francisco Pizzaro (1475–1541), und der aus spanischem Adel stammende Hernando Cortez (1485–1547), mit einer unvorstellbaren Skrupellosigkeit mit Duldung von Krone und Papsttum, die Farbigen wie Vieh zu behandeln, ihre Kultur zu schänden und zu vernichten oder rauben, ihr Eigentum und ihre Leistungskraft wurden Eigentum von Staat und Kirche. Man erhängte sie „zur Ehre der Apostel und Jesu Christi".

Äußerungen von Papst Benedikt XVI. zum Abschluss der fünften Vollversammlung des Lateinamerikanischen Bischofsrats in Aparecida 2007 in Brasilien:

„Was aber die Annahme des christlichen Glaubens für die Völker Lateinamerikas und der Karibik bedeutet? Es bedeutete für sie, Christus kennen zu lernen und aufzunehmen, den unbekannten Gott, den ihre Vorfahren, ohne es zu wissen, in ihren vielfältigen Traditionen gesucht haben. Christus war der Retter, auf den sich ihre Sehnsucht unausgesprochen richtete ... Jesus und sein Evangelium zu verkünden, setzte in keinster Weise eine Entfremdung der vorkolumbianischen Kulturen voraus, und es war kein Aufzwingen einer fremden Kultur ..."

Warteten die Indianer Amerikas nur auf Christus? Fakt: Es ist eine fatale Umkehrung der Realität, es war einer der größten Völkermorde der Geschichte, unzählige Millionen Ureinwohner wurden ermordet oder gingen elendig zu Grunde.

Eckdaten zum Widerstand gegen die christliche Sklaverei

Der Habsburger Kaiser Karl V. (1519–1556) versuchte als erster die Versklavung der Indios durch Gesetze zu verbieten, stieß allerdings auf heftigen Widerstand, besonders der hohen Geistlichkeit, die der Abschaffung besonders feindlich gegenüber stand, sie sogar mit der Bibel in der Hand verteidigte.

Der Konflikt um die Sklaverei führte 1861–1865 in Nordamerika zum Sezessionskrieg zwischen den Nord- und Südstaaten, die die Abschaffung der Sklaverei per Verfassung ablehnten. Ausgelöst durch die Wahl des republikanischen Präsidenten Abraham Lincoln, 1860–1865, dieser proklamierte 1862 die Sklavenbefreiung, die von den stark religiös geprägten Südstaaten nicht anerkannt wurde, die im Krieg aber besiegt wurden. Ein fanatischer Südstaatler erschoss Lincoln im Alter von 55 Jahren.

Dabei hatte schon Papst Paul III. 1537 erklärt, Indianer seien auch Menschen, was vorher bezweifelt wurde. In den USA erhielten sie 1924 Bürgerrechte.

Nachdem über Jahrhunderte ein erbitterter Kampf um die Abschaffung der Sklaverei entbrannt war, war 1838 auch der Vatikan dazu bereit.

Die ewigen Sklaven des weißen Mannes

Aus der Sklaverei entwickelte sich die geringfügig mildere Form an Menschenverachtung, bis in die Gegenwart: der Rassismus und die Leibeigenschaft. Durch das Nebeneinander verschiedener Rassen (5. Mose 7,1) und die Überzeugung von der Überlegenheit der weißen

Rasse – der Reichtum der Weißen ist die Armut der Schwarzen – und der christlichen Religion entstanden politische und soziale Spannungen, religiöse Diffamierung und Diskriminierung, Unterdrückung, Vertreibung und Vernichtung. Leibeigenschaft und Erbuntertänigkeit wurde bis ins 19. Jahrhundert in Deutschland praktiziert. Die Apartheid, die Benachteiligung der Schwarzen, gegenwärtig noch stark ausgeprägt in Südafrika und in den USA, Fremdenfeindlichkeit in den westlichen Kolonial- und Industrieländern. Die schärfste Ausprägung in der Rassenideologie praktizierte der Nationalsozialismus 1933–1945 in Deutschland.

Für Martin Luther gab es für Leibeigenschaft und Sklaverei eine theologische Rechtfertigung, 1483–1546.

Kampf für Freiheit und Menschenrechte

Mohandas Gandhi (1869–1948), gewaltloser Widerstand und Führer gegen die Kolonialmacht England, von einem extremen Hindu ermordet.

Martin Luther King (1929–1968), Kämpfer für Bürgerrechte der Farbigen, Friedensnobelpreisträger 1964, von weißen Rassenfanatikern ermordet.

Nelson Mandela (1918–2013), Widerstandskämpfer gegen die Apartheid in Südafrika, Friedensnobelpreis 1993, 1964–1990 inhaftiert.

John F. Kennedy (1917–1963), setzte sich ohne Erfolg für die Aufhebung der Rassentrennung ein, wurde in Dallas, Texas, ermordet. In den Südstaaten ist der religiös begründete Rassismus besonders stark ausgeprägt.

Nach Schätzungen der „British Slavery Society" lebten 1970 noch rund fünf Millionen Afrikaner in Sklaverei ...

Dazu Artikel 1 der UNO-Menschenrechtserklärung von 1948:

... dass alle Menschen frei und gleich an Würde und Rechten geboren werden ...

Dazu die Bibel: Galater 3,28 (Paulus):

Hier ist nicht Jude noch Grieche, hier ist nicht Sklave noch Freier, hier ist nicht Mann noch Frau; denn ihr seid allesamt einer in Christus Jesus. *vgl. Röm 10,12 / 1. Kor 12,13*

Die Sklaverei ist ein Kulturgut der abrahamischen Religionen.

Suren im Koran: 2,222 + 2.224 / 3,62 / 4,4 / 4,25 / 4,26 / 4,37 / 12,20 / 12,31 / 12,77 / 23,7 / 24,32 / 24,34 / 24,59 / 33,51–56 / 70,30.

Faktum 53

Die fundamentalen Ursprünge für den Antisemitismus: das Neue Testament – das Christentum – Jesus – Paulus – Luther bis Hitler

Im Neuen Testament wird unablässig eine Verunglimpfung und ein vernichtender Angriff gegen die Juden geführt, man stellt sie an unzähligen Stellen als Feinde Gottes dar, als Schlangenbrut (1. Mose 3,14) und als solche, die Gott nicht wohlgefällig waren, als jene, die den Sohn Gottes töteten und seine Jünger töten wollten, die somit Gott verlassen haben, schuldig und verflucht sind bis in alle Ewigkeit.

Die Kirche betrieb seit ewigen Zeiten eine Abgrenzung zum Judentum und fühlte sich diesem überlegen. Im Laufe der Jahrhunderte entwickelte sich die Überzeugung einer Kollektivschuld der Juden am Tode Jesu, seitdem gelten sie als die Repräsentanten der Gott feindlichen Menschheit.

Im Neuen Testament:

Matthäus 3,5–12 Da ging zu ihm (Johannes) hinaus die Stadt Jerusalem und ganz Judäa und alle Länder am Jordan und ließen sich taufen von ihm im Jordan und bekannten ihre Sünden. Als er nun viele Pharisäer und Sadduzäer sah zu seiner Taufe kommen, sprach er zu ihnen: Ihr Schlangenbrut, wer hat denn euch gewiss gemacht, dass ihr dem künftigen Zorn entrinnen werdet ...
vgl. Mt 12,33–34 / Mt 23,33 / Lk 3,7–9

Matthäus 27,20–25 ... aber sie – die Hohepriester und das Volk (die Juden) setzten Pilatus unter Druck: Jesus umzubringen ... kreuzigen

... sein Blut komme über uns und unsere Kinder ... siehe, der Menschensohn (Jesus) wird überantwortet in die Hände der Sünder ...

Johannes 19,7 Die Juden antworteten ihm (Pilatus): Wir haben ein Gesetz, und nach dem Gesetz muss er sterben, denn er hat sich selbst zu Gottes Sohn gemacht.

(Im Christentum wurde 325 der Sohn Gottes auf dem Konzil in Nizäa zum Teil des „Dreieinigen Gottes", der Trinität erhoben.)

So lastete die Schuld für den Tod Jesu auf dem jüdischen Volk, den der römische Prokurator Pontius Pilatus, 26–36 u.Z., noch versucht hatte zu verhindern, Pilatus sagte zu den Hohenpriestern und der Volksmenge: „Ich finde keine Schuld an diesem Menschen", wäscht sich die Hände und beteuert: „Ich bin unschuldig am Blute dieses Gerechten; sehet ihr zu ..."

vgl. Mt 27,15–30 / Mk 15,1–41 / Lk 23,1–25 / Joh 19,6–37

Jesus wurde zur Kreuzigung den Juden überantwortet – sein Reich war ja nicht von dieser Welt – als „König der Juden" ??? und Pilatus hatte die Macht von Gott!!!

Johannes 18,36 Jesus antwortete: Mein Reich ist nicht von dieser Welt. Wäre mein Reich von dieser Welt, meine Diener (die Jünger) würden darum kämpfen, dass ich den JUDEN nicht überantwortet würde; nun aber ist mein Reich nicht von dieser Welt ...

Johannes 19,11 Jesus antwortete Pilatus: Du hättest keine Macht über mich, wenn es dir nicht von oben (also Gott) her gegeben wäre ...

Apostelg. 2,22–24 Ihr Männer Israel, hört diese Worte: Jesus von Nazareth, von Gott unter euch ausgewiesen durch Taten und Wunder und Zeichen, die Gott durch ihn in eurer Mitte getan hat, wie ihr selbst wisst – diesen Mann, der durch Gottes Ratschluss und VORSEHUNG dahingegeben war, habt ihr durch die Hand der Heiden (Juden und Ungerechten) ans Kreuz geschlagen und umgebracht (erwürgt).

Den hat Gott auferweckt und hat aufgelöst die Schmerzen des Todes ...

1. Thessal. 2,14–16 (Paulus) ... von den Juden erlitten haben. Die haben den Herrn Jesus getötet und die Propheten und haben uns verfolgt und gefallen Gott nicht und sind allen Menschen feind. Und um das Maß ihrer Sünden allewege vollzumachen, wehren sie uns, den Heiden (Mt 10,5–6) zu predigen zu ihrem Heil. Aber der Zorn Gottes ist schon in vollem Maß über sie gekommen.

vgl. Jes 53,4–5 / Joh 5,18 / Joh 6,41–42 / Joh 7,1 / Joh 7,13 / Joh 7,19–23 / Joh 8,42–59 / Joh 9,22–41 /Joh 10,31–41 / Joh 11,8 / Apg 4,10 / Apg 4,26–28 / Apg 5,30–33 / Apg 7,52–53 / Apg 10,38–40

Galater 1,4 Und Paulus bekundet: Gnade sei mit euch und Friede von Gott, unserm Vater, und dem Herrn Jesus Christus, der sich selbst für unsere Sünden dahingegeben hat, dass er UNS ERRETTE von dieser GEGENWÄRTIGEN BÖSEN WELT nach dem Willen Gottes, unseres Vaters ...

Dazu Joseph Ratzinger, Literatur: „Jesus von Nazareth, 2. Kapitel, Seite 73

„Was hat Jesus eigentlich (Neues) gebracht, wenn er nicht den Weltfrieden ... gebracht hat ...“ ***(Es ist alles beim Alten geblieben!)***

Titus 1,10–16 Gegen die Irrlehrer: Denn es gibt viele Freche, unnütze Schwätzer und Verführer, besonders die aus den Juden, denen man das Maul stopfen muss, weil sie ganze Häuser verwirren und lehren, was nicht sein darf, um schändliches Gewinns willen.

vgl. Röm 2,9

Dazu der katholische Katechismus unter Nr.: (in Auszügen)

595 bis 623 Die Juden sind für den Tod Jesu nicht kollektiv verantwortlich ... alle Sünder sind am Leiden Christi schuld ... der Erlösertod Christi im göttlichen Heilsplan ... für unsere Sünden gestor-

ben gemäß der Schrift ... Gott hat ihn „für uns zur Sünde gemacht" ... das Lamm, das die Sünde der Welt hinwegnimmt ...
vgl. Jes 53,4–5 / Mt 8,17 / Joh 1,29
(Alle Sünden und Sünder sind allerdings immer noch allgegenwärtig – es blieb alles beim Alten.)

781 bis 810 Die Kirche ist Volk Gottes ... und übt Gerechtigkeit aus ... Christus übt sein Königstum aus ... die Kirche ist Leib Christi ...

846 Außerhalb der Kirche kein Heil ...

754 Die Kirche ist nämlich der Schafstall, dessen einzige und notwendige Tür Christus ist.

Johannes Paul II.:
„Die Juden sind Volk Gottes."

Benedikt XVI.:
„Die Juden sind nicht verantwortlich für Jesu Tod."

Erzbischof Thissen, Hamburg:
„... dass jede Form des Antisemitismus den Glaubensinhalten des Christentums widerspricht und dass ihm überall auf der Welt entgegengetreten werden muss ...

Papst Benedikt XVI. auf der Anreise zur Holocaust-Gedenkstätte Yad-Vashem 2009:
Er prangerte die menschenverachtende Ideologie an, die mit schrecklichsten Konsequenzen den Juden die Personenwürde verweigert habe.

Faktum: Die Evangelien sind der geistige Urkern der Judenfeindlichkeit – des Antisemitismus.

Das Christentum und der Klerus hatten mit diesen Kenntnissen über Jahrhunderte die schädlichsten und aufwieglerischsten Verleumdungen und Vorwürfe gegen die Juden betrieben, sie waren ein schuldbeladenes Volk. Frage: Wie kann aber ein Volk verflucht sein, der Sohn Gottes war doch nach dessen Willen am Kreuz gestorben?

Mit der Verbreitung und Anerkennung des Christentums durch den römischen Kaiser Konstantin I. der Große – er war der Wegbereiter für das Christentum – Kaiser von 306–337 u.Z., verschlechterte sich die Lage der Juden. Sie wurden immer nachhaltiger für die Kreuzigung des Sohnes Gottes verantwortlich gemacht.

Heiliger und Kirchenlehrer Johannes Chrysostomos aus Konstantinopel, 344–407:
Die Juden sind die Pest des Menschengeschlechts. Ihre Kirchen Orte des Unglaubens, der Gottlosigkeit und des Wahnsinns.

Um 500–700 u.Z. begann man im Christentum auf zahlreichen Synoden und Konzilen in Orléans/Frankreich und in Toledo/Spanien die Rechte der Juden zu beschneiden und sie zu demütigen. In der Karwoche und an christlichen Feiertagen wurde ihnen das Betreten der Straße verboten, die Sklavenhaltung war nur den Christen vorbehalten – und wegen Beleidigung des Kreuzes konnten sie selber zu Sklaven werden.

Um 600 in Rom legt Papst Gregor I. der Große die Stellung der römischen Kirche zum Judentum fest: Das Ziel der Kirche soll nicht Verfolgung der Juden sein, sondern deren Bekehrung.

Gebet der Christen für die Juden:
Seit 1570 betet man an jedem Karfreitag für die Bekehrung der „treulosen Juden“, um sie aus ihrer „Verblendung zu befreien“.

Zu den ersten blutigen Verfolgungen kam es durch die Kreuzritter im Mai 1096 in Speyer, Worms und Mainz, es wurden die „Feinde Christi“ bestraft.

Papst Innozenz III., 1198–1216:
„Juden sind von Gott verfluchte Sklaven.“

Das vierte Laterankonzil von 1215 beschloss, dass Juden eine Spitzmütze tragen mussten, um erkennbar zu sein. Im Dritten Reich mussten sie den „David-Stern“ tragen.

Der heilige Kirchenlehrer Thomas von Aquin, um 1225 u.Z.:
Auch darin begeht die Kirche kein Unrecht, dass sie, da die Juden Sklaven der Kirche sind, über deren Güter verfügen kann.

(Seine Werke bildeten die bevorzugte Grundlage aller philosophischen und theologischen Lehren in der kath. Kirche.)

1244–1290 u.Z.: Die als Geldverleiher und Finanziers in England tätigen Juden wurden von König Eduard I. vertrieben. Zinsen gelten laut Bibel als Wucher und somit als Sünde, den Christen waren sie untersagt.

Vgl. 2. Mose 22,24 / 3. Mose 25,36 / 5. Mose 23,20–21 / Ps 15,5 / Ps 109,11 / Spr 28,8.

Um 1350 wütet in Europa der „Schwarze Tod“, die Pest, im religiösen Wahn wird sie als Strafe Gottes gesehen, die Juden dafür verantwortlich gemacht und durch eine hysterische Bevölkerung gnadenlos gemordet.

Menschenunwürdige Verfolgungen beginnen ab 1390 in ganz Europa, Juden unterliegen Zwangstaufen, müssen besondere Kennzeichen tragen, gelber Fleck, sie haben in Ghettos zu leben, Vertreibungen und Morden um 1394 in Frankreich, 1492 in Spanien.

Zur Ehre der Mutter Gottes werden sie 1426 aus Köln vertrieben.

Der jüdische Gottesdienst, so Martin Luther (1546) soll verboten werden, da er eine öffentliche Gotteslästerung darstelle. Juden waren für Luther gottlos, weil sie die „Erlösung" durch Jesus verwerfen. (Er war nie „König der Juden" geworden – er war nur ein Wanderprediger und Hochstapler.)

Ihre Synagogen wollte Luther mit Feuer anstecken, sie in Ställen zusammentreiben, ihrer Literatur berauben, und die Todesstrafe für öffentliches Beten zu Gott. Die Juden wären ein verzweifeltes, durchböstes, durchgiftetes, durchteufeltes Volk, so sie 1400 Jahre unsere Plage, Pestilenz und alles Unglück gewesen sind und noch sind. Wir haben rechte Teufel an ihnen.

Bei Luther hatte das Studium der Bibel schwerste paranoide Vorstellungen ausgelöst – das Problem: Er betrachtete die Texte der Bibel uneingeschränkt als „wahres Wort Gottes".

Ausgehend von Würzburg beginnen ab Mitte 1819 in Deutschland Krawalle gegen die Juden, Anlass war, Preußen hatte 1812 die Juden zu Staatsbürgern mit gleichen Rechten erklärt.

Ab 1881 bis 1905 gab es schwere Pogrome in Russland.

Um die Jahrhundertwende befleißigte sich ein großer Teil der Wiener Bevölkerung eines bösartigen Antisemitismus, auch in Bayern überlagerte eine antijüdische Stimmung jede Vernunft.

Der Antisemitismus ist ein weltweites Problem, keineswegs ein spezielles im Deutschen Reich – der NSDAP: Das Dritte Reich und der Holocaust

Auf Betreiben der NSDAP beginnen 1933 jederlei Repressalien gegen die Juden. Unter der Leitung des Gauleiters von Franken und Herausgebers des nationalsozialistischen Kampfblatts „Der Stürmer", Julius Streicher, werden überall Aktionskomitees gebildet. Auf dem Reichsparteitag im September 1935 in Nürnberg werden die sogenannten

Nürnberger, das „Reichsbürgergesetz“ und das „Gesetz zum Schutze des deutschen Blutes und der deutschen Ehre“, das sich besonders gegen die Juden richtet, erlassen. Sie seien keine „Bürger“ – mit Konsequenzen der Isolierung und Degradierung.

Ab Mitte 1933 begann eine Welle der Gewalt gegen die Juden, ihre Ausschaltung aus dem öffentlichen Leben und ein verstärkter Druck, um sie zur Auswanderung zu bewegen. Die in katholischen Regionen (Österreich und Bayern) besonders stark von Antisemitismus geprägten Katholiken:

Reichskanzler Adolf Hitler, Braunau/Österreich, 20.04.1889–30.04.1945,

Reichsmarschall Hermann Göring, Rosenheim, 1893–1946,

Reichsführer SS Heinrich Himmler, Bayern, 1900–1945,

München galt gar als die „Hauptstadt des Nationalsozialismus“, der NSDAP.)

Reichsminister für Volksaufklärung und Propaganda Josef Goebbels, Reydt/Nordrhein-Westfalen, 1897–1945 und der Franke Julius Streicher,

sie alle betrieben eine fanatische Politik zur Vertreibung, zu Hass und Terror, zur Entwürdigung und Entrechtung gegen das „jüdisch-bolschewistische Untermenschentum“, die Vernichtung der „jüdischen Rasse“ und der „Endlösung der Judenfrage“. Vom 9. – der „Reichskristallnacht“ – bis zum 11. November 1938 begannen SA-Trupps und die NSDAP überall im Reich Synagogen zu brennen, sie zerstörten und plünderten jüdische Geschäfte und Gemeindehäuser, demolierten Privatwohnungen, es gab Verhöhnen, Misshandeln und Ermorden – unter teilweise großer Begeisterung der Bevölkerung. Es wurde zum gräulichsten und größten Verbrechen – der Holocaust mit 6 Millionen Opfern – gegen die Menschlichkeit.

Luther – ein großes Vorbild für den Antisemitismus und Hitler.

Hitler: „Luther war ein großer Mann, ein Riese. Mit einem Ruck durchbrach er die Dämmerung: sah den Juden, wie wir ihn erst heute zu sehen beginnen."

„Ich tue nur, was die Kirche seit fünfzehnhundert Jahren tut, allerdings gründlicher." (Hitler: Mein Kampf)

Kanzler Konrad Adenauer, 1949–63, Katholik: „Wenn die Bischöfe alle miteinander an einem bestimmten Tage von den Kanzeln gegen die Judenvernichtung Stellung genommen hätten, hätten sie vieles verhüten können. Dass sie es nicht taten, dafür gibt es keine Entschuldigung."

Faktum 54

Der Hexenwahn, eines der dunkelsten Kapitel des Christentums

Der Glaube an Hexen, Zauberinnen, Dämonen (Jesus), Satan oder Teufel, Beelzebub, Baal, Engel, unreine und böse Geister oder ähnliche übersinnliche Geschöpfe; übermenschliche Wesen wie Luzifer waren schon in vorchristlicher Zeit ein in vielen Religionen und Kulturen auftretendes Phänomen, um dann im Mittelalter durch das Christentum – besonders in Anlehnung an die „Ursünderin Eva" als Verführerin – die Zauberinnen zu einer allgegenwärtigen Realität werden zu lassen. Sie wurden für alle unerklärlichen Schadensfälle verantwortlich gemacht.

Aus den Texten der Bibel bezog die hohe Geistlichkeit ihre Erkenntnis und Erleuchtung, im 2. Mose 22,17:
„Die Zauberinnen sollst du nicht am Leben lassen."

vgl. 3. Mose 19,31 / 3. Mose 20,6.27 / 5. Mose 18,10 / 1. Sam 28,7–9 / Mal 3,5 / Offb 22,15

Unter Papst Gregor IX. (1227–1241) begann die Inquisition und er gab als Erster den Befehl, nun auch gegen „Hexen" vorzugehen. Unter seinem Pontifikat wurde bei Trier der erste Prozess geführt, in Toulouse 1275 die erste Hexe verbrannt.

Papst Johannes XXII. (1316–1334) erließ 1326 das Edikt „Super illius specula". Innozenz VIII. (1484–1492) erlässt 1484 die Hexenbulle „Summis desiderantes affectibus" und verschärft damit nochmals umfassende Vollmachten für die Hexeninquisition, bis 1523 werden durch die römischen Bischöfe unzählige Erlasse folgen, die Organisation ist damit endgültig sanktioniert und wird vom deutschen König Maximilian I. (1459–1519) gefördert.

Als eins der widerlichsten und obszönsten Bücher der Weltliteratur erscheint 1486 in Köln der „Hexenhammer – Malleus Maleficarum“, oder „Hammer der Schadensstifterinnen“. Veröffentlicht wurde dieses Werk von den päpstlichen Inquisitoren, den Dominikanern im Kloster Köln, Heinrich Kramer (Institoris) und Jakob Sprenger, Professor und Dekan an der Universität Köln. Es bekommt die Gutheißung der theologischen Fakultät der Universität Köln und die Zustimmung der päpstlichen Inquisition des Vatikan.

Unter Papst Alexander VI. (1492–1503) setzte sich die Verfolgung fort, Julius II. (1503–1513), Leo X. (1513–1521) und Hadrian VI. (1522–1523) und für zahlreiche Gleichgesinnte waren Hexen eine biblische, also göttliche Realität.

Später perfektionierten die nachfolgenden Päpste, Johann Calvin (1509–1564) und der Augustiner-Mönch Martin Luther (1483–1546) die paranoiden Denkweisen.

Die Kirche wird später behaupten:

Trotz zähem Kampf drang sie gegen den Aberglauben nicht durch.

Dabei hatten die Kirchenlehrer und -heiligen, der Dominikaner Thomas von Aquin (1225–1274) und der Bischof von Hippo Augustinus (354–430) schon Frauenfeindlichkeit betrieben, die Frau war für sie die Ursünde, die Erbsünderin Eva.

Jesus und dem Klerus schrieb man eine teufelsaustreibende (Dämonen-)Macht zu, den Exorzismus.

Die Bischöfe betrachten sich als die Nachfolger der Jünger, der Apostel – der Papst des Petrus – die Jünger sollten durch Jesu Auftrag Kranke heilen, Tote auferwecken und Dämonen austreiben (Mt 10,5–15 / Mk 6,7–13 / Lk 9,2–6), es blieb eine ewige Farce.

In der katholischen Kirche ist der Aberglaube, die Austreibung von Dämonen, Gegenwart und fest verankert.

Unter Berufung auf das Wirken Jesu: Mt 7,22 / Mt 8,31–34 / Mt 10,1 / Mt 12,28 / Mk 1,23–39 / Lk 4,32–41 / Lk 8,2 / Joh 8,48 / 1. Joh 3,8.

Dazu im katholischen Katechismus Nr. 550 / 816 / 858–870 / 934–945 / 1237 / 1499–1509 / 1673 (Auszüge-Zitate):

... den Auftrag, Kranke zu heilen und die Vollmacht zum Exorzismus bekam die Kirche durch Jesus. Durch Gebete und in einfacher Form wird der Exorzismus bei der Feier auch bei der Taufe vollzogen, als Beendigung der Erbsünde und der Befreiung von Sünden. Aus dem Weihwasser werden vorher die dämonischen Kräfte vertrieben und das Kreuzzeichen gilt zur Abwehr von bösen Geistern: Mächtig ist des Kreuzes Zeichen, ihm muss selbst die Hölle weichen. Darum soll man oft das Kreuzzeichen machen, besonders beim Aufstehen und Schlafengehen ...

Der feierliche, sogenannte Große Exorzismus darf nur von einem Priester und nur mit Erlaubnis des Bischofs vorgenommen werden ...

Schon seit dem Mittelalter – zwischen 1200 und bis fast 1800 – wurden nun Zehntausende – nach Schätzungen 40.000 Todesopfer – unter dem Verdacht der Zauberei, darunter auch Männer und Kinder, bestialisch gefoltert und verbrannt. Die Gefolterten hielten oft tage- oder gar wochenlang aus, weil sie fürchteten, durch ein falsches Geständnis ihr Seelenheil zu verlieren.

Die große Mehrheit der geistig gesunden Menschen wollte schon damals die Hexenprozesse nicht zulassen, darunter der Leibarzt des Herzogs Wilhelm V. von Jülich-Kleve-Berg, Johannes Weyer (1516–1588), Erasmus von Rotterdam (1466–1536), Humanist, oder der Jesuit Friedrich von Spee (1591–1635), gegen die Übermacht des Klerus waren sie jedoch hilflos. Auch wegen der Gefahr, selbst in die Mühlen des Wahns zu geraten, wagten es nur wenige Mutige, sich aufzulehnen.

Am 30. März 1775 wird in Deutschland in Kempten im Allgäu die letzte „Hexe", die Dienstmagd Anna Maria Schweglin, hingerichtet.

In Glarus in der Schweiz wird am 13. Juni 1782 die Magd Anna Göldi enthauptet, 2007 wird sie endlich rehabilitiert.

Die letzte Verbrennung findet 1793 in Posen statt, und im gleichen Jahr wird in Europa das Verbrennen verboten, allerdings nicht auf Betreiben der Kirche, sondern die weltlichen Fürsten hatten dem Wahn Einhalt geboten.

Das berühmteste Opfer war die legendäre Jungfrau von Orléans, Jeanne d'Arc (1412–1431), von einem Inquisitionsgericht als Ketzerin in Rouen (Frankreich) verurteilt und verbrannt. 1920 wird sie heilig gesprochen.

Unter den Protestanten war Martin Luther die treibende Kraft, zitiert: „Die Zauberinnen sollst du nicht am Leben lassen ... – dieser Ungeist geht auf 2. Mose 22,17 zurück – es ist ein gerechtes Gesetz, dass sie getötet werden, ich wünsche, dass man sie Stück für Stück verbrenne ..."

Dazu Jesus: „Wenn ich aber die bösen Geister durch den Geist Gottes austreibe, so ist ja das 'Reich Gottes' zu euch gekommen ..." (Mt 12,28).

... die Macht des Satans scheint auch heute noch allgegenwärtig ...
... das Reich Gottes – eine fatale Fata Morgana ...

Faktum 55

Gottes Gebot zur Homosexualität: „Wer anders liebt, muss sterben ...“

3. Mose 20,13 Wenn jemand bei einem Manne liegt wie bei einer Frau, so haben sie getan, was ein Gräuel ist, und sie sollen beide des Todes sterben; Blutschuld lastet auf ihnen.
vgl. 1. Mose 19,5 (Sodom und Gomorra) / 3. Mose 18,22 / Röm 1,27 (Lesbisch findet keine Erwähnung.)

Für die abrahamischen Religionen galt die Homosexualität nun zu allen Zeiten als abscheuliche Perversität oder himmelschreiende Sünde mit unterschiedlichen Repressalien.

Dazu im katholischen Katechismus Nr. 2357–2359 / 2333 / 2347, Zitate/Auszüge:
Homosexuelle Menschen sind zur Keuschheit gerufen – sie sind in keinem Fall zu billigen – dass homosexuelle Handlungen nicht in Ordnung sind – gestützt auf die Heilige Schrift, die sie als schlimme Abirrung bezeichnet ...

Aber gleichfalls wird erklärt: Sie haben diese Veranlagung nicht selbst gewählt ... sich aber durch das Gebet und die sakramentale Gnade ... der christlichen Vollkommenheit anzunähern ... sie tritt in verschiedenen Zeiten und Kulturen auf ... ihre psychische Entstehung ist noch weitgehend ungeklärt ...

Kastration, Kerker, Feuertod, Todesstrafe, gehängt und gesteinigt war nun ein mosaisches Gebot in den abrahamischen Religionen, in mehr als 80 Ländern gilt sie auch derzeit noch als Straftat.

In Deutschland ließ Reichskanzler Hitler den berüchtigten § 175 noch verschärfen, für Tausende galt nun die Todesstrafe, was bis dahin nur als schweres Verbrechen galt.

Fakt: Homosexualität ist eine genetisch-physische, von der Natur und Schöpfung – also „gottgewollt" – gegebene Veranlagung. Man findet sie unter Menschen und in der Tierwelt.

Letzte Meldung in den USA 2013: Die Kirche kritisiert Präsident Obamas positive Einstellung zur Homo-Ehe.

Faktum 56

Die Ursünde – die Erbsünde: ein fataler Widerspruch zur Gerechtigkeit, eine ungeheuerliche Drohung

Nach dem Sündenfall von Eva – der Sünderin – und Adam (1. Mose 3) wurde die Menschheit durch Gott mit der Erbsünde gestraft, nach christlicher Lehre als „Unheilzustand", in dem jetzt alle Menschen geboren werden. Das Verhältnis zwischen Gott und den Menschen war von nun an gestört, büßen müssen nun alle Menschen, die auf die Welt kommen, obgleich sie mit den Erstlingen der Sünde gar nichts zu tun haben und nichts von ihr wissen.

Das Paradies – der Garten Eden – war verloren gegangen und der Tod hält Einzug in die Welt, dazu Krankheit, Unfrieden, Hunger, Durst, Leid und Elend – von nun an herrschte der Satan.

Der Frau wurde von nun an die Schuld am sündigen Zustand der Welt gegeben und eine Feindschaft zwischen Gott und den Menschen und der Verführerin Schlange wird sein. Die Seele jedes Menschen war nun bei der Zeugung mit der Ursünde befleckt.

Nach einem Dogma von Papst Pius IX. (1846–1878) von 1854 war nur die Gottesmutter Maria davon ausgenommen, unverwest wurde ihr Leib in den Himmel aufgenommen (Festtag der 9. Dezember), so das Mariendogma unter Papst Pius XII. (1939–1958) von 1950.

Wer es nicht glaubt, gilt als vom göttlichen und katholischen Glauben abgefallen.

Erbsünde ja – oder doch nicht?

1. Mose 2,17/3,3 ... vom Baum der Erkenntnis esset, müsst ihr sterben
... vgl. Röm 6,23 / 2. Kor 11,3 / 1. Tim 2,13–14

2. Mose 20,5 ... ich bin ein eifernder Gott, der die Missetat der Väter heimsucht bis ins dritte und vierte Glied an den Kindern derer, die mich hassen ...
vgl. 5. Mose 5,9 / Ps 109,14 / Klgl 5,7 / Nah 1,2

2. Mose 34,6–7 ... Herr, Gott, barmherzig und gnädig und geduldig und von großer Gnade und Treue, der da Tausenden Gnade bewahrt und vergibt Missetat, Übertretung und Sünde, aber ungestraft lässt niemand, sondern sucht die Missetat der Väter heim an Kindern und Kindeskindern bis ins dritte und vierte Glied ...
vgl. 4. Mose 14,18 / Hiob 21,19

Römer 5,12 Deshalb, wie durch einen Menschen die Sünde in die Welt gekommen ist und der Tod durch die Sünde, so ist der Tod zu allen Menschen durchgedrungen, weil sie alle gesündigt haben.
vgl. Sirach 25,32 (24) / Röm 5,18 / Röm 7,6 / Hes 18,4

Die Einsichtigkeit Gottes!

5. Mose 24,16 Die Väter sollen nicht für die Kinder noch die Kinder für die Väter sterben, sondern ein jeder soll für seine Sünde sterben.
vgl. 2. Kön 14,6 / Hiob 21,19 / Jer 31,30–34 /Hes 18,13–20 / Mi 7,18 / Röm 6,6–7 / 2. Kor 5,17–21

Hiob 34,10–15 Darum hört mir zu, ihr weisen Männer: Es sei ferne, dass Gott sollte gottlos handeln und der Allmächtige ungerecht; sondern er vergilt dem Menschen, wie er verdient hat, und trifft einen jeden nach seinem Tun. Ohne Zweifel, Gott tut niemals Unrecht, und der Allmächtige beugt das Recht nicht.
vgl. Sirach 39,28–36

Römer 5,10 Denn wenn wir mit Gott versöhnt worden sind durch den Tod seines Sohnes, als wir noch Feinde waren, um wieviel mehr werden wir selig werden durch sein Leben, nachdem wir nun versöhnt sind. *vgl. 2. Kor 5,18–21 / Kol 1,15–23*

Römer 5,18 Wie nun durch die Sünde des Einen – Eva – die Verdammnis über alle Menschen gekommen ist, so ist auch durch die Gerechtigkeit des Einen – Jesus – für alle Menschen die Rechtfertigung gekommen, die zum Leben führt.
vgl. 1. Kor 15,20–49 / 1. Kor 15,3–5 / 1. Tim 6,16 / 2. Tim 1,10

Micha 7,18 Wo ist solch ein Gott, wie du bist, der die Sünde vergibt und erlässt die Schuld denen, die übriggeblieben sind von seinem Erbteil; der an seinem Zorn nicht ewig festhält, denn er ist barmherzig!

vgl. Ps 103 / Jes 1,18 / Jes 43,1 / Jes 43,25 / Jes 44,22 / Jer 31,31–34 / Jer 33,8 / Röm 11,32

Dazu im katholischen Katechismus Nr. 385/421 (Auszüge/Zitate):

Der Sündenfall – wo die Sünde groß wurde, ist die Gnade übergroß geworden.

388 Die Erbsünde – eine wesentliche Glaubenswahrheit ...

400 Der Tod hält Einzug in die Menschheitsgeschichte ...

401 Seit dieser ersten Sünde überschwemmt eine wahre Sündenflut die Welt ...

402–404 Alle Menschen sind in die Sünde Adams verwickelt ... auf diese Weise gelangte der Tod zu allen Menschen ... zu allen Nachkommen ...

411 ... Jesus der „neue Adam“ und Mutter Christi, Maria die „neue Eva“ ...

420 Der Sieg Christi über die Sünde ...

599 ... Jesus wurde nach Gottes festgesetztem Ratschluss ausgeliefert ... der Erlösertod Christi war im göttlichen Heilsplan ... Christus hat sich für die Sünden seinem Vater dargebracht ... *vgl. Mt 26,39*

1018 Infolge der Erbsünde muss der Mensch den leiblichen Tod erleiden, dem er, „hätte er nicht gesündigt, entzogen gewesen wäre".

2852 Wer von Gott stammt, sündigt nicht ...

Das Letzte Gericht ...

1038 Und sie werden weggehen (die Sünder) und die ewige Strafe erhalten, die Gerechten aber das ewige Leben ...
vgl. Mt 25,31–46

1870 Gott hat alle in den Ungehorsam eingeschlossen, um sich ALLER zu erbarmen.
vgl. Röm 11,32 / Gal 3,22 / 1. Tim 2,4

Dazu der kath. Katechismus, Erzdiözese Freiburg Nr.

302 Durch die Taufe wird der Mensch von der Erbsünde gereinigt und als Kind Gottes geboren. (Sakrament)
vgl. Mt 28,19 / Mk 16,15–16

Nach christlichem Glauben hat Jesus durch sein Blut (2. Mose 24,8 / Mt 26,27–28 / Mk 14,24 / Lk 22,20) des neuen Bundes und sein Sterben die Macht der Sünde gebrochen und alle Sünden der Sünder auf sich und mit sich fortgenommen – bis in die Gegenwart ist jedoch noch alles fortwährend vorhanden – das „Heil der Welt" lässt immer noch auf sich warten.

Fazit: Es muss doch jedem Menschen mit Gerechtigkeitsempfinden widerstreben, dass alle Nachkommen unter einer ewigen Sündenlast der ersten Menschen Strafe ertragen ...

Die Kreuzigung Jesu war also seines Vaters Wille, als Allmächtiger und Gütiger hätte er diese Entwürdigung mit Sicherheit verhindern können.

Ja, der liebe Gott hat Menschengestalt angenommen und sich in Jerusalem kreuzigen lassen; dadurch ist er nun erlöst und der Teufel geprellt.

Nun ist die Welt aber immer noch böse und voller Sünden, Leid und Elend, Tod und Krankheit – das Heil in unabsehbarer Ferne ...

Faktum 57

Sind Frauen und Männer gleichwertige Menschen?

In vielen Religionen eine bis in die Gegenwart offene und ungeklärte Frage. Im Christentum begleitet schon seit der sündhaften Eva eine ständige Diffamierung das weibliche Geschlecht, eine in der Gesellschaft erkennbare Verachtung.

Auch bei der Opferung von Tieren bevorzugte Gott nur das Männliche, die Frau sei halt nicht nach dem Ebenbild Gottes geschaffen und Jesus wählte nur männliche Begleiter als Jünger, daher verweigert die katholische Kirche den Frauen das Priesteramt.

1. Mose 1,27 Und Gott schuf den Menschen zu seinem Bilde, zum Bilde Gottes schuf er ihn; und schuf sie als Mann und Weib. *vgl. Mt 19,4*

1. Mose 2,18 Es ist nicht gut, dass der Mensch allein sei; ich will ihm eine Gehilfin machen, die um ihn sei.

1. Mose 2,22–23 Und der Herr baute ein Weib aus der Rippe, die er von dem Menschen nahm, und brachte sie zu ihm. Da sprach der Mensch: Das ist doch Bein von meinem Bein und Fleisch von meinem Fleisch; man wird sie Männin nennen, weil sie vom Manne genommen ist.

1. Mose 3,16 Und zum Weibe sprach er: Ich will dir viel Mühsal schaffen, wenn du schwanger wirst; unter Mühen sollst du Kinder gebären. Und dein Verlangen soll nach deinem Manne sein, aber er soll dein Herr sein. *vgl. Eph 5,22–23 / 1. Tim 2,12*

2. Mose 13,2 und 13,15 Heilige mir alle Erstgeburt – alles Männliche

– bei den Israeliten; alles, was zuerst den Mutterschoß durchbricht bei Mensch und Vieh, das ist mein.
vgl. 2. Mose 22,28 / 4. Mose 8,17–18 / Lk 2,23–24

2. Mose 34,23 Dreimal im Jahr soll alles, was männlich ist, erscheinen vor dem Herrscher, dem Herrn, dem Gott Israels.

5. Mose 22,13–21 Wenn jemand ein Mädchen zur Frau nimmt ... und etwas Schändliches an ihr findet ... nicht mehr Jungfrau ist ... die Leute ... sollen sie zu Tode steinigen ...
vgl. Mt 5,31–32 / Mt 19,9 / Lk 16,18 / Joh 8,1–11

Jesaja 3,16–24 ... Gottes Gericht über die eitlen Frauen ...
vgl. 1. Tim 2,9 / 1. Petr 3,3–5

Jesaja 13,16 Es sollen auch ihre Kinder vor ihren Augen zerschmettert, ihre Häuser geplündert und ihre Frauen GESCHÄNDET werden.
vgl. Ps 137,8–9

Jesus Sirach 25 Schilderung des bösen Weibes. Wohl dem, der ein vernünftig Weib hat ... es ist keine List über Frauenlist ... ich wollte lieber bei Löwen und Drachen wohnen denn bei einem bösen Weibe ... alle Bosheit ist gering gegen der Weiber Bosheit; es geschehe ihr, was den Gottlosen geschieht ... ein böses Weib macht ein betrübtes Herz ... die Sünde kommt her von einem Weibe, um ihretwillen müssen wir alle sterben ...
vgl. 1. Mose 2,17 / 1. Mose 3,1–24 / Sirach 26 / Röm 5,12–21

Sirach 26,9 Wenn einer ein böses Weib hat, so ist's eben als ein ungleiches Paar Ochsen, die nebeneinander ziehen sollen.

Jesus Sirach 37,23 Ein Weib wird jeden Mann annehmen; aber unter den Töchtern nimmt man die eine lieber denn die andere.

4. Mose 36,8–9 Und alle Töchter die Erbteil erlangen unter den Stämmen Israels, sollen heiraten einen von dem Geschlecht des Stammes ihres Vaters, damit ein jeder unter den Israeliten das Erbe seines Vaters behalte und nicht ein Erbteil von einem Stamm an den anderen falle ...

Hesekiel 16,38 Und ich will dich richten, wie man Ehebrecherinnen und Mörderinnen richtet; ich lasse Grimm und Eifer über dich kommen.
vgl. 2. Mose 20,14 / 3. Mose 20,10 / 5. Mose 5,18 / Joh 8,5

Matthäus 19,6 So sind sie nun nicht mehr zwei (Mann und Frau), sondern ein Fleisch. Was nun Gott zusammengefügt hat, das soll der Mensch nicht scheiden!
vgl. 5. Mose 24 / Mt 5,27–32 / Mt 19,1–12 / Mk 10,1–12 / Lk 16,18 / 1. Kor 7,1–16

Es stellt sich die Frage: Warum scheitern so viele Ehen, wenn sie doch mit Gottes Segen ausgestattet wurden – für unzählige Ehen wurde diese Grundeinstellung der Unauflösbarkeit eine oftmals jahrelange Tortur.

1. Korinther 7,4 Die Frau verfügt nicht über ihren Leib, sondern der Mann. Ebenso verfügt der Mann nicht über seinen Leib, sondern die Frau.

1. Korinther 7,10–16 Den Verheirateten aber gebiete nicht ich, sondern der Herr, dass die Frau sich nicht von ihrem Manne scheiden soll ...

1. Korinther 9,5 Haben wir (die Jünger) nicht das Recht, eine Schwester als Ehefrau mit uns zu führen wie die anderen Apostel und die Brüder des Herrn und Kephas? (Simon Petrus).
vgl. Mt 8,14 – Simon Petrus hatte eine Frau, der angebliche Vorgänger des Papstes (Mt 16,18–19 / Joh 1,42)

1. Korinther 11,2–16 ... ich lasse euch aber wissen, dass Christus das Haupt eines jeden Mannes ist; der Mann aber ist das Haupt der Frau; Gott aber ist das Haupt Christi ... der Mann aber soll das Haupt nicht bedecken, denn er ist Gottes Bild und Abglanz; die Frau aber ist des Mannes Abglanz ... denn der Mann ist nicht von der Frau, sondern die Frau von dem Mann ... und der Mann ist nicht geschaffen um der Frau willen, sondern die Frau um des Mannes willen ... urteilt bei euch selbst, ob es sich ziemt, dass eine Frau unbedeckt (Kopftuch, Schleier) vor Gott betet.

vgl. 1. Kor 11,4

Nach der Lehre des heiligen Ambrosius (um 339–397), Bischof von Mailand: „Die Frau muss das Haupt verhüllen, weil sie nicht das Ebenbild Gottes ist."

Bundeskanzlerin Merkel tritt daher pflichtbewusst mit Schleier beim Papst zur Audienz auf.

1. Korinther 14,34–35 Wie in allen Gemeinden der Heiligen sollen die Frauen schweigen in der Gemeindeversammlung; denn es ist ihnen nicht gestattet zu reden, sondern sie sollen sich unterordnen, wie das Gesetz sagt. Wollen sie etwas lernen, so sollen sie daheim ihre Männer fragen. Es steht der Frau schlecht an, in der Gemeinde zu reden.

vgl. 1. Mose 3,16

2. Korinther 11,2–3 Denn ich eifere um euch mit göttlichem Eifer; denn ich habe euch verlobt mit einem einzigen Mann, damit ich Christus eine reine Jungfrau zuführte. Ich fürchte aber, dass, wie die Schlange verführte mit ihrer List, so auch eure Eva verführte mit ihrer List, so auch eure Gedanken abgewendet werden von der Einfalt und Lauterkeit gegenüber Christus.

vgl. 1. Mose 3,4.13

Epheser 5,21–33 Ihr Frauen ordnet euch euren Männern unter wie dem Herrn. Denn der Mann ist das Haupt der Frau, wie auch Christus das Haupt der Gemeinde ist, die er als seinen Leib erlöst hat. Aber wie nun die Gemeinde sich Christus unterordnet, so sollen sich auch die Frauen ihren Männern unterordnen in allen Dingen ...

vgl. Kol 3,18–19 / 1. Tim 2,8–15 / 1. Tim 5,3–16 / Tit 2,1–7 / 1. Petr 3,1–7

1. Timotheus 2,9–14 Denn Adam wurde zuerst gemacht, danach Eva. Und Adam wurde nicht verführt, die Frau aber hat sich zur Übertretung verführen lassen ...

Die Wertschätzung der Frauen durch die Priesterschaft:

„Das Weib verhält sich zum Mann wie das Unvollkommene und Defekte zum Vollkommenen."

„Ein männlicher Fötus wird nach 40 Tagen, ein weiblicher nach 80 Tagen ein Mensch. Mädchen entstehen durch schadhaften Samen oder feuchte Winde."

„Der wesentliche Wert der Frau liegt in ihrer Gebärfähigkeit und in ihrem hauswirtschaftlichen Nutzen."

„Die Frau ist eine Art 'verstümmelter' oder 'misslungener' Mann."

Thomas von Aquin, 1225–1274, Kirchenheiliger und -lehrer, Dominikaner

„Das Weib ist die Einfallspforte des Teufels."

Quintus Tertullian, um 200, Karthago, Kirchenlehrer

Nach Martin Luther „... ist die Frau ein 'halbes Kind ... ein Toll Thier ... die größte Ehre, die es hat, dass wir durch die Weiber geboren werden".

„Männer haben eine breite Brust und kleine Hüften, darum haben sie auch mehr Verstand denn die Weiber, welche enge Brüste haben und breite Hüften und Gesäß, dass sie sollen daheim bleiben, im Hause still sitzen (Islam?), haushalten, Kinder tragen und ziehen."

Martin Luther, 1483–1546

„Frauen sind auch Menschen, nur eben andersartig Berufene, zu Gehorsam gegenüber dem Willen der Männer und Väter verpflichtet, zum

Dienen Geborene, zum Gebären und Aufziehen der Kinder Geschaffene, der Caritas Geweihte, von den Führungspositionen der Kirche Ausgeschlossene.“

„Eine Frau soll still zuhören und sich ganz unterordnen. Ich gestatte es keiner Frau zu lehren und sich über den Mann zu erheben. Zuerst wurde ja Adam erschaffen, und dann erst Eva.“

Papst Johannes Paul II. 1988

„Mann und Frau sind von Beginn der Schöpfung an unterschieden und bleiben es in Ewigkeit“, und erteilt der Forderung nach einer Frauenpriesterschaft erneut eine Absage.

Papst Benedikt XVI. im August 2004

Diese Herabwürdigung – besonders in den Briefen des Paulus an seine Gemeinden – brachte eine Missachtung der Rechte der Frauen bis in die Gegenwart. Diese Abwertung zieht sich wie ein roter Faden durch die gesamte Kirchengeschichte. Im katholischen Katechismus Nr. 1577 heißt es: Jesus, der Herr, hat Männer gewählt, um das Kollegium der zwölf Apostel zu bilden ... darum ist es nicht möglich, Frauen zu weihen ...

Unter Anregung des Königs Guntram von Burgund wurde am 23. Oktober 585 auf einer Synode in Mâcon unter fränkischen Bischöfen die Frage erörtert: „Sind Frauen Menschen?“ Die untergeordnete Stellung der Frau sei doch in der Bibel begründet. Man kam zu der Einsicht, auch Jesus habe seine Mutter als Mensch gesehen.

Um die Gleichberechtigung kämpfen nunmehr seit einigen Jahrhunderten Frauenbewegungen. In Europa seit der Französischen Revolution 1789, um mehr Selbstbestimmung und um freien Zugang zu Bildungseinrichtungen.

Zu einer ersten Versammlung für Frauenrechte kam es im Staat New York 1848, in der festgestellt wird, dass Frauen und Männer gleich geboren sind. 1919 wird das Wahlrecht eingefordert und eingeführt, unterschiedliche Sittengesetze für Frauen und Männer werden aufgehoben.

Nun treten auch zahlreiche Schriftstellerinnen für die Emanzipation ein, darunter die Britin Jane Austen (1775–1817), die britischen Geschwister Brontë (Mitte 1800), jedoch unter einem männlichen Pseudonym, in Preußen die Autorin Bettina von Arnim (1786–1859).

Zu Beginn des 20. Jahrhunderts kämpfen dann in den USA, in Frankreich, im Deutschen Reich und in England die „Suffragetten" für die politische, soziale und kulturelle Gleichstellung – für das Wahlrecht und gleiche Bildungschancen.

1901 öffnen sich erste Universitäten – Freiburg und Heidelberg in Deutschland – den Frauen. 1918 wird ihnen das Wahlrecht zugestanden. Der Deutsche Bundestag berät am 14.01.1954 über gleiche Rechte für Mann und Frau. Jahre später wird festgestellt: Das Übereinkommen der Vereinten Nationen zur Beseitigung jeder Form von Diskriminierung der Frau vom 18. Dezember 1979 stellt unmissverständlich klar, dass Frauenrechte Menschenrechte sind (Antrag von SPD und Grünen).

Ein Amsterdamer Vertrag der EU-Staaten verpflichtet 1999 zu einer aktiven Gleichstellungspolitik – das langsame Ende einer religiös begründeten Diskriminierung zeichnet sich ab.

Faktum 58

Missbrauch und Misshandlung von Kindern: Bibeltexte fordern extreme Gewalt und drastische Strafen gegen Kinder

2. Mose 21,15 Wer Vater oder Mutter schlägt, der soll des Todes sterben.

2. Mose 21,17 Wer Vater oder Mutter flucht, der soll des Todes sterben.

vgl. 2. Mose 20,12 / 5. Mose 5,16 / 5. Mose 27,16 / Mt 15,4

3. Mose 20,9 Wer seinem Vater oder seiner Mutter flucht, der soll des Todes sterben ...

4. Mose 31,17–18 So tötet nun alles, was männlich ist unter den Kindern, und alle Frauen, die nicht mehr Jungfrauen sind; aber alle Mädchen, die unberührt sind, die lasst für euch leben.

vgl. Ri 21,11–12 / 4. Mose 31,17–18

5. Mose 21,18–21 Wenn jemand einen eigenwilligen Sohn hat, der seines Vaters und seiner Mutter Stimme nicht gehorcht und, wenn sie ihn züchtigen, ihnen nicht gehorchen will ... und ein Prasser und Trunkenbold ... so sollen ihn steinigen alle Leute seiner Stadt, dass er sterbe ...

vgl. 5. Mose 27,16

Psalm 137,9 Wohl dem, der deine jungen Kinder nimmt und sie am Felsen zerschmettert!

vgl. Jes 13,16

Psalm 141,5 Der Gerechte schlage mich freundlich und weise mich zurecht; das wird mir wohltun wie Balsam auf dem Haupte.

Sprüche Salomos 3,11 Mein Sohn verwirf die Zucht des Herrn nicht und sei nicht ungeduldig, wenn er dich zurechtweist.

Sprüche 13,24 Wer seine Rute schont, der hasst seinen Sohn, wer ihn aber liebhat, der züchtigt ihn beizeiten.

Sprüche 15,5 Der Tor verschmäht die Zucht seines Vaters; wer aber Zurechtweisung annimmt, ist klug.

Sprüche 15,10 Den Weg verlassen, bringt böse Züchtigung, und wer Zurechtweisung hasst, der muss sterben.

Sprüche 19,18 Züchtige deinen Sohn, solange Hoffnung da ist, aber lass dich nicht hinreißen ihn zu töten.

vgl. 5. Mose 21,18–21, Todesstrafe

Sprüche 20,20 Wer seinem Vater und seiner Mutter flucht, dessen Leuchte wird verlöschen in der Finsternis.

Sprüche 20,30 Man muss dem Bösen wehren mit harter Strafe und mit ernsten Schlägen, die man fühlt.

Sprüche 22,15 Torheit steckt dem Knaben im Herzen; aber die Rute der Zucht treibt sie ihm aus.

Sprüche 23,13 Lass nicht ab, den Knaben zu züchtigen; denn wenn du ihn mit der Rute schlägst, so wird er sein Leben behalten.

Sprüche 29,15–17 Rute und Tadel gibt Weisheit; aber ein Knabe, sich selbst überlassen, macht seiner Mutter Schande. Züchtige deinen Sohn, so wird er dir Freude machen und deine Seele erquicken.

Sirach 30,1–13 Wer sein Kind liebhat, der hält es stets unter der Rute, dass er hernach Freude an ihm erlebe ... beuge ihm den Hals, solange es noch jung ist; und bleue ihm den Rücken, solange es noch klein ist ...

vgl. 1. Kor 11,32 / Hebr 12,5–11 / Offb 3,19

Nachkommen mit einem Fehler – einer Missbildung, Blindheit, entstelltem Gesicht u.Ä. – werden auch von Gott verachtet, sie entheiligen sein Heiligtum und dürfen somit nicht mit Feueropfern zum Altar kommen. 3. Mose 21,17–24

Solange diese Texte der Thora/Bibel als „wahres Wort Gottes“ proklamiert werden, ohne distanzierende Kommentare der Priesterschaft, ist es ein Aufruf zur Kindesmisshandlung, Gewalt wird dadurch legitimiert, widerspricht aber Anliegen einer humanen Gesellschaft.

Die Problematik dieser Texte wurde schon vom heiligen Kirchenlehrer Augustinus (354 bis 439) erkannt, in seinem Werk „Über die christliche Lehre“ mahnt er, Säuglinge und Kinder, wegen ihrer Unschuld, unter den Schutz Gottes zu stellen, die althergebrachte Gewohnheit, ihnen Schmerzen zuzufügen, aufzugeben.

Doch noch bis Ende des 19. Jahrhunderts herrschten der Rohrstock und eiserne Disziplin, besonders in Heimen und Schulen.

Durch die Drohung eines strafenden Gottes und im Namen des Herrn Jesus wurden die kleinen Seelen durch unbarmherzige Schwestern, die oft im fanatischen Glauben standen, gefügig gemacht, die Weidenruten galten als allabendliches Heilmittel – die christliche Nächstenliebe als illusorisch.

Im christlich geprägten Bayern wird diese drakonische Strafe erst 1980 verboten.

Seit geraumer Zeit werden nun die grausamen Erziehungsmethoden – lange gegen den Widerstand der katholischen Kirche – in katholischen Heimen – weltweit – aufgearbeitet. 2008 wird auch die Bundesregierung aktiv und zitiert die Kirche an einen Runden Tisch, mit der Zielsetzung einer Wiedergutmachung für die Schandtaten für die vielen Opfer.

2000 wird auch die Prügelstrafe von Eltern an Kindern in Deutschland verboten.

Für Martin Luther – der die Bibel immer als Gottes Wort angesehen hatte – waren Kinder mit einem entstellten Gesicht, blödsinnige und geisteskranke „Teufelskinder“ – im Nationalsozialismus führte es zur Euthanasie.

Faktum 59

Beschneidung von Kindern

Die operative Entfernung der Vorhaut des männlichen Gliedes war im Altertum bei fast allen Völkern Mesopotamiens ein kultisches Ritual. Gegenwärtig wird dieser Brauch noch bei zahlreichen Naturvölkern praktiziert. In der jüdischen Religion fand dies zur Zeit der babylonischen Gefangenschaft um 580 v.u.Z. als sakramentales Zeichen des Bundes Aufnahme in deren heiligen Schriften, Gott Jahwe erkennt daran sein auserwähltes Volk. Für die abrahamischen Religionen – Judentum, Christentum und Islam – ist die Beschneidung eine göttliche Pflicht, in zahlreichen Regionen unterliegen auch Mädchen diesem rituellen Brauch, ihnen wird die Klitoris entfernt.

1. Mose 17,9–14 Und Gott sprach zu Abraham: So haltet nun meinen Bund, du und deine Nachkommen von Geschlecht zu Geschlecht. Das aber ist mein Bund, den ihr halten sollt zwischen mir und euch und deinem Geschlecht nach dir: Alles, was männlich ist unter euch, soll beschnitten werden; eure Vorhaut sollt ihr beschneiden. Das soll das Zeichen sein des Bundes zwischen mir und euch. Jedes Knäblein, wenn's acht Tage alt ist, sollt ihr beschneiden bei euren Nachkommen. Desgleichen auch alles, was an Gesinde im Hause geboren oder was gekauft ist (Sklaven) von irgendwelchen Fremden, die nicht aus eurem Geschlecht sind. Beschnitten soll werden alles Gesinde, was dir im Hause geboren oder was gekauft ist. Und so soll mein Bund an eurem Fleisch zu einem ewigen Bund werden. Wenn aber ein Männlicher nicht beschnitten wird an seiner Vorhaut, wird er ausgerottet werden aus seinem Volk, weil er meinen Bund gebrochen hat.

Auszüge bei:

1. Mose 17,23–27 ... Abraham beschnitt alles in seinem Hause ... und Abraham war neunundneunzig Jahre, als seine Vorhaut beschnitten wurde ...

2. Mose 12,44–48 Ist er ein gekaufter Sklave, so beschneide man ihn; dann darf er davon essen ... Wenn ein Fremdling bei dir wohnt und dem Herrn das Passa halten will, der beschneide alles, was männlich ist; alsdann trete er herzu, dass er es halte, und er sei wie ein Einheimischer des Landes. Aber ein Unbeschnittener darf nicht davon essen.

vgl. 1. Mose 21,4 / 1. Mose 34,14–27 / 2. Mose 4,25–26 / 3. Mose 12,3 / 3. Mose 26,41 / 5. Mose 10,16 / 5. Mose 30,6 / Jos 5,2–5 / Ri 14,3 / 1. Sam 17,26.36 / 1. Sam 18,25–27 / 2. Sam 1,20 / Jer 4,4 / Jer 9,24–25 / Hes 32,25 / Joh 7,22–23 / Apg 7,8 / Apg 15,1 / Apg 16,3 / Apg 21,21

Nur im Lukas-Evangelium 2,21 wird die Beschneidung Jesu bezeugt: Und als acht Tage um waren und man das Kind beschneiden musste, gab man ihm den Namen Jesu, wie er genannt war von dem Engel, ehe er im Mutterleib empfangen war. (Lk 1,59)

Nach Jes 7,14 und Mt 1,23 sollte Jesus allerdings „Immanuel“ genannt werden, das heißt übersetzt: Gott ist mit uns.

Dazu heißt es im katholischen Katechismus Nr. 527:

Die Beschneidung Jesu am achten Tag nach seiner Geburt ist Zeichen dafür, dass er in die Nachkommenschaft Abrahams, in das Bundesvolk eingegliedert, dem Gesetz unterworfen und zum Kult ISRAELS bestellt ist, an dem er während seines ganzen Lebens teilnehmen wird. Sie ist ein Vorzeichen der „Beschneidung, die Christus gegeben hat“: „der Taufe“ (Kol 2,11–12).

Beim Apostelkonzil um 48/49 u.Z. in Jerusalem kam es zu ersten

Konflikten der christlichen Führer, die ersten der unzähligen Streitfragen um die Auslegung, Interpretation und Deutung, die sich nun schon seit über 2000 Jahren fortsetzen – in Jerusalem galt die Frage nach der Beschneidung. Die christlichen Führer hatten sich darauf geeinigt, dass eine Beschneidung nach mosaischen Gesetzen für Christen nicht notwendig war. Die Judenchristen bestanden jedoch darauf, wer Christ werden wollte, musste Jude werden und sich als Mann beschneiden lassen und alle Gebote des Moses halten: Wenn ihr euch nicht beschneiden lasst nach der Ordnung des Moses, könnt ihr nicht selig werden. Apostelgeschichte 15,1–21 (Gal 2,11–21)

Paulus und Barnabas verfassen dagegen ein Apostеldekret, nachdem Heiden, die zum Christentum übertreten, sich nicht mehr beschneiden müssen, sie sind nicht mehr an das alttestamentliche jüdische Gesetz gebunden.

Für das Christentum war nun die Beschneidung durch den heiligen Apostel Paulus aufgehoben, im Brief an die Galater 5,6 schreibt er: Denn in Christus Jesus gilt weder Beschneidung noch Unbeschnittensein etwas, sondern der Glaube, der durch die Liebe tätig ist.

Er stand somit im Widerspruch zur göttlichen Beschneidung – oder hatte Gott sich gar bei der Schöpfung des Mannes geirrt, wo doch der Mensch eigentlich sein Ebenbild ist (1. Mose 1,27)

vgl. Röm 2,25–29 / Röm 3,1–2 / Röm 3,30 / Röm 4,9–12 / 1. Kor 7,18–20 / Gal 2,3 / Gal 6,15 / Phil 3,3 / Kol 2,11

Der angebliche Wille Gottes wäre auch eine Verstümmelung der eigenen Schöpfung.

Die Beschneidung – ob Jungen oder Mädchen – ist ein kulturelles Ritual und religiöses Grundübel, es ist ein Missbrauch und schwerste Körperverletzung von Schutzbefohlenen, von wehrlosen und hilflosen Kindern mit physischen und psychischen Problemen für ein ganzes Leben.

Bei Frauen sollte die rituelle Beschneidung, die Entfernung der lustempfindlichen Geschlechtsteile scheinbar zu sexuellem Desinteresse führen und somit der ehelichen Treue dienen.

Für Frauen ist das Zeichen einer Bündnispartnerschaft mit Gott scheinbar nicht möglich?!

Eines scheint auch noch recht wunderlich zu sein, über zehn Vorhäute soll Jesus der Nachwelt überlassen haben, in verschiedenen Kapellen, Klöstern und Kirchen werden sie als anbetbare Reliquien hoch verehrt.

Übrigens: Jesus wurde beschnitten, er war somit ein Jude, kein Christ.

Faktum 60

Mit Gottes Segen – heilige und gerechte Kriege, über drei Jahrtausende: Kriegsgott Jahwe streitet für sein auserwähltes Volk

1. Mose 17,8 Und ich will dir und deinem Geschlecht – Abram/Abraham – nach dir das Land geben, darin du ein Fremdling bist, das ganze Land Kanaan, zu ewigem Besitz, und will ihr Gott sein.
vgl. 1. Mose 28,13 / 1. Mose 35,10–12 / 2. Mose 3,8

2. Mose 23,27–28 Ich will meinen Schrecken vor dir her senden und alle Völker verzagt machen, wohin du kommst, und will geben, dass alle deine Feinde vor dir fliehen.
Ich will Angst und Schrecken vor dir her senden, die vor dir her vertreiben, die Hiwiter, Kanaaniter und Hetiter.
vgl. 2. Mose 33,1–2 / 2. Mose 34,11–12 / 3. Mose 18,24 / 4. Mose 21,3 / 4. Mose 24,8 / 4. Mose 31,7 / 4. Mose 33,50–56 / 4. Mose 34,1–15 / 5. Mose 1,8–10 / 5. Mose 2,15–37 / 5. Mose 6,10

5. Mose 7,1–3 Wenn dich der Herr, dein Gott, ins Land bringt, in das du kommen wirst, es einzunehmen, und er ausrottet viele Völker vor dir her, die Hetiter, Girgaschiter, Amoriter, Kanaaniter, Persiter, Hiwiter und Jebusiter, sieben Völker, die größer und stärker sind als du, und wenn sie der Herr, dein Gott, vor dir dahingibt, dass du sie schlägst, so sollst du an ihnen den Bann vollstrecken. Du sollst keinen Bund mit ihnen schließen und keine Gnade gegen sie üben und sollst dich mit ihnen nicht verschwägern; eure Töchter sollt ihr nicht geben ihren Söhnen, und ihre Töchter sollt ihr nicht nehmen für eure Söhne.
vgl. 2. Mose 34,15–16 / 5. Mose 7,15–16 / 5. Mose 8,20 / 5. Mose

9,3–6 / 5. Mose 11,23–25 / 5. Mose 31,2–8 / Ps 3,8 / Ps 9,6

5. Mose 12,2–3 Zerstört alle heiligen Stätten, wo die Heiden, die ihr vertreiben werdet, ihren Göttern gedient haben, es sei auf hohen Bergen, auf Hügeln oder unter grünen Bäumen, und reißt um ihre Altäre und zerbrecht ihre Steinmale und verbrennt mit Feuer ihre heiligen Pfähle, zerschlagt die Bilder ihrer Götzen und vertilgt ihren Namen von jener Stätte.
vgl. 5. Mose 12,29–31 / 5. Mose 19,1

Kriegsgesetze für die Israeliten:

5. Mose 20,16–17 Aber in den Städten dieser Völker hier, die dir der Herr, dein Gott, zum Erbe geben wird, sollst du nichts leben lassen, was Odem hat, sondern sollst an ihnen den Bann vollstrecken ... über dich wird niemand herrschen ...
vgl. 5. Mose 15,3–8 / 5. Mose 32,40–43 / Jos 10,40 / Jos 13,6 / 1. Sam 15,3–8

1. Samuel 27,9 Und sooft David in das Land einfiel, ließ er weder Mann noch Frau leben und nahm mit Schafe, Rinder, Esel, Kamele und Kleider und kehrte wieder zurück.
(Jesus gilt als Nachfolger Davids, der David-Stern ist ein Symbol für den Staat Israel.)

Psalm 9,6 Du schillst die Heiden und bringst die Gottlosen um; ihren Namen vertilgst du auf immer und ewig.

Psalm 10,16 Der Herr ist König immer und ewig; die Heiden sollen verschwinden.

Psalm 11,6 Er (Gott) wird regnen lassen über die Gottlosen Feuer und Schwefel und Glutwind ihnen zum Lohne geben.
vgl. 1. Mose 19,24 / 5. Mose 29,22 / Jes 1,9–10 / 2. Petr 2,6 / Offb 14,10

Psalm 106,34 Auch vertilgten sie die Völker nicht, wie ihnen der Herr doch geboten hatte.

Es stellt sich nun die Frage: Hat Gott Jahwe sein auserwähltes Volk verlassen und vergessen, er streitet nicht mehr für das Volk der Hebräer/Israeliten, das Land Kanaan/Palästina ist längst nicht im ewigen Besitz, der Thron/Dynastie/Geschlecht Davids seit nunmehr 2500 Jahren erloschen, des Unfriedens kein Ende und Jerusalem – die Friedensreiche – eine Superlative an Feindseligkeit, Palästina, ein Land wohl ohne Milch und Honig.

Faktum: Der ausgebliebene Schutz Gottes für sein heiliges und auserwähltes Volk, kein Heiland, Erlöser und Erretter für das jüdische Volk:

722 v.u.Z. die Eroberung durch die Assyrer.

597 bis 587 die babylonische Sklaverei unter König Nebukadnezar und die Zerstörung Jerusalems.

Um 332 erobert Alexander der Große Palästina.

63 v.u.Z. erobern die Römer Jerusalem.

37 bis 4 v.u.Z. ist der röm. Vasall Herodes der Große König in Jerusalem.

70 u.Z. zerstört der röm. Kaiser Titus Tempel und Stadt Jerusalem, zu dessen Ehren in Rom der Titus-Bogen.

Seitdem eine über Jahrhunderte ewige Drangsal und Unfrieden, Verfolgung und Vertreibung für das geschundene und geplagte Volk der Juden – bis zum Holocaust – hat Gott sein Volk vergessen?

Mit dem Segen der Kirchen – heilige und gerechte Kriege, 2000 Jahre.

Kirchenlehrer Augustinus (354–430): „Was hat man denn gegen den Krieg? Etwa dass Menschen, die doch einmal sterben müssen, dabei umkommen?“

Papst Urban II. (Rom, 27.11.1095). Aufruf zum Kreuzzug gegen die Seldschuken: „Gott will es“. Den Kreuzfahrern wurde der Ablass ihrer

Sünden und der Schutz ihrer Habe während ihrer Abwesenheit versprochen, kehrten sie jedoch nicht zurück, so verfiel ihr Vermögen der Kirche.

Abt Bernhard von Clairvaux, 1148 – Aufruf zum Kreuzzug gegen die „Heiden".

Papst Gregor VIII. 10. 06. 1190 – Ruft zum Dritten Kreuzzug auf, um die heiligen Stätten vor den Ungläubigen zu retten. Sultan Saladin versichert den Christen Pilgerbesuche in Jerusalem.

Papst Innozenz III. ruft zum Kreuzzug gegen die Albigenser auf.

1209 – Kampf der Christen gegen die Ungläubigen in der heiligen Stadt Jerusalem.

Rheinland/Lothringen – Kinderkreuzzug, Tausende junger Leute brechen 1212 mit Klerikern zum Kreuzzug nach Jerusalem auf. Jerusalem werden sie nicht erreichen, für einen Teil der „Kreuzfahrer" endet das Abenteuer in der Sklaverei.

Der römisch-deutsche Kaiser Friedrich II. löst mit dem Aufbruch zum Fünften Kreuzzug 1227 ein Kreuzzugsgelübde ein, unter Papst Gregor IX.

Der französische König Ludwig IX., der Heilige, führt 1250/1251 den Sechsten Kreuzzug.

Der Siebente Kreuzzug 1270, Ludwig IX. will den Sultan von Tunis bekehren.

Thomas von Aquin, Dominikaner und heiliger Kirchenlehrer, um 1225 bis 1274: „In solch einem Krieg ist es christlich und ein Werk der Liebe, die Feinde getrost zu würgen, zu rauben, zu brennen (Lk 19,27).

Martin Luther 1541: „Darum führen wir einen gottseligen Krieg wider die Türken und sind heilige Christen und sterben seliglich."

„Mit Gottes Segen in die Hölle", der Dreißigjährige Krieg, 1618 bis 1648.

Der Erste Weltkrieg wird in Berlin mit dem Choral: „Nun danket alle Gott" angestimmt.

Auszüge aus Predigten katholischer Wehrmachtspfarrer unter Hitler: „Wie viele Soldaten gehen auf dem Schlachtfeld in ihrem Blute lächelnd ein in die Ewigkeit.“ – „Lächelnd schreiten wir zum Opfergang ... weil auch Christus den Tod starb in einer unbegreiflichen, unfassbaren Tiefe.“

Die deutschen Bischöfe am 10. Dezember 1941:
„Wir haben immer wieder und noch im Hirtenbrief des Sommers unseren Gläubigen zu treuer Pflichterfüllung, zu tapferem Ausharren, opferbereitem Arbeiten und Kämpfen im Dienste unseres Volkes in schwerster Kriegszeit eindringlichst aufgerufen. Mit Genugtuung verfolgen wir den Kampf gegen die Macht des Bolschewismus ...“

Papst Pius XII. in seiner Weihnachtsbotschaft 1942:
„Ihr freiwilligen Kreuzfahrer einer neuen und edlen Gesellschaft, erhebt die neue Standarte der moralischen und christlichen Erneuerung, erklärt der Finsternis einer sich von Gott lösenden Welt den Krieg.“

Zur Motivation der Soldaten durch Klerus und Staat:
Erster Weltkrieg: „Für Gott, Vaterland und Herrscher.“
Kaiser Wilhelm II.: „Gott ist mit uns.“
Soldateneid: „Ich schwöre bei Gott ... diesen heiligen Eid ...“
Am Koppel der Sodaten: „Gott mit uns“. (Nicht mehr in der Bundeswehr.)
Im Gepäck der Soldaten: ein Gesangbuch.
Eine „Segnung“ für die Waffen der Soldaten.

Kriege waren somit auch immer im besonderen Interesse der abrahamischen Religionen, der Kirchen, galt es doch im Namen Gottes ihren Einfluss auszubreiten.

Die Friedensfähigkeit war aus der Historie und Tradition bei der

Priesterschaft wenig ausgeprägt. Dabei hätte gerade sie als eigentliche und angebliche „ethische und moralische Instanz“, als Vobild und Autorität, die Möglichkeit gehabt, dem Volk Frieden zu predigen, sie hätten viel Unheil verhüten können, dass sie es nicht taten, dafür gibt es keine Entschuldigung.

Es wurde nur ganz vereinzelt Widerspruch gegen die angeblich heiligen und gerechten Kriege erhoben – und diese dann fast immer ohne Unterstützung von der Institution Kirche.

Dabei sollte nach Jesaja 9,5–6 der „Friede-Fürst“ (Jesus) eigentlich schon „des Friedens kein Ende“ auf Erden erbringen.

Dazu Alt-Kanzler Helmut Schmidt: „Priester und Pastoren, Rabbis und Mullahs haben allzu selten versucht, religiöser Feindschaft entgegenzutreten ...“

Die Priesterschaft – gleich welcher Religion – ist einfach nicht in der Lage, ihre Zöglinge zu zügeln.

Im katholischen Katechismus unter Nr. 812:
„... wie das Erste Vatikanische Konzil sagt, ist die Kirche ‘wegen ihrer wunderbaren Ausbreitung, außerordentlicher Heiligkeit und unerschöpflichen Fruchtbarkeit an allem Guten’ ... unbesiegten Beständigkeit ... der Glaubwürdigkeit ein unwiderlegbares Zeugnis ihrer göttlichen Sendung“.
Nr. 846: „Außerhalb der Kirche kein Heil“.
Realität: 2000 Jahre Unfrieden im Namen Gottes.

Der „Friede-Fürst“ Jesus, ein wahrer Prophet: Matthäus 10,34: Ihr sollt nicht meinen, dass ich gekommen bin, Frieden zu bringen auf die Erde. Ich bin nicht gekommen, Frieden zu bringen, sondern das Schwert.

vgl. Mt 24,6 / Lk 12,51–53 / Lk 14,26 / Lk 21,9–10 / Joh 14,27

Faktum 61

Kein Erbarmen für Gottlose und Ungläubige: Ausrotten – Verbrennen – Austilgen – Hölle – Kreuzzüge – Inquisition

3. Mose 24,10–23 Den Namen des Herrn lästern und fluchen: steinigen.

4. Mose 24,8 Gott wird die Völker, seine Verfolger, auffressen und ihre Gebeine zermalmen und mit seinen Pfeilen zerschmettern ...

5. Mose 7,1–26 Warnung vor Gemeinschaft mit den Heiden.

Wenn dich der Herr, dein Gott, ins Land bringt, in das du kommen wirst, es einzunehmen, und er ausrottet viele Völker vor dir her, die Hetiter, Girgaschiter, Armoriter, Kanaaniter, Perisiter, Hiwiter und Jebusiter, sieben Völker, die größer und stärker sind als du, und wenn sie der Herr, dein Gott, vor dir dahingibt, dass du sie schlägst, so sollst du an ihnen den Bann vollstrecken. Du sollst keinen Bund mit ihnen schließen und keine Gnade gegen sie üben ...

vgl. 2. Mose 19,5–16 / 5. Mose 31,1–8

5. Mose 12,2–3 Zerstört alle heiligen Stätten, wo die Heiden, die ihr vertreiben werdet, ihren Göttern gedient haben, es sei auf hohen Bergen, auf Hügeln oder unter grünen Bäumen.

vgl. 5. Mose 17,1–7

Hiob 18,5 Dennoch wird das Licht der Gottlosen verlöschen, und der Funke seines Feuers wird nicht leuchten.

vgl. Spr 13,9

Hiob 38,15 Und den Gottlosen wird ihr Licht genommen und der erhobene Arm zerbrochen werden.

vgl. Ps 37,17

Psalm 3,8 ... Denn du schlägst alle meine Feinde auf die Backe und zerschmetterst der Gottlosen Zähne ...

Psalm 9,6 Du schillst die Heiden und bringst die Gottlosen um ...

Psalm 10,16 Der Herr ist König immer und ewig; die Heiden sollen aus seinem Lande verschwinden.

Psalm 11,6 Er wird regnen lassen über die Gottlosen Feuer und Schwefel und Glutwind ihnen zum Lohne geben.

Vgl. 1. Mose 19,24 / 5. Mose 29,22 / Lk 17,29 / Offb 14,10

Psalm 37,28 ... aber das Geschlecht der Gottlosen wird ausgerottet ...

vgl. Ps 37,38

Psalm 37,34 ... du wirst es sehen, dass die Gottlosen ausgerottet werden ...

Psalm 58,1–12 Die Gottlosen sind abtrünnig vom Mutterschoß an ... Gott zerbricht ihnen die Zähne im Maul ... der Gerechte wird sich freuen, wenn er solche Vergeltung sieht, und wird seine Füße baden in des Gottlosen Blut ...

Psalm 94,13 ... bis dem Gottlosen die Grube gegraben ist ...

Psalm 104,35 Die Sünder sollen ein Ende nehmen auf Erden und die Gottlosen nicht mehr sein.

Psalm 106,18 ... und Feuer wurde unter ihrer Rotte angezündet, die Flamme verbrannte die Gottlosen.

vgl. Offb 18,8

Psalm 106,34 Auch vertilgten sie die Völker nicht, wie ihnen der Herr geboten hatte.

Psalm 110,6 Er wird richten unter den Heiden, wird viele erschlagen, wird Häupter zerschmettern ...

Sprüche 10,27 Die Furcht des Herrn mehrt die Tage; aber die Jahre der Gottlosen werden verkürzt.

vgl. Spr 3,2

Jesaja 1,28 ... die den Herrn verlassen werden umkommen ...

vgl. Jes 3,11 / Jes 13,9–16

Jesaja 11,4 ... mit dem Odem seiner Lippen den Gottlosen töten ...

Jesaja 34 Gottes Strafgericht ...

Sirach 16,7 Das Feuer verbrannte den ganzen Haufen der Gottlosen, und der Zorn ging an über die Ungläubigen.

2. Thess 2,8 ... ihn wird der Herr Jesus umbringen mit dem Hauch seines Mundes und wird ihm ein Ende machen durch seine Erscheinung, wenn er kommt.

Lukas 19,27 Jesus: Doch diese meine Feinde, die nicht wollten, dass ich ihr König werde, bringt her und macht sie vor mir nieder / erwürget sie vor mir.

Faktum 62

Die vermeintlichen Ansprüche Gottes auf Blutopfer: Menschen – Tiere – Jesus

Die in der Frühzeit aus kulturellen und religiösen Gründen praktizierten Opferungen von Menschen, die Darbringung zur Reinigung von Sünden, zur Beschwichtigung von Göttern und Dämonen in der Erwartung von Gnade, Güte und Errettung aus großer Not und Elend, waren ein fester Bestandteil des Denkens der damals Lebenden.

Im Verlauf der Höherentwicklung und der humanen und ethischen Sensibilisierung soll den der damaligen Vielgötterei dargebrachten grausamen und sinnlosen Menschen- und Tieropferungen Einhalt geboten werden, dem Ein-Gott Jahwe soll als liebem, gütigen und friedlichen Gott zum Durchbruch verholfen werden.

Dem Gott Baal – alias Moloch – ein Inbegriff unersättlicher Opferungen, wurden nach dem Alten Testament, wie auch vergleichsweise von den Azteken oder Maya in Amerika bekannt, Menschenopfer dargebracht.

Nach der Thora wurden die Kinder bei lebendigem Leib in speziell entwickelten Öfen verbrannt. Die Priesterschaft zelebrierte die grausamen Opferungen, sie übertönte das Geschrei der sterbenden Kinder mit lärmender Musik.

Jeremia 32,34–35 Dazu haben sie ihre gräulichen Götzen in das Haus gesetzt, das nach meinem Namen genannt ist, dass sie es unrein machten, und haben die Höhen des Baal gebaut im Tal Ben-Hinnom, um ihre Söhne und Töchter für den Moloch durchs Feuer ge-

hen zu lassen, was ich ihnen nicht befohlen habe, und es ist mir nie in den Sinn gekommen, dass sie solchen Gräuel tun sollten, um Juda in Sünde zu bringen.
vgl. 2. Kön 3,27 / 2. Kön 17,16–17 / Ps 106,37

3. Mose 20,1–5 Der Herr redete mit Mose, sage den Israeliten: Wer unter den Israeliten oder den Fremdlingen in Israel eins seiner Kinder dem Moloch gibt, der soll des Todes sterben; das Volk soll ihn steinigen.
vgl. 3. Mose 18,21 / 5. Mose 18,10 / 2. Kön 21,6 / 2. Kön 23,10 / Jer 7,31 / Jer 19,5 / Hes 16,19–22 / Hes 20,26 / Apg 7,43

Die Ansprüche Gottes auf Opfer

Die Erträge von Vieh, Getreide, Wein, Öl und Erstlingsopfern werden jetzt als Ersatz von Menschenopfern als Rauch-, Brand-, Sühne-, Schuld-, Dank- und Blutopfer – bei guter Qualität zum Wohlgefallen Gottes eingesetzt.

1. Mose 22,2–13 ... Abraham ... Gott wird sich ersehnen ein Tier als Brandopfer – als Ersatz für Isaak ...

1. Mose 4,2–16 Und Abel (Hirte) brachte von den Erstlingen seiner Herde und von ihrem Fett. Und der Herr sah gnädig an Abel und sein Opfer, aber Kain (Ackermann) und sein Opfer, die Früchte seines Feldes, sah er nicht gnädig an ...

1. Mose 8,20–22 Noah aber baute dem Herrn einen Altar und nahm von allem reinen Vieh und von allen reinen Vögeln und opferte Brandopfer auf dem Altar. Und der Herr roch den lieblichen Geruch und sprach in seinem Herzen:
Ich will hinfort nicht mehr die Erde verfluchen um der Menschen willen; denn das Dichten und Trachten des menschlichen Herzens ist böse von Jugend auf. Und ich will hinfort nicht mehr schlagen alles, was da lebt, wie ich getan habe.

(Mt 5,48: Darum sollt ihr vollkommen sein, wie euer Vater im Himmel vollkommen ist.)

2. Mose 12 Einsetzung des Passafestes – Erlösung, Verschonung – ein jüdisches Fest am ersten Frühlingsmond zur Erinnerung des legendären Auszugs (Exodus) der Israeliten aus Ägypten.

2. Mose 12,5–11 Ihr sollt aber ein solches Lamm (Jesus als Sühne-, Passa-Lamm Gottes, Joh 1,29) nehmen, an dem kein Fehler ist, ein männliches (kein weibliches) Tier, ein Jahr alt. Von den Schafen und Ziegen sollt ihr's nehmen und sollt es verwahren bis zum vierzehnten des Monats. Da soll es die ganze Gemeinde Israel schlachten gegen Abend ... es ist des Herrn Passa ...
vgl. 1. Kor 5,7

2. Mose 20,24–26 Einen Altar von Erde mache mir, auf dem du dein Brandopfer und Dankopfer, deine Schafe und Rinder, opferst. An jedem Ort, wo ich meines Namens gedenken lasse, da will ich zu dir kommen und dich segnen ... du sollst auch nicht auf Stufen zu meinem Altar hinaufsteigen, dass nicht deine Blöße aufgedeckt werde vor ihm.
vgl. 2. Mose 24,4–11 / 2. Mose 29,1–46

2. Mose 23,17–19 Dreimal im Jahre soll erscheinen vor dem Herrn, dem Herrscher, alles, was männlich (nicht weiblich) ist unter dir ... das Beste von den Erstlingen deines Feldes sollst du in das Haus des Herrn, deines Gottes bringen ... du sollst das Böcklein nicht kochen in seiner Mutter Milch ...
vgl. 5. Mose 15,19–23 / 5. Mose 26,1–11

3. Mose 1,1–17 ... Will er ein Brandopfer darbringen von Rindern, so opfere er ein männliches Tier, das ohne Fehler ist, vor der Tür der Stiftshütte, damit es ihn wohlgefällig mache vor dem Herrn, und lege seine Hand auf den Kopf des Brandopfers, damit es ihn wohlgefällig mache und für ihn Sühne schaffe ... sollen das Blut herzubringen und ringsum an den Altar sprengen ... die Eingeweide aber und die Schenkel soll er mit Wasser waschen, und der Priester soll das alles auf dem Altar in Rauch aufgehen lassen ... das ist ein Brandopfer, zum lieblichen Geruch für den Herrn ...

vgl. 3. Mose 2 bis 7: Opfergesetze / Jes 56,7

3. Mose 7,1–2 ... es ist ein Hochheiliges: An der Stätte, wo man das Brandopfer schlachtet, soll man auch das Schuldopfer schlachten und sein Blut ringsum an den Altar sprengen ...

vgl. 3. Mose 7,37–38 / 3. Mose 8,21 / 3. Mose 14 / 4. Mose 10,10

Nach diesen Texten hat Gott ein Wohlgefallen an der Opferung der eigenen Schöpfung – als Erlösung und Erlabung seines auserwählten Volkes. Der „Sündenbock", eine wundersame Vergebung.

Lukas 2,22–24 Und als die Tage ihrer Reinigung nach dem Gesetz des Mose um waren, brachten sie ihn (Jesus) nach Jerusalem, um ihn dem Herrn darzustellen, wie geschrieben steht im Gesetz des Herrn (2. Mose 13,2.15): „Alles Männliche, das zuerst den Mutterschoß durchbricht, soll dem Herrn geheiligt heißen", und um das Opfer darzubringen, wie es gesagt ist im Gesetz des Herrn: „ein Paar Turteltauben oder zwei junge Tauben".

vgl. 3. Mose 12,1–8 / 4. Mose 18,15–17 / 4. Mose 28 u. 29

Hebräer 9,20–22 „Das ist das Blut des Bundes, den Gott euch (Israeliten) geboten hat" ... und es wird fast alles mit Blut gereinigt nach dem Gesetz, und ohne Blutvergießen geschieht keine Vergebung.

vgl. 1. Mose 9,6 / 2. Mose 21,12 / 2. Mose 24,8 / 3. Mose 17,11 / 3. Mose 24,17 / 4. Mose 35,33 / Offb 12,11 u. 13,10

Matthäus 26,26–28 Als sie aber aßen, nahm Jesus das Brot, dankte und brach's und gab's den Jüngern und sprach: Nehmet, esset; das ist mein Leib. Und er nahm den Kelch und dankte, gab ihnen den und sprach: Trinket alle daraus; das ist mein Blut des Bundes, das vergossen wird für viele zur Vergebung der Sünden.

vgl. 2. Mose 24,8 / Jer 31,31–34 / Mk 14,22–24 / Lk 22,19–20 / Joh 6,54–58 / 1. Kor 11,23–25 / Hebr 9,13–16

Dagegen:

Matthäus 26,39–42 Und er ging ein wenig weiter, fiel nieder auf sein Angesicht und betete und sprach: Mein Vater, ist's möglich, so gehe dieser Kelch an mir vorüber; doch nicht wie ich will, sondern wie du willst!

vgl. Mk 10,38 / Mk 14,36 / Joh 6,38 / Joh 18,11 / Hebr 5,8 (Jes 53,4–6)

Dazu im katholischen Katechismus Nr. 1333 bis 1344, Auszüge:
Die Eucharistie in der Heilsökonomie. Die Zeichen von Brot und Wein. In der Eucharistiefeier werden Brot und Wein durch die Worte Christi und die Anrufung des Heiligen Geistes zu Leib und Blut Christi gewandelt ... das Zeichen der Verwandlung von Wasser zu Wein in Kana kündigt bereits die Stunde der Verherrlichung Jesu an ... dieser Kelch ist der Neue Bund in meinem Blut ...

Jesus als Opfergabe an Gott für unsere Sünden, die Sünden der Welt – Dazu der katholische Katechismus Nr. 599 bis 623 / 2099 bis 2100, Auszüge:
Der Erlösertod Christi im göttlichen Heilsplan ... Gott hat ihn „für uns zur Sünde gemacht" ... Christus hat sich für unsere Sünden seinem Vater dargebracht ... das Lamm, das die Sünde der Welt hinwegnimmt ... (Erbsünde, die Ursünde) ... der Tod Christi ist das einzige und endgültige Opfer ... der Tod Christi ist das österliche Opfer, worin „das Lamm Gottes, das die Sünde der Welt hinwegnimmt" (Joh 1,29) ... Christus ist für unsere Sünden gestorben, gemäß der Schrift (1. Kor 15,3) ... Jesus hat sich zu unserem Heil freiwillig dargebracht ... es ist richtig, Gott Opfer darzubringen zum Zeichen der Anbetung ...

vgl. Jes 53,4–5 / Mt 20,28 / Joh 13,1 / 1. Petr 1,19–21

Gottes wundersamer Sinneswandel:

Jesaja 1,11–13 Was soll mir die Menge eurer Opfer? spricht der Herr. Ich bin satt der Brandopfer von Widdern und des Fettes von Mastkälbern und habe kein Gefallen am Blut der Stiere, der Lämmer und Böcke ... bringt nicht mehr dar so vergebliche Speisopfer! Das Räucherwerk ist mir ein Gräuel! Neumonde und Sabbate, wenn ihr zusammenkommt, Frevel und Festversammlung mag ich nicht ... *vgl. 4. Mose 10,10 / 1. Sam 15,22 / Ps 40,7–9 / Ps 50,8–13 / Spr 15,8 / Jer 6,20 / Jer 7,21–23 / Am 5,21–23 / Mi 6,6–8 / Sirach 34,21–23 / Mt 9,13 / Mt 12,7 / Mk 12,33*

Jesaja 66,3 Wer einen Stier schlachtet, gleicht dem, der einen Mann erschlägt; wer ein Schaf opfert, gleicht dem, der einem Hund das Genick bricht; wer ein Speisopfer bringt, gleicht dem, der Schweineblut spendet; wer Weihrauch anzündet, gleicht dem, der Götzen verehrt: wahrlich, wie sie Lust haben an ihren eigenen Wegen und ihre Seele Gefallen hat an ihren Gräueln.

Hosea 6,6 Denn ich habe Lust an der Liebe und nicht am Opfer, an der Erkenntnis Gottes und nicht an Brandopfern.

Sirach 30,19 Denn was ist dem Götzen das Opfer nütze? Kann er doch weder essen noch riechen.

Hebräer 10,1–18 ... denn es ist unmöglich, durch das Blut von Stieren und Böcken Sünden wegzunehmen ... Brandopfer und Sündopfer gefallen dir nicht ... Opfer und Gaben, Brandopfer und Sündopfer hast du nicht gewollt, sie gefallen dir auch nicht ... obwohl sie doch nach dem Gesetz geopfert werden ...

Das Schächten – Verbot des Genusses von Blut, weil das Blut des Trägers des Gott gehörenden Lebens ist:

1. Mose 9,4 Allein esset das Fleisch nicht mit seinem Blut, in dem sein Leben ist ... sondern du sollst das Blut auf die Erde gießen wie Wasser ... *vgl. 3. Mose 7,26–27 / 3. Mose 19,26 / 5. Mose 12,23–31*

3. Mose 17,10–14 Und wer vom Hause Israel oder von den Fremdlingen unter euch irgendwelches Blut isst, gegen den will ich mein Antlitz kehren und will ihn aus seinem Volk ausrotten ...
vgl. Apg 15,20.29 / Apg 21,25

2. Mose 22,30 Ihr sollt mir heilige Leute sein; darum sollt ihr kein Fleisch essen, das auf dem Felde von Tieren zerrissen ist, sondern es vor die Hunde werfen.

5. Mose 14,21 Ihr sollt kein Aas essen; dem Fremdling in deiner Stadt darfst du's geben, dass er's esse oder dass er's verkaufe an einen Ausländer; denn du bist ein heiliges Volk dem Herrn, deinem Gott. Du sollst das Böcklein nicht kochen in der Milch seiner Mutter.

Opfertiere werden nach jüdischer und islamischer Speisevorschrift durch eine rituelle Schlachtung getötet. Das Tier muss dabei völlig ausbluten, auch noch in der Gegenwart in Deutschland praktiziert, trotz Widerspruch zum Tierschutz.

Faktum 63

Das Zölibat, pflichtmäßige Ehelosigkeit aus religiösen Gründen: Wider die Natur – wider Gottes Willen

1. Mose 2,18 Es ist nicht gut, dass der Mensch allein sei; ich will ihm eine Gehilfin machen, die um ihn sei.

3. Mose 21,7 Gesetz für die Priester: Sie sollen keine Hure zur Frau nehmen noch eine, die nicht mehr Jungfrau ist oder die von ihrem Manne verstoßen ist; denn sie sind heilig vor Gott.

3. Mose 21,13–15 Eine Jungfrau soll er zur Frau nehmen, keine Witwe oder Verstoßene oder Entehrte oder Hure, sondern eine Jungfrau seines Volks soll er zur Frau nehmen, damit er seine Nachkommen nicht entheilige unter seinem Volk; denn ich bin der Herr, der ihn heiligt.

Hesekiel 44,22 Und sie sollen keine Witwe oder Verstoßene zur Frau nehmen, sondern eine Jungfrau vom Hause Israel oder die Witwe eines Priesters.

1. Korinther 7 Ehe und Ehelosigkeit, Ehescheidung
vgl. Mt 19,1–12 / Mk 10,1–12

1. Korinther 9,5 Haben wir nicht auch das Recht, eine Schwester als Ehefrau mit uns zu führen wie die anderen Apostel und die Brüder des Herrn und Kephas?
vgl. Mt 8,14

1. Timotheus 3,1–13 Ein Bischof aber soll untadelig sein, Mann einer einzigen Frau, nüchtern, maßvoll, würdig, gastfrei, geschickt im Lehren, kein Säufer, nicht gewalttätig, sondern gütig, nicht streitsüchtig, nicht geldgierig ...
vgl. Tit 1,5–9

Zölibat nach der katholischen Kirche:
Vom lat. caelebs, gleich ehelos, einsam, eine rechtliche Verpflichtung, zu der sich Kleriker freiwillig zur Ehelosigkeit entscheiden müssen, als Ausdruck eines ungeteilten Dienstes für Gott und die Gemeinschaft.

Dazu im katholischen Katechismus Nr. 1579 u. 1599, Auszüge:
... aus den gläubigen Männern gewählt, die zölibatär leben und den Willen haben, den Zölibat „um des Himmelreiches willen" (Mt 19,12) beizubehalten ... mit freudigem Herzen auf sich genommen, kündigt er strahlend das Reich Gottes an ... an ihm festzuhalten aus Liebe zum Reich Gottes und um den Menschen zu dienen.

Faktum: In den ersten drei Jahrhunderten des Christentums waren die Geistlichen verheiratet, die heutige Regelung ist nicht in der frühen Kirche entstanden, erst über viele Jahrhunderte entwickelte sich die nur in der lateinischen Kirche praktizierte, auf zahlreichen Synoden beschlossene Ehelosigkeit. Erstmals 306 auf der Synode von Elvira in Spanien bestimmte man, dass verheiratete Priester enthaltsam leben sollten. Bischöfe können nur Unverheiratete werden; das hatte bereits Kaiser Justinian 534 festgelegt.

Der Beweggrund für ehelose Kleriker war das Anliegen, die Verquickung kirchlicher Ämter mit familiären (Ausschluss vom Erbrecht/Erbgut, was zu Lasten kirchlichen Vermögens gegangen wäre) und politischen Interessen zu beenden und die Priesterschaft vom Laienvolk abzuheben.

Bekräftigt unter Papst Benedikt VIII. (1012–1024) und Gregor VII. (1073–1085). Auf dem 1. Laterankonzil 1123 wird festgelegt: Priester, Diakonen und Subdiakonen untersagen wir strengstens das Zusammenleben mit Konkubinen und Ehefrauen. Das 2. Laterankonzil 1139 bestätigte dieses Verbot. Auf dem Konzil von Trient (1545–1563) wird festgestellt: Zölibat und Keuschheit sind besser als die Ehe. Wer das

Gegenteil behauptet, muss mit Exkommunikation rechnen.

Das 2. Vatikanische Konzil (1962–1965) besteht auf der Einhaltung des Zölibats und Papst Paul VI. verteidigt es 1967.

Der Geschlechtstrieb der Priesterschaft nahm seitdem die widerlichsten Formen an, daher der oft zitierte Ausdruck „Schweinepriester". Seit ewigen Zeiten sorgen immer wieder kirchliche Amtsträger für Schlagzeilen, die ihnen anvertrauten Kinder und Jugendlichen sexuell zu missbrauchen.

Meinungen und Zitate der heutigen Bischöfe:

Erzbischof Robert Zollitsch, Vorsitzender der Deutschen Bischofskonferenz: Zölibat bleibt noch lange ... eine Änderung würde einen gewaltigen Wandel innerhalb der Weltkirche bedeuten ...

Bischof Franz-Josef Overbeck, Essen: ... hält die Zölibatsverpflichtung für nicht verhandelbar ... als unveränderlich ...

Erzbischof Werner Thissen, Erzbistum Hamburg: Bekräftigt Zölibat für katholische Pfarrer ... der Zölibat sei eine „wertvolle Provokation ..."

Erzbischof Dr. Ludwig Schick, Bamberg: ... der Zölibat gehöre zur Kirche und sollte in jedem Falle von Bischöfen, Ordensleuten und Domkapitularen gelebt werden. Ob aber jeder Pfarrer den Zölibat leben müsse, sei eine andere Frage. Er wäre sehr dafür, hierüber ernsthaft nachzudenken ... Über diese Aussage ist der Bischof Dr. Friedhelm Hofmann aus Würzburg „nicht glücklich" ... „Ich hätte mir eine andere Stellungnahme erwartet" ... „Es kann nicht darauf hinauslaufen, dass Mehrheitsentscheidungen die Frage der Wahrheit beantworten."

Weihbischof Hans-Jochen Jaschke, Hamburg: „Der Zölibat bleibt eines der Markenzeichen eines Christentums, das sich nicht der Welt angepasst hat" – „Jaschke verteidigt Zölibat – Jaschke für Lockerung der Zölibatspflicht ..."

Alle Möglichkeiten sind also offen, auch Papst Benedikt XVI. hält am Zölibat fest (24.10.2005).

Fazit: Die Texte der Bibel, das „wahre Wort, der Wille Gottes" scheint den Bischöfen unbekannt zu sein ...

Dagegen die Kirchenvolksbewegung „Wir sind Kirche":
„Zölibat abschaffen!"

Faktum 64

Alle Obrigkeit von Gott, Gottesgnadentum

Römer 13,1–7 Jedermann sei untertan der Obrigkeit, die Gewalt über ihn hat. Denn es ist keine Obrigkeit außer von Gott; wo aber Obrigkeit ist, die ist von Gott angeordnet. Wer sich nun der Obrigkeit widersetzt, der widerstrebt der Anordnung Gottes; die ihr aber widerstreben, ziehen sich selbst das Urteil zu ...

Kolosser 1,16 Denn in ihm ist alles geschaffen, was im Himmel und auf Erden ist, das Sichtbare und das Unsichtbare, es seien Throne oder Herrschaften oder Mächte oder Gewalten; es ist alles durch ihn und zu ihm geschaffen ...

vgl. 2. Mose 22,27 / Spr 8,15–16 / Spr 16,12 / Spr 20,28 / Spr 25,5 / Spr 29,14 / Pred 10,20 / Mt 22,21 / Mk 12,17 / Lk 20,25 / 1. Tim 2.1–7 / Tit 3,1 / 1. Petr 2,9–10

1. Petrus 2,13–17 Seid untertan aller menschlichen Ordnung um des Herrn willen, es sei dem König als dem Obersten ...

Dagegen:

Lukas 1,52 Er (Jesus) stößt die Gewaltigen vom Thron und erhebt die Niederen ...

vgl. Ps 147,6

Matthäus 28,18 Jesus: Mir ist gegeben alle Gewalt im Himmel und auf Erden ...

vgl. Mt 11,27

Realität: Kein Übeltäter – Herodes der Große, Hitler, Stalin oder Mao Tsetung u.v.a. – alle brauchten Jesus nicht zu fürchten. Dagegen ließ Herodes Jesus richten ...

Matthäus 27,46 Jesus am Kreuz: Mein Gott, mein Gott, warum hast du mich verlassen?
vgl. Mk 15,34

Gottesgnadentum, lat. „Dei gratia" galt als Herrschertitel, die fürstliche Macht in Unabhängigkeit von aller irdischen Macht und Gewalt, meist der Anspruch und Ausdruck des Absolutismus und der Diktatur.

Gottähnlich, gottgleich oder gottgesandt betrachteten sich seit ewigen Zeiten weltliche Machthaber, gestützt auch aufgrund der biblischen Texte:

Kaiser Wilhelm II. (Katholik), Deutscher Kaiser und König von Preußen (1888–1918): „Ich Kaiser von Gottes Gnaden".

Reichskanzler Adolf Hitler: Die Vorsehung, die uns den Führer gesandt hat.

George W. Bush, Präsident der USA: „Ich bin hier durch die Macht Gottes".

Gottkönig Dalai Lama. Das göttliche Paar von Thailand: Bhumibol und Sirikit. Kaiser Hiroito als göttlich (Japan, am 03.11.1946 aufgehoben). Kaiser Konstantin I. der Große, 306 bis 337: Götterähnlichkeit und Stellvertreter Christi für Staat und Kirche. Claudius, römischer Kaiser, 41–54 u.Z., „Gott und Kaiser".

Fatal: Martin Luther glaubte an die Bibel als „wahres Wort Gottes" und somit sei die Obrigkeit von Gott. Er forderte daher die Fürsten auf, die aufständischen Bauern – im Bauernkrieg 1524/25 – zu töten: „... steche, schlage, würge hie wer da kann. Bleibst darüber tod, wohl dir, einen seligeren Tod kannst du nimmerdar erlangen. Denn du stirbst im

Gehorsam gegenüber dem göttlichen Wort und Befehl ...“ (Wider die stürmenden Bauern, Weimarer Ausgabe der Lutherschriften)

Er stand damit im Widerstreit mit Thomas Müntzer, 1489 bis zur Enthauptung 1524, als Führer im Bauernkrieg hatte er sich für soziale Reformen eingesetzt.

Faktum 65

Alle christlichen Feste wurden aus fremden Kulturen übernommen: Weihnachten – Wintersonnenwende – Chanukka-Fest

Weihnachten hat nichts mit der Geburt eines Königs der Juden – Jesus – zu tun, auch dessen Geburtsjahr ist unbekannt. Die Geburtsgeschichten gelten als reine Legende, als Erzählwerke ohne realen Wert.

Ursprünglich wurde am 6. Januar die Geburt des Herrn gefeiert, Epiphanias, die Erscheinung und Menschwerdung Gottes, gegenwärtig noch in den orthodoxen Ostkirchen. Im Christentum wurde das Fest umgedeutet als die Ankunft der Heiligen Drei Könige oder Magier aus dem Osten, in einigen Bundesländern ein Feiertag. Der 6. Januar war im Osten ursprünglich ein heidnisches Fest, der Geburtstag Äons/Aions, der Gott der Zeit und Ewigkeit (Sonnengott).

Unter Papst Liberius, 352 bis 366, wird erstmals im Christentum am 25. Dezember die Geburt Christi gefeiert, die Römer begingen diesen Tag seit 274 unter Kaiser Aurelian als Kult der Sol-Sonne (sol invictus, auch „Sonne der Gerechtigkeit"), ehemals der Mithraskult als Sonnengott, der Tag der unbesiegbaren Sonne.

Für die Germanen war es das Fest der Wintersonnenwende – das Julfest – die heidnische Feier der Wiederkehr von Licht und Wärme.

Im Judentum begeht man seit 165 v.u.Z. das Chanukka-Fest, ein Fest des Lichts und der Einweihung des Tempels in Jerusalem, eine der geistigen Wurzeln des Weihnachtsfestes.

In der katholischen Kirche gilt der 24. Dezember als der Geburtstag von Adam und Eva.

Ostern – germanisches Frühlingsfest – Passah-Fest

Ostern geht auf den Auszug (Exodus) der Juden aus der ägyptischen Sklaverei zurück (Passah/Pascha gleich Verschonung), obwohl dieses Ereignis historisch nicht nachweisbar ist. Im Christentum ist es die Auferstehung Jesu, der am 3. oder 7. April im Jahr 30 gekreuzigt worden sein soll. Die Datierung war lange Zeit strittig, das Konzil von Nizäa (325 u.Z.) legte die heutige Regelung fest, nach der Ostern auf den ersten Sonntag – zwischen dem 22. März und dem 25. April – nach dem Frühlingsvollmond gelegt wird.

Auch die von den Heiden gefeierte „Auferstehung der Natur", das Fest der germanischen Frühlingsgöttin Ostera, ließ sich gut zur „Auferstehung des Herrn" umdeuten.

Pfingsten – Erntedank, Empfang der Gebote durch Mose

Pfingsten wird durch die Juden verbunden mit dem Empfang der Gebote des Mose und gilt als Gedenktag des Bundes mit Gott-Jahwe, in Israel auch als Erntedank- oder Wochenfest (2. Mose 23,16 / 2. Mose 24 u. 2. Mose 34,22).

Das Christentum dogmatisierte es als die „Ausgießung des Heiligen Geistes" (Konzil von Nizäa 325 und Konstantinopel 381 u.Z., Beschluss: Vater, Sohn und Heiliger Geist sind eins, Wesensgleichheit).

Für die Kirche ist Pfingsten der Gründungstag des neuen Gottesvolkes, der Christ wird zum „Tempel des Heiligen Geistes".

Heiliger Geist: 4. Mose 16,22/ Ri 13,25 / Ri 14,6 / 1. Sam 10,5–13 / Ps 51,12–14 / Jes 11,2 / Jes 63,10 / Hes 36,25–27 / Mt 3,11 / Mt 28,19 / Mk 1,8–12 / Mk 3,39 / Mk 13,11 / Lk 1,15 / Lk 1,35 / Lk 3,16 / Lk 3,22 / Joh 14,26 / Apg 2,1–13.18 / Apg 2,38 / Apg 7,55 / Apg 8,39 / Apg 10,44–48 / Röm 8,11–13.15.23 / 1. Kor 7,34 / 1. Kor 12,3 / 2. Kor 7,1 / Gal 4,6 / Eph 1,13 / Eph 4,30 ...

Oder war es doch nur der Weingeist: „Sie sind voll von süßem Wein."
(Apg 2,13 / Mt 11,19 / Lk 7,14)

Dazu im katholischen Katechismus Nr. 232 bis 267 u. 683 bis 870, Auszüge:
Das Mysterium der heiligsten Dreifaltigkeit ist das zentrale Geheimnis des christlichen Glaubens und Lebens ... schon von Anfang an hatte Gott die Herrlichkeit der Neuschöpfung in Christus vor Augen ... ich glaube an den Heiligen Geist ... die Kirche ist nämlich der Schafstall, dessen einzige und notwendige Tür Christus ist ... die Kirche – schon seit dem Ursprung der Welt vorausgestaltet – im Alten Bund vorbereitet – von Jesus Christus gegründet – durch den Heiligen Geist geoffenbart – in Herrlichkeit vollendet ... Christus übt sein Königstum aus ... höchstes Vorbild ... außerhalb der Kirche kein Heil ...

Faktum: Die christliche Lehre hat keine eigenen Wurzeln.

Faktum 66

Heilige Drei Könige oder Weise (Mt 2,1–11), Magier oder Sterndeuter aus dem Morgenland, oder nur Hirten im Winter auf dem Felde? (Lk 2,8–20)

Der 6. Januar, der Tag Epiphanie/Epiphanias, gilt als der Erscheinungstag, die Sichtbar-, Mensch- und Fleischwerdung des Herrn (Jesus), gleich dem neu geborenen „König der Juden".

Auch als Fest der Taufe Jesu, es war ursprünglich der Geburtstag des ägyptischen Gottes Äon.

Zu den Königen gibt es verschiedene legendäre Versionen:

1. Erstmals tauchen sie in einem armenischen Kindheitsevangelium auf, es wird nur in die Apokryphen aufgenommen, die nicht anerkannten Schriften. Melquon (auch Melchior), als der König aus Persien, aus Indien kam König Balthasar und Gaspar (auch Caspar) der König von Arabien, sie galten als drei königliche Brüder.

2. Caspar als Mohr der Myrrhe, Melchior mit Gold und Balthasar, der Weihrauch schenkt.

3. Als die Vertreter der zur damaligen Zeit bekannten drei Erdteile: Europa, Asien und Afrika.

Die Gebeine waren von der heiligen Helena (255–306), Kaiserin und Mutter des Kaisers Konstantin des Großen (280–337 u.Z.), in Jerusalem geborgen worden, über Konstantinopel gelangten sie durch Bischof Protasius nach Mailand. Der Reichskanzler Kaiser Barbarossas und Erzbischof Reinald von Dassel holte sie 1164 nach Köln. Von 1181 bis 1230 wurde der Dreikönigsschrein des Nikolaus von Verdun geschaffen, zu deren Ehren dann von 15.8.1248 bis 23.7.1880 der

Dom gebaut – damals das höchste Bauwerk der Welt. Die Reliquien im Schrein sind offenkundig von Erwachsenen und Kindern – nicht von Königen.

Seit 1164 ist Köln Wallfahrtsort (Domwallfahrt), sie wurden zu Patronen der Stadt und ihre Kronen findet man im Wappen der Stadt. Seit nunmehr fast 1000 Jahren bescheren unzählige Pilger der Stadt Reichtum und Wohlstand – und den armen Sündern „Ablass".

Heilige können im Gebet angerufen werden, als Fürsprecher bei Gott.

Die heilige Kaiserin Helena hatte auch am 14. September 320 das Kreuz Christi in Jerusalem gefunden – als Feiertag in der katholischen Kirche: „Kreuzerhöhung".

Seit 1950 ziehen Sternsinger als Heilige Drei Könige zum Sammeln von Spenden für caritative Werke durchs Land, als Dank beschriften sie die Türen mit C+M+B als Hausweihe: „Christus mansionem benedicat" als „Christus segne dieses Haus".

In Bayern, Baden-Württemberg und Sachsen-Anhalt ein gesetzlicher Feiertag.

Faktum 67

Ein wunderlicher Gott oder doch nur menschliche Halluzinationen?

1. Mose 1,27 Gott schuf den Menschen zu seinem Bilde ...

– Frage: Warum ist der Mensch dann so unvollkommen? –

1. Mose 1,31 Und Gott sah alles, was er gemacht hatte, und siehe es war sehr gut ...

– Hatte Gott vielleicht etwas übersehen? Viele Menschen sehen es ganz anders. –

1. Mose 3,14 Gott verflucht die Schlange – als Strafe für den Sündenfall Eva – soll sie ein Leben lang Erde fressen ...!

– Die arme sündige Schlange, was soll nur aus ihr werden? –

1. Mose 5,25 Metuschelach .. sein ganzes Alters ward 969 Jahre ...

– Ein Thema für die Mediziner: Ist so etwas möglich? –

1. Mose 8,21 Gott sprach: Ich will hinfort nicht mehr die Erde verfluchen um der Menschen willen; denn das Dichten und Trachten des menschlichen Herzens ist böse von Jugend auf. Und ich will hinfort nicht mehr schlagen alles, was da lebt, wie ich (die Sintflut) getan habe.

– Gleich zwei Fragen, lieber Gott: Hätte der Mensch bei der Schöpfung nicht ein besseres Herz verdient, und warum nehmen die Naturkatastrophen auf Erden kein Ende? –

1. Mose 12,3 In dir (Abram/Abraham) sollen gesegnet werden alle Geschlechter auf Erden ... und verfluchen, die dich verfluchen ...

– Viel Segen haben die abrahamischen Religionen nicht in die Welt gebracht. –

1. Mose 17,1–10 Ich bin der allmächtige Gott ... und will dich über alle Maßen mehren ... du sollst ein Vater vieler Völker werden ... das ganze Land Kanaan zu ewigem Besitz ... und will ihr Gott sein ... und meinen ewigen Bund aufrichten mit seinem Geschlecht ...

– Fazit: Die Juden sind ein vergleichsweise kleines Volk, Palästina ist seit ca. 1400 Jahren die Heimat des Islam ... und das Volk Israel scheint doch eher „wie von Gott verlassen". –

1. Mose 17,11–14 Beschneidung als Zeichen des Bundes mit Gott . wer nicht beschnitten ist, soll ausgerottet werden ...

– Nur wenige Juden und Muslime sind beschnitten, was soll nur mit der übrigen Menschheit geschehen? –

1. Mose 28,14 Und dein (Jakobs) Geschlecht soll werden wie Staub auf Erden, und du sollst ausgebreitet werden gegen Westen und Osten, Norden und Süden, und durch dich und deine Nachkommen sollen alle Geschlechter auf Erden gesegnet werden.

– Israel, eins der kleinsten Länder auf Erden. –

1. Mose 33,20 Gott ist der Gott Israels.

– Und nicht der ganzen Welt. –

1. Mose 35,10–11 Du sollst nicht mehr Jakob heißen, sondern Israel – ein Volk und eine Menge von Völkern sollen von dir kommen, und Könige sollen von dir abstammen ...

– In der Vergangenheit und Gegenwart nicht nachvollziehbar. –

1. Mose 38,24 Hurerei getrieben ... führt sie heraus, dass sie verbrannt werde ...

– Liegt außerhalb jeder Menschlichkeit. –

2. Mose 3,8 Ein Land, darin Milch und Honig fließe ...

– Oder war es doch nur Sand und Gestein? –

2. Mose 7,12 Ein jeder warf seinen Stab hin, da wurden Schlangen daraus ...

– Hat sich in der Geschichte sicherlich nicht wiederholt. –

2. Mose 7,20 Und alles Wasser im Strom wurde in Blut verwandelt.

– Oder war es nur eine optische Täuschung? –

2. **Mose 14,16–29** Mose reckte seine Hand über das Meer ... und die Israeliten gingen trocken durchs Meer ...

– Steht im Widerspruch zur Geologie. –

2. Mose 15,3 Der Herr ist der rechte Kriegsmann ...

– Demnach war Gott auch Soldat. –

2. Mose 15,26 Ich bin der Herr, dein Arzt ...

– Hatte Gott also viele Berufe? –

2. Mose 16,4 Ich will euch Brot vom Himmel regnen lassen ...

– Gab es sicher nur für das Volk Israel! –

2. Mose 17,6 Da sollst du (Mose) an den Fels schlagen, so wird Wasser herauslaufen, dass das Volk trinke ...

– Bei Gott ist kein Ding unmöglich. –

2. Mose 20,13 Du sollst nicht töten.

– Wurde im Christentum nicht verstanden, fand daher wenig Beachtung. –

2. Mose 21,17 Wer Vater oder Mutter flucht, der soll des Todes sterben ...

– Hoffentlich findet dieses Gebot keine Anwendung. –

2. Mose 21,24 Auge um Auge, Zahn um Zahn, Hand um Hand, Fuß um Fuß, Brandmal um Brandmal, Beule um Beule, Wunde um Wunde ...

– Dazu noch der Bluträcher (4. Mose 35,21). –

2. Mose 21,28 Wenn ein Rind einen Mann oder eine Frau stößt, das sie sterben, so soll man das Rind steinigen und sein Fleisch nicht essen ...

– Hier ist der Tierschutz gefragt. –

2. Mose 22,17 Die Zauberinnen sollst du nicht am Leben lassen.

– Für unzählige „Hexen“ wurde dieser Text, auf Betreiben der Kirche, zum Todesurteil. –

2. Mose 22,28 Deinen ersten Sohn sollst du mir geben ...

– Als eine Opfergabe für Gott, aber keine Tochter ... –

2. Mose 23,25 Ich will alle Krankheit von dir wenden ...

– Ging sicher niemals in Erfüllung, oder sind die Juden ewige Sünder ... –

2. Mose 23,27–28 Ich will meinen Schrecken vor dir her senden und alle Völker verzagt machen, wohin du kommst, und will geben, dass alle deine Feinde fliehen ...

– Das Martyrium an Verfolgung und Vertreibung des jüdischen Volkes ist unvergleichbar – sie galten halt als Mörder des Herrn. –

3. Mose 19,27 Ihr sollt euer Haar am Haupt nicht rundherum abschneiden noch euren Bart stutzen ...

– Wird nur von streng gläubigen Juden und Muslimen befolgt. –

3. Mose 20,24 Ich bin der Herr, euer Gott, der euch von den Völkern abgesondert hat.

– Warum? Ohne Kommentar. –

3. Mose 24,6 Ein Tisch von feinem Gold ...

– Ein Gott mit hohen Ansprüchen. –

4. Mose 10,9 Laut trompeten ... ihr werdet errettet vor euren Feinden ...

– Wenn's hilft?! –

4. Mose 22,28 Da tat der Herr der Eselin den Mund auf ... und sprach: Was hab ich dir getan, dass du mich nun dreimal geschlagen hast ...

– Also, unterhaltet euch mehr mit Tieren. –

4. Mose 24,8 Er wird die Völker, seine Verfolger, auffressen und ihre Gebeine zermalmen und mit seinen Pfeilen zerschmettern.

– Ein erbarmungsloser Gott bezeugt eine Welt der Gewalt. –

4. Mose 31,17–18 So tötet nun alles, was männlich ist unter den Kindern, und alle Frauen, die nicht mehr Jungfrau sind; aber alle Mädchen, die unberührt sind, die lasst für euch leben.

– Da verstehe einer noch Gott. –

4. Mose 36,8 Und alle Töchter, die Erbteil erlangen unter den Stämmen Israels, sollen heiraten einen von dem Geschlecht des Stammes ihres Vaters, damit ein jeder unter den Israeliten das Erbe seiner Väter behalte.

– Eine in der Gesellschaft gern angewandte Praxis, besonders in der Hierarchie – aber warum spricht Gott nur von Töchtern? –

5. Mose 10,17 Denn der Herr, euer Gott, ist der Gott aller Götter und der Herr über alle Herren, der große Gott, der Mächtige und der Schreckliche, der die Person nicht ansieht und kein Geschenk nimmt ...

– Da versteh noch einer Gott. –

5. Mose 14,21 Ihr sollt kein Aas essen; dem Fremdling in deiner Stadt darfst du's geben, dass er's esse oder dass er's verkaufe einem Ausländer; denn du bist ein heiliges Volk dem Herrn, deinem Gott ...

– Liegen hier schon die Gründe für Ausgrenzung und Rassismus? –

5. Mose 22,5 Eine Frau soll nicht Männersachen tragen, und ein Mann soll nicht Frauenkleider anziehen ... der ist dem Herrn, deinem Gott, ein Gräuel ...

– Frauen in Hosen verstoßen somit gegen Gottes Kleiderordnung. –

5. Mose 22,13–21 Eine Frau bei der Hochzeit nicht mehr Jungfrau? ... zu Tode steinigen ...

– Warum wird nur die Frau erwähnt ... –

5. Mose 25,12 Du sollst ihr die Hand abhauen ... (vgl. Markus 9,43).

– Hier muss ein Irrtum zu Grunde liegen. –

5. Mose 26,19 Und der Herr hat dich heute sagen lassen, dass du sein eigenes Volk sein wolltest ... und dich zum höchsten über alle Völker machen werde ... deinem Gott, ein heiliges Volk seist ...

– Eine bisher unerfüllte Zusage Gottes. –

5. Mose 28.10–13 Und alle Völker auf Erden werden sehen, dass über dir der Name des Herrn genannt ist, und werden sich vor dir fürchten ... und der Herr wird machen, dass du Überfluss an Gutem haben wirst, an Frucht deines Leibes, an Jungtieren deines Viehs, an Ertrag deines Ackers, in dem Lande, das der Herr deinen Vätern geschworen hat, dir zu geben ... und du wirst immer aufwärts steigen und nicht heruntersinken ...

– Kann auch ein Gott vergesslich sein, wo er doch so allmächtig ist? –

Josua 6,20 Da erhob das Volk ein Kriegsgeschrei, und man blies die Posaunen. da fiel die Mauer (von Jericho) um, und das Volk stieg zur Stadt hinauf ...

– Die Waffen der Kriegsführung waren damals halt anders. –

Josua 10,11 Der Herr ließ große Steine vom Himmel auf sie (die Amoriter) fallen ...

– Gott ist ein guter Kriegsmann für sein Volk. –

Richter 15,16 Simon sprach: Mit eines Esels Kinnbacken ... hab ich tausend Mann erschlagen ...

– Nicht nur Gott kann Wunder vollbringen! –

1. Samuel 18,25–27 Saul sprach zu David: Der König begehrt keinen anderen Brautpreis als hundert Vorhäute von Philistern ... David erschlug zweihundert Philister und brachte ihre Vorhäute dem König ... um des Königs Schwiegersohn zu werden ...

– Hoffentlich wird David nicht zum Vorbild. –

2. Samuel 7,13.16 Der soll meinem (Gottes) Namen ein Haus bauen, und ich will seinen (Davids) Königsthron bestätigen ewiglich ...

– Das Geschlecht, die Dynastie und der Thron Davids wurden 587/586 v.u.Z. unter König Nebukadnezar beendet – Jesus ist somit nicht aus dem Hause Davids. –

1. Könige 11,3 Und er (Salomos Weisheit, um 965–926 v.u.Z.) hatte siebenhundert Hauptfrauen und dreihundert Nebenfrauen; und seine Frauen verleiteten sein Herz.

– Haben hier die „Märchen aus Tausendundeiner Nacht“ Einfluss gehabt? –

2. Könige 6,28–29 Und der König (Ben-Hadad von Aram, Syrien) sprach zu ihr: Was ist dir? Sie sprach: Diese Frau da sprach zu mir: Gib deinen Sohn her, dass wir ihn heute essen; morgen wollen wir meinen Sohn essen ... so haben wir meinen Sohn gekocht ...

– Wie konnte Gott Kannibalismus zulassen? –

2. Könige 24 u. 25 Reich Juda: Zedekia, der letzte davidische König, 597–587 v.u.Z. (2. Chronik 36).

– Gottes Zusage des ewigen Throns war somit ohne Erfüllung geblieben. (1. Chronik 17,12)

1. Chronik 22,14 Siehe, ich habe in meiner Mühsal herbeigeschafft für das Haus des Herrn hunderttausend Zentner Gold und tausendmal tausend Zentner Silber ...

– Sind hier die Vorbilder für den Vatikan zu suchen? –

Esra 10,2 Esra: Wir haben unserem Gott die Treue gebrochen, als wir uns fremde Frauen von den Völkern des Landes genommen haben ...

– Hat hier der Rassismus seine Wurzeln? –

Esra 10,18–19 Und sie gaben die Hand darauf, dass sie ihre Frauen (die fremden) ausstoßen und einen Widder für ihre Schuld als Schuldopfer geben wollten ...

– Frage: Kann ein Unrecht durch ein doppeltes Unrecht gerecht werden und gesühnt werden? –

Nehemia 7,67 Ausgenommen ihre Sklaven und Sklavinnen (Nehemias, Statthalter von Juda, um 400 v.u.Z.); die waren 7337 ...

– War die Sklaverei wirklich im Sinne Gottes? –

Hiob 1,6 Es begab sich aber eines Tages, da die Gottessöhne kamen und vor den Herrn traten, kam auch der Satan unter ihnen.

– Ist damit etwa der Monotheismus widerlegt? –

Hiob 24,22 Gott rafft die Gewaltigen hin durch seine Kraft; steht er auf, so müssen sie am Leben verzweifeln.

– Die Historie beweist – oft hat Gott es nicht gemacht! –

Psalm 118,6 Der Herr ist mit mir, darum fürchte ich mich nicht; was können mir Menschen tun?

– Also, geht furchtlos in die Welt, es lieben sich doch alle Menschen. –

Psalm 130,8 Und er wird Israel erlösen aus allen seinen Sünden.

– Und wer erlöst den Rest der Welt? –

Jesaja 2,4 In Zion finden alle Völker Heil und Frieden. Und er wird richten unter den Heiden und zurechtweisen viele Völker. Da werden sie ihre Schwerter zu Pflugscharen und Spieße zu Sicheln machen. Denn es wird kein Volk wider das andere ein Schwert erheben, und sie werden hinfort nicht mehr lernen, Krieg zu führen.

– Hier offenbart sich Jesajas Prophetie als grenzenlose Fantasie für die Welt. –

Jesaja 11,6–16 u. 35,6 u. 65,25 Da werden die Wölfe bei den Lämmern wohnen und die Panther bei den Böcken lagern. Ein kleiner Knabe wird Kälber und junge Löwen und Mastvieh miteinander treiben. Kühe und Bären werden zusammen weiden, dass ihre Jungen beieinander liegen, und Löwen werden Stroh fressen wie Rinder ... aber die Schlange muss Erde fressen ... dann werden die Augen der Blinden aufgetan und die Ohren der Tauben geöffnet werden. Dann werden die Lahmen springen wie ein Hirsch, und die Zunge der Stummen wird frohlocken. Denn es werden Wasser in der Wüste hervorbrechen und Ströme im dürren Lande ...

– Es sind die Prophetien des Jesaja vor nunmehr ca. 2700 Jahren – lieber Gott, lass diese Wunder endlich wahr werden! –

Jesaja 13,16 Es sollen auch ihre Kinder vor ihren Augen zerschmettert, ihre Häuser geplündert und ihre Frauen geschändet werden.

– Lieber Gott, warum sollen Menschen so etwas tun? –

Jesaja 66,3 Wer einen Stier schlachtet, gleicht dem, der einen Mann erschlägt; wer ein Schaf opfert, gleicht dem, der einem Hund das Genick bricht ... wer Weihrauch anzündet, gleicht dem, der Götzen verehrt ...

– Lieber Gott, wer soll das alles verstehen ... auch das mit dem Weihrauch, hat der Klerus das richtig verstanden? –

Prediger 7,1 Der Tag des Todes ist besser denn der Tag der Geburt ...

Sirach 30,17 Der Tod ist besser denn ein sieches Leben oder stete Krankheit ...

– Lieber Gott, der Sinn des Lebens ist unerklärlich, mir immer noch ein Rätsel. –

Sirach 36,23 Ein Weib wird jeden Mann annehmen; aber unter den Töchtern nimmt man die eine lieber denn die andere.

– Zum Vergleich der Text in der Immendorff-Bibel aus dem Wissen Media Verlag, Gütersloh, und Axel Springer AG, Hamburg–Berlin:

Sirach 36,26 Eine Frau muss jeden Mann nehmen, der sie heiraten will; aber ein Mann kann unter den Mädchen das beste auswählen.

– Frage, lieber Gott, kann es sein, dass du dich da geirrt hast? –

Sirach 48,14 Nichts war ihm zu schwer, und als er (Elia, Elisa) tot war, weissagte noch sein Leichnam (bei Immendorff: im Tod vollbrachte er erstaunliche Wundertaten).

– Somit ist der Beweis erbracht, auch Tote können Wunder vollbringen. –

Sirach 48,23 Und der Heilige im Himmel erhörte sie bald und erlöste sie durch Jesaja (bei Immendorff: Jesaja ließ damals die Sonne zurückgehen und verlängerte das Leben des Königs ...).

– Jesaja wird ein gottgleicher Mensch gewesen sein. –

Matthäus 14,22–33 Aber in der vierten Nachtwache kam Jesus zu ihnen und ging auf dem See.

– Lieber Gott, warum bekamen nur Jesus und Petrus diese Eigenschaften? –

Matthäus 15,24 Jesus: Ich bin nur gesandt zu den verlorenen Schafen des Hauses Israel.

– Warum nicht für die ganze Menschheit? –

Matthäus 14,13–21 Fünf Brote und zwei Fische für Fünftausend zur Speisung.

Matthäus 15,32–39 Sieben Brote und ein paar Fische für Viertausend ...

Matthäus 16,5–12 Fünf oder sieben Brote ...

Markus 6,30–44 Fünf Brote und zwei Fische für Fünftausend ...

Markus 8,1–9 Sieben Brote und einige Fische für Viertausend ...

Lukas 9,10–17 Fünf Brote und zwei Fische für Fünftausend

Johannes 6,1–15 Fünf Gerstenbrote und zwei Fische für fünftausend Mann ...

– Lieber Jesus, komm bald in diese Welt zurück, du hattest es schon deinen Zeitzeugen versprochen ... täglich verhungern zahllose Menschen ... täglich hungern ca. 600 Millionen auf der Welt. –

Matthäus 19,21 u. 19,23–24 Jesus: Willst du vollkommen sein, so geh hin, verkaufe, was du hast, und gib's den Armen ... ein Reicher wird schwer ins Himmelreich (gleich irdisches Reich Gottes) kommen ... leichter dass ein Kamel durch ein Nadelöhr gehe ...

– Warum hören so wenige – oder etwa keiner – auf Jesus? –

Matthäus 19,28 Jesus sprach zu ihnen (den Jüngern): Wahrlich, ich sage euch: Ihr, die ihr mir nachgefolgt seid, werdet bei der Wiedergeburt, wenn der Menschensohn (Jesus) sitzen wird auf dem Thron seiner Herrlichkeit, auch sitzen auf zwölf Thronen und richten die zwölf Stämme Israels.

– Und wer richtet den Rest der Welt? –

Matthäus 24,29 Sogleich aber nach der Bedrängnis jener Zeit wird die Sonne sich verfinstern und der Mond seinen Schein verlieren, und die Sterne werden vom Himmel fallen ...

– Was meint ein Astronom dazu, die Sterne hängen doch immer noch am Himmel. Jedenfalls hat niemand etwas bemerkt, auch kein Historiker hat etwas aufgezeichnet, dabei hatte Jesus es seinen Zeitgenossen schon zugesagt. –

Matthäus 27,52–53 Und die Erde erbebte, und die Felsen zerrissen, und die Gräber taten sich auf, und viele Leiber der entschlafenen Heiligen standen auf und gingen aus den Gräbern nach seiner Auferstehung (Jesus) und kamen in die heilige Stadt und erschienen vielen. (Nur bei Mt.)

– Hier hat der Evangelist Matthäus sicher all seinen Fantasien frei-

en Lauf gelassen – oder hatte gar die „göttliche Inspiration“ versagt? –

Markus 4,39 Stillung des Sturms; Und Jesus bedrohte den Wind und sprach zu dem Meer: Schweig und verstumme! Und der Wind legte sich, und es entstand eine große Stille.

– So ein Mann könnte zu jeder Zeit auf Erden wirken. –

Markus 5,12 Und die unreinen Geister baten ihn (Jesus, Sohn Gottes, des Allerhöchsten) und sprachen: Lass uns in die Säue fahren! Und er erlaubte es ihnen. Da fuhren die unreinen Geister aus und fuhren in die Säue, und die Herde stürmte den Abhang hinunter in den See, etwa zweitausend, und sie ersoffen im See.

– Fehlte es Jesus etwa an Tierliebe, Ertrinken ist kein schöner Tod. –

Markus 9,4 Und es erschienen ihnen (Jesus und Petrus) Elia mit Mose, und sie redeten mit Jesus.

– Mose soll um 1200 v.u.Z. gewirkt haben, und der Prophet Elia, Elija im 9. Jahrhundert v.u.Z. Demnach müssen sie von den Toten auferstanden sein, ihr weiterer Verbleib ist nicht nachweisbar, oder sind sie noch einmal verstorben? –

Markus 9,43 Wenn dich aber deine Hand zum Abfall verführt, so haue sie ab! Es ist besser für dich, dass du verkrüppelt zum Leben eingehst, als dass du zwei Hände hast und fährst in die Hölle, in das Feuer, das nie verlöscht.

– Da verstehe einer Jesus! Das Fegefeuer wurde inzwischen auch von der Kirche abgeschafft, obwohl es von Jesus immer wieder erwähnt wird. –

Markus 10,9 Was Gott zusammengefügt hat, soll der Mensch nicht scheiden.

– Als Ehestifter hat Gott nicht immer die richtige Wahl gefunden, unzählige Ehen verliefen unglücklich und gingen in die Brüche. (Bei Ehebruch wird nach 3. Mose 20,10 die Todesstrafe gefordert.) –

Markus 11,24 Jesus: Alles, was ihr bittet in eurem Gebet, glaubt nur, dass ihr's empfangt, so wird's euch zuteilwerden.

– Unzählige Menschen, auch in allergrößter Not, haben die Erfahrung gemacht: Auf Jesus Wort ist wenig oder kein Verlass. –

Lukas 1,30–33 (Jesaja 9,1–6) Der Engel sprach: ... Maria ... siehe, du wirst schwanger werden und einen Sohn gebären, und du sollst ihm den Namen Jesus geben. Der wird groß sein und Sohn des Höchsten genannt werden; und Gott der Herr wird ihm den Thron seines Vaters David geben, und er wird König sein über das Haus Jakob in Ewigkeit, und sein Reich wird kein Ende haben.

– Im Protestantismus sind Engel keine Realität – übrigens: Engel kommen im Alten und Neuen Testament vor. Nach Jesaja 7,14 sollte der Sohn Immanuel genannt werden, den Thron seines Vaters David hat er nicht eingenommen, das Geschlecht, die Dynastie und der Thron waren schon 587/586 v.u.Z. unter Nebukadnezar aufgehoben worden, Jesus erreichte nur den Status eines Wanderpredigers, Rebellen oder eines Hochstaplers, das Haus Jakob ist seit Ewigkeit irrelevant, und das Reich ist ohne Bestand. –

Lukas 1,37 Denn bei Gott ist kein Ding unmöglich.

– Also, alles kommt von Gott, Glück und Unglück, Leid und Elend ... –

Lukas 1,52 Marias (Gottesmutter) Lobgesang: Er stößt die Gewaltigen vom Thron und erhebt die Niederen.

– War es nicht eine Umkehrung der Realität, unter Herodes wurde doch Jesus vom „Thron" verstoßen. –

Lukas 1,71 Dass er (Jesus) uns errette von unseren Feinden und aus der Hand aller, die uns hassen.

– Die Historie des jüdischen Volkes bezeugt eine Umkehrung des Lobgesangs des Zacharias, die Juden waren immer der „Hand" ihrer Peiniger ausgesetzt. –

Lukas 2,10–14 Und der „Engel" sprach: Fürchtet euch nicht! Siehe, ich verkündige EUCH große Freude, die ALLEM VOLK widerfahren wird; denn EUCH ist HEUTE der HEILAND geboren, welcher ist Christus, der HERR, in der Stadt Davids. Ehre sei Gott in der Höhe und FRIEDE auf ERDEN bei den Menschen seines Wohlgefallens.

– Es blieb nur eine Fiktion, das „Heil“ und der „FRIEDE“ sind bis in die Gegenwart ausgeblieben. –

Lukas 6,27 Jesus: Liebt eure Feinde; tut wohl denen, die euch hassen; segnet, die euch verfluchen; bittet für die, die euch beleidigen.

Dagegen:

Lukas 19,27 Doch diese meine (Jesus) Feinde, die nicht wollten, dass ich ihr König werde, bringt her und macht sie vor mir nieder.

Dagegen:

Johannes 6,15 Als Jesus nun merkte, dass sie kommen würden und ihn ergreifen, um ihn zum König zu machen, entwich er wieder auf den Berg, er selbst allein.

Matthäus 16,20 Da gebot er seinen Jüngern, niemandem zu sagen, dass er der Christus sei.

– Nach Matthäus 22,38–39 ist die Feindesliebe das höchste und größte Gebot, Jesus aber möchte seine Feinde niedermachen, und niemand soll erfahren, dass er der KÖNIG sei. –

Johannes 4,42 Dieser ist wahrlich der Welt Heiland.

– Das Heil und Unheil der Welt hat sich von Ewigkeit zu Ewigkeit nicht verändert. –

Johannes 11 Die Auferweckung des Lazarus: Diese Krankheit ist nicht zum Tode, sondern zur Verherrlichung Gottes, damit der Sohn Gottes dadurch verherrlicht werde ... was du bittest von Gott, das wird dir Gott geben ... Marta zu Jesus: Herr, er (der Lazarus) stinkt schon; denn er liegt seit vier Tagen ... wenn du glaubst, wirst du die Herrlichkeit Gottes sehen ... und der Verstorbene kam heraus, gebunden mit Grabtüchern an Füßen und Händen, und sein Gesicht war verhüllt mit einem Schweißtuch ...

– Frage: Warum vollbrachte Jesus nur so wenige und einmalige

Wunder – wo er doch der ganzen Welt das „Heil“ bringen sollte ... und alle Bitten erhört würden? –

Apostelgeschichte 13,23 Aus dessen Geschlecht hat Gott, wie er verheißen hat, Jesus kommen lassen als Heiland für das Volk ISRAEL.

– Und nicht der ganzen Welt. –

2. Petrus 3,4.13 Gewissheit über das Kommen des Herrn: Wo bleibt die Verheißung seines Kommens? Denn nachdem die Väter entschlafen sind, bleibt es alles, wie es von Anfang der Schöpfung gewesen ist ... wir warten aber auf einen neuen Himmel und eine neue Erde nach seiner Verheißung, in denen Gerechtigkeit wohnt.

Dazu Jesus:

Matthäus 24,34 Wahrlich, ich sage euch: Dieses Geschlecht wird nicht vergehen, bis dies alles geschieht.

– Lieber Jesus, was hatte doch Gott geboten: –

2. Mose 20,16 DU sollst NICHT falsch Zeugnis reden.

– Jesus war somit kein gutes Vorbild. –

Die Bedeutung und Beachtung der angeblich „göttlich inspirierten Gesetze und Gebote“ durch das Christentum:

Jesus: „Dies ist das höchste und größte Gebot.“

Liebet eure Feinde – Liebe deinen Nächsten – Barmherzigkeit.

3. Mose 19,18 / Matthäus 5,7 / Matthäus 5,44 / Matthäus 22,38–39 / Markus 12,31 / Lukas 6,27–28 / Lukas 6,36 / Römer 12,14 / Römer 12,17 / Römer 12,20–21 / Galater 5,14 / Jakobus 2,8 / Jakobus 2,13

Die Geschichte offenbart allerdings eine beispiellose Umkehrung, eine völlig Ablehnung – praktiziert wurden Tyrannei und Terror. Für Hexen, Sklaven und Katzer gab es kein Erbarmen.

Du sollst nicht töten.

2. Mose 20,13 / 5. Mose 5,17

Eine beispiellose Ignoranz bezeugen die unzählichen Millionen Blutopfer im Namen des Christentums.

Du sollst nicht begehren deines Nächsten Hab und Gut.

2. Mose 20,17 / 5. Mose 5,21

Der unermessliche Reichtum der Kirche – besonders der katholischen – beruht auf Unbescheidenheit, Hochmut und Prunksucht – auf sittenwidrigen Machenschaften.

Jesus predigte Bescheidenheit, Demut und Armut.

Matthäus 10,9 / Matthäus 19,21 / Markus 6,8 / Lukas 9,3 / Lukas 12,33 / Lukas 18,22 / Apostelgeschichte 20,33

Du sollst nicht falsch Zeugnis reden.

2. Mose 20,16 / 5. Mose 5,20

Die Texte der Bibel sind nicht „wahres Wort Gottes", es ist ein Dogma, so wollen wir es glauben, es sind Fantasien, Illusionen und Mythologien der Priesterschaft, aufgrund ethischer, moralischer und kultureller Vorgaben, Werte und Normen, zum Nutzen der Priesterschaft, und zum Trost für die da – geistig – Armen.

Matthäus 5,3 / Lukas 6,20

Die Authentizität der „Heiligen Schrift" könnte bis zu 10 % betragen. Die Realität des „wahren Wortes Gottes" gleich null Prozent.

Faktum 68

Ist die Bibel „teuflisch"?

Unzählige Niederungen menschlicher Schandtaten haben ihren geistigen Ursprung in den Texten der Bibel. Die abrahamischen Religionen wurden zur größten Plage für die Menschheit, sie sind verantwortlich für den „Ewigen Glaubenskrieg" und Bruderkrieg ohne jegliche Hoffnung auf Frieden. Das Christentum wurde zum größten Kriminalfall in der Geschichte der Menschheit und über eine Milliarde Erdenbürger beugen sich „falsch Zeugnis". „Willst du nicht meines Glaubens sein, schlag ich dir den Schädel ein!" Dieser Leitspruch der Religionen – nun schon seit ewigen Zeiten – scheint auch gegenwärtig und in der Zukunft unüberwindbar.

Eine unendliche Liste an Schandtaten:
Heilige Glaubenskriege – Kreuzzüge – Vertreibung: Amoriter, Kanaaniter, Hetiter, Perisiter, Hiwiter und Jebusiter – Völkermord: Albigenser, Hussiten, Katharer, Waldenser, Täufer, Heiden, Slaven, Indianer – Inquisition – Hexenwahn – Antisemitismus: Holocaust – Sklaverei – Leibeigenschaft – Ablasshandel – Konfiskation – Raubmord – Erbschleicherei – Urkundenfälschung – Diebstahl – Betrug – Kollaboration – Korruption – Tyrannei – Terror – Drangsal – Perversität – Indoktrination – Verlogenheit – Verdummung und Intoleranz – Minderwertigkeit der Frau – Kindesmisshandlung und -missbrauch – ... und außerhalb von jeder Art humaner Menschenrechte: „Allgemeine Erklärung der Menschenrechte" der Vereinten Nationen von 1948 und dem „Grundgesetz für die Bundesrepublik Deutschland" vom 23. Mai 1949. Fanatismus und Paranoia sind untrennbar von der Religion.

Eine umfangreiche Auflistung vieler Sünden und Verbrechen ist nachzulesen in den zehn Bänden der „Kriminalgeschichte des Christentums“ des Autors Karlheinz Deschner, mehrfacher Literatur-Preisträger, Rowohlt-Verlag Reinbek. Internet: www.rororo.de

Wie gefährlich ist die Religion? Wäre der Blaue Planet ohne Götter ein Friedensreich?

Nach Schätzungen haben ca. 80 aller irdischen Konflikte eine religiöse Ursache, dieses Faktum ist täglich in den Medien nachvollziehbar, bezeugt durch Historie und Gegenwart.

In allen Religionen gab es im Namen Gottes unzählige und sinnlose Blutopfer, hat sich die Menschheit über Tausende von Jahren bestialisch die Schädel eingeschlagen, die physische und psychische Drangsal für die Betroffenen – voll Blut und Tränen, Leid und Elend – ist unermesslich, ist unvorstellbar.

Besonders durch die abrahamischen Religionen kam viel Hass und Unheil in die Welt, seit ewigen Zeiten stören sie beständig den „öffentlichen Frieden“.

In Deutschland die Katholiken gegen die Protestanten, in Nordirland die Protestanten gegen die Katholiken, auf dem Balkan römisch-katholische Kroaten gegen griechisch-orthodoxe Serben, beide dann gegen Muslime, im Libanon Muslime gegen Christen, in Palästina die Juden gegen den Islam, in Ägypten Muslime gegen koptische Christen, im Irak Sunniten gegen Schiiten und beide gegen Christen, in Syrien Alawiten gegen Sunniten, in der Zentralafrikanischen Republik, Mali und Nigeria der Islam gegen Christen, und in Jerusalem – die Stadt des Friedens, die Friedensreiche – jeder gegen jeden, in den USA die Kreationisten gegen die Aufklärung, das Attentat am 11. September 2001 in New York oder 2011 in Oslo ...

Die Priesterschaft – gleich welcher Religion – ist einfach nicht in der Lage, ihre Zöglinge zu zügeln, die Priesterschaft und Politiker sind verantwortlich für die beständige „Störung des öffentlichen Friedens“.

Auch der eigentlich das „Heil der Welt“ bringende „Fürst des Friedens“ – Jesus – hat keinen Wandel des Unheils erbringen können.

Deshalb lautet im Buch des Joseph Ratzinger, „Jesus von Nazareth“, auch die große Frage: Was hat Jesus Neues gebracht? Wo es doch im Evangelium des Lukas 2,10–14 heißt: Der Engel sprach: Fürchtet EUCH nicht! Siehe, ich verkündige EUCH große FREUDE, die allem Volk widerfahren wird; denn EUCH ist HEUTE der HEILAND (der Welt) geboren ... und FRIEDE auf ERDEN ...

Ohne Kommentar.

Dazu ein Zitat nach Alt-Kanzler Helmut Schmidt:

„Priester und Pastoren, Rabbis und Mullahs haben allzu selten versucht, religiöser Feinschaft entgegenzutreten.“

Fazit: Die Religionen sind das Negativste, was der Menschheit je widerfahren ist!

Faktum 69

Die Elite der Dichter und Denker zur Bibel

François Marie Voltaire

„Nieder mit dem Abscheulichen." „Ecrasez l'infame." (Rottet diese verruchte Kirche aus.)

Johann Wolfgang von Goethe

„... dass neben Tabak, Wanzen und Knoblauch das 'Kreuz' ihm am meisten zuwider sei."

„Das Kreuz ... das Widerwärtigste unter der Sonne ... wie Gift und Galle."

„Jammerbild am Holze."

„Märchen von Christus."

„... die ganze Lehre von Christo ... ein Scheinding ..."

„Glaubt nicht, dass ich fasele, dass ich dichte;
Geht hin und findet mir andre Gestalt!
Es ist die Kirchengeschichte
Mischmasch von Irrtum und Gewalt"

„Das Märchen von Christus ist Ursache, dass die Welt noch 10000 Jahre stehen kann und niemand recht zu Verstande kommt, weil es ebensoviel Kraft des Wissens, des Verstandes, des Begriffes braucht, um sie zu verteidigen, als es zu bestreiten."

Schiller und Goethe

... verwerfen jede Metaphysik, nicht bloß den Kirchenglauben, sondern auch die „Postulate" Gott und Unsterblichkeit.

Johann Friedrich von Schiller

„... den Wahn, der die ganze Welt bestach.“

Gotthold Ephraim Lessing

„... die historische Grundlage des Christentums ist misslich“.

Friedrich Hebbel

„Blattergift der Menschheit ...“

„Der Glaube ist der beste, bei welchem der Mensch am meisten gewinnt und Gott am meisten verliert.“

„Wenn alle Menschen sich bei der Hand fassen, ist Gott fertig.“

Heinrich Heine

„Der Pan ist tot, die Phosphordünste Glaubenspisse.“

„Hört ihr das Glöckchen klingen? Kniet nieder – man bringt die Sakramente einem sterbenden Gotte.“

Arthur Schopenhauer

„Hinter dem Kreuze steht der Teufel ...“

„Der Arzt sieht den Menschen in seiner ganzen Schwäche, der Advokat in seiner ganzen Schlechtigkeit und der Priester in seiner ganzen Dummheit.“ (1. Mose 8,21)

Marquis de Sade

„Idiotische Christen, was wollt ihr denn mit eurem toten Gott machen?“

Albert Einstein

„Das Wort Gottes ist für mich nichts als Ausdruck und Produkt menschlicher Schwächen, die Bibel eine Sammlung ehrwürdiger aber doch reichlich primitiver Legenden ... für mich ist die unverfälschte jüdische Religion wie alle anderen Religionen eine Incarnation des primitiven Aberglaubens."

„Das ethische Verhalten des Menschen ist wirksam auf Mitgefühl, Erziehung und soziale Bindung zu gründen und bedarf keiner religiösen Grundlage. Es stünde traurig um die Menschen, wenn sie durch Furcht vor Strafe und Hoffnung auf Belohnung nach dem Tode gebändigt werden müssen."

Ludwig Feuerbach

„Etwas in Gott setzen oder aus Gott ableiten, das heißt nichts weiter als etwas der prüfenden Vernunft entziehen, als unzweifelbar, unverletzlich, heilig hinstellen, ohne Rechenschaft darüber abzulegen."

Therapeut Albert Ellis

„Religion ist Kinderkram und Religiösität ist der Auswuchs einer psychischen Störung. Sie sei nichts weiter als Unsinn, weil sie von besseren Problemlösungen im Leben ablenke."

Gerhard Stremminger

„... den Gottesglauben im Namen der Vernunft aufzugeben."

Dr. Eckard Furtwängler

„Bei dem geistigen Entwicklungsstand des Menschen und der Beflissenheit der Prediger und religiöser Verbandsvertreter wird es wohl noch Jahrtausende dauern, bis die Religionen der Vernunft Platz machen können."

Theologe Carl Schneider

„Nur der kleinste Teil bildete sich aus eigenen Kräften des Christentums, der weitaus überwiegende wurde aus der Philosophie der Umwelt übernommen und christlichen Bedürfnissen angepasst."

„Schließlich schrickt man vor keinem Kitsch und vor keiner Sentimentalität mehr zurück, weil die große Masse es so will.“

Immanuel Kant

„Alles, was der Mensch noch zu können vermeint, um Gott wohlgefällig zu werden, ist bloßer Religionswahn und Afterdienst Gottes.“

„Pfaffentum“

„Die durch die Vernunft ohne Wahrnehmungsgrundlage gesetzten Ideen, wie Gott.“

„Die Religion, die nur auf Theologie gebaut ist, kann niemals etwas Moralisches enthalten.“

„Der Geistliche: Räsoniert nicht, sondern glaubt!“

Bestreitet die Möglichkeit des Gottesbeweises.

Albert Schweitzer

„Jesus vermag ebenso wenig das Fundament unserer Ethik werden, wie er das unserer Religion ist.“

„Es gibt nichts Negativeres als das Ergebnis der Leben-Jesu-Forschung. Der Jesus von Nazareth, der als Messias auftrat, das Gottesreich verkündete und starb, um seinem Werk die Weihe zu geben, hat nie existiert.“

„Wer glaubt, ein Christ zu sein, weil er die Kirche besucht, irrt sich. Man wird ja auch kein Auto, wenn man in einer Garage steht.“

Sigmund Freud

„... universelle Zwangsneurose!“

Robert Mächler

„... tollen Himmelsdrogen, Paradiesräuschlein, transzendenten Gipfel-Schwachsinn, die Millionen (Milliarden!) Schrumpfgehirne ...!“

Arno Holz

„... ganz entsetzlich oberflächlich ... der größte Schwindel dieser Weltgeschichte ...“

Bruno Bauer

„Selbstmord des Geistes“

Alfred Rosenberg

„Grandiose weltgeschichtliche Fälschung – der kirchliche Jahwe ist tot.“

Theologe Marti

„... dass niemand verhängnisvoller und fataler gewirkt hat als die Sippschaft der Verteidiger Gottes. Mit ihnen verglichen sind die – advocati diaboli – sympathische Unschuldslämmer.“

„Wenn das Christentum sterben müsste, damit der Mensch leben kann, so soll, so muss es sterben.“

Theologe Hirsch

„Der Weissagungsbeweis ist für uns abgetan. Wir wissen alle, dass er nicht stimmt.“

Jean Cocteau

„Christi Niederlage war nicht die Kreuzigung, sondern der Vatikan.“

Wilhelm Busch

„Der Segen der Natur wird vernichtet durch den Segen Roms.“

Carl Friedrich von Weizsäcker

„Wissenschaft kann nur aus der Selbständigkeit des Menschen ohne Autorität geschehen, Theologie ist keine Wissenschaft, weil sie die Autorität als Inhalt ihres Denkens betrachtet.“

Theologe Harnack

„Der römische Katholizismus als äußere Kirche, als ein Staat des Rechts und der Gewalt, hat mit dem Evangelium nichts zu tun, ja widerspricht ihm grundsätzlich.“

Hugo Ernst Käufer

„Er trat aus der Kirche aus und wurde Christ.“

Eduard Meyer

„In keiner Religion ist dieser Fanatismus, die rücksichtslose, vor keinem Frevel zurückschreckende Verfolgung aller Andersdenkenden, so dominierend geworden und geblieben wie im Christentum in all seinen Erscheinungsformen.“

Friedrich Wiegand

„Und am ekelhaftesten erscheint dabei noch der Umstand, dass sich dieser fanatische Antisemitismus als die Religion des Friedens, als das die Völker beglückende Evangelium gebärdet.“

Friedrich Nietzsche

„Die christliche Sklavenmoral und Gott ist tot.“

„... dem Lärm der Totengräber, welche Gott begraben ...“

„... die Irrenhaus-Welt ganzer Jahrtausende ...“

„... einer der korruptesten Gottesbegriffe, die auf Erden erreicht worden sind ... die transzendentale Höhe des höchsten Blödsinns ...“

„Richtet nicht!“ sagen sie, aber sie schicken alles in die Hölle, was ihnen im Wege steht.

„Der einzige Christ starb am Kreuz!“

„Die Kirche steht in Todfeindschaft gegen alles Vornehme auf Erden, sie vertritt die Wertschätzung von Sklaven, die kämpft gegen alle Größe des Menschen, sie ist die Organisation der Kranken, sie treibt bösartige Falschmünzerei ...“

„Man soll nicht in Kirchen gehen, wenn man reine Luft atmen will.“

Claude Adrien Helvetius

„Wenn man ihre Heiligenlegenden liest, findet man die Namen von Tausend heiliggesprochenen Verbrechern.“

Richard Robinson

„Der Hauptwiderspruch zwischen Religion und Vernunft liegt darin, dass die Religion den Trost der Wahrheit vorzieht.“

David Hume

„Während die Irrtümer der Philosophie lächerlich sind, sind die Irrtümer der Religion gefährlich.“

Alfred Henry Tyrer

„Alle Glauben wurden durch Menschen gemacht, und nur durch Menschen, und meistens durch Menschen, von denen wir noch nicht einmal die Namen kennen, Mythos-Mystisch, und die sicherlich nicht mehr Gewicht hatten, ihre Ansichten der Welt aufzubürden, wie du oder ich sie haben würden.“

Henry Louis Mencken

„Es sei eben die Lieblingsbeschäftigung der Menschen, leidenschaftlich an das offenkundig Unwahre zu glauben.“

Edward Wilson

Logik fruchte angesichts religiöser Argumente eben nicht: „Sie gleicht einem stahlummantelten Geschoss, mit dem man auf Nebel schießt.“

Die Bereitschaft zu religiösem Glauben sei wohl ein „unaustilgbarer Bestandteil der menschlichen Natur“.

Helmut Schmidt

„Mit der Bergpredigt kann man nicht regieren."

„Priester und Pastoren, Rabbis und Mullahs haben allzu selten versucht, religiöser Feindschaft entgegenzutreten."

Lisa Fitz, Kabarettistin

„Man muss den lieben Gott vor der Kirche schützen."

Paul (Schüler, 13 Jahre)

Erzählt, dass ihn das Alte Testament „mit diesen märchenhaften Geschichten schon seit langer Zeit interessiert".

Martin Luther, Theologieprofessor

„Ich weiß, dass der Papst der Antichrist ist. Sein Stuhl gehört Satan selbst. Das Papsttum ist die Generaljagd unter Leitung des römischen Pontifex, um Seelen zu fangen und zu vernichten."

„Ich habe kein Gottesbild, brauch kein Gottesbild, keine Gottes-Mummerei."

„Sei ein Sünder und sündige wacker, aber vertraue und freue dich in Christus."

„Wenn ich einen Juden taufe, will ich ihn an die Elbbrücke führen, einen Stein an den Hals hängen, ihn hinabstoßen und sagen: Ich taufe dich im Namen Abrahams."

„Denn die Hand, die das Schwert führt und tötet, ist dann auch nicht mehr eines Menschen Hand, sondern Gottes Hand, und nicht der Mensch, sondern Gott henkt, rädert, enthauptet, tötet und führt Krieg. Das alles sind seine Werke und sein Gericht."

„Die Zauberinnen sollst du nicht leben lassen ... es ist ein gerechtes Gesetz, dass sie getötet werden." (2. Mose 22,17)

„Ich hab nun 28 Jahr, seit ich Doktor geworden bin, stetig in der Biblia gelesen und daraus gepredigt, doch bin ich ihrer nicht mächtig und find noch alle Tage etwas Neues drinnen."

Pröpstin Ulrike Murmann

„Wir haben Gott nicht, wir suchen ihn."

Pastorin Anja Blös

„Willkommen im Klub der Gottsuchenden."

Erzbischof Werner Thissen

„Der Auferstandene ist uns nahe."

„Das Licht leuchtet für uns."

Weihbischof Hans-Jochen Jaschke

„Ohne den Glauben an ihn wird die Gesellschaft arm und verliert ihre Humanität."

„Der Geist weht, wo er will."

„Auch viele Kapitel aus dem Buch der christlichen Geschichte – bis heute – treiben uns die Schamröte ins Gesicht."

Bischof Wolfgang Huber

„Weil Sie im Gottesdienst das Wort Gottes hören."

Bundespräsident Joachim Gauck

„Gottes Wort"

CSU-Bundestagsabgeordneter Norbert Geis

„... denn katholische Abgeordnete haben ohnehin die Pflicht, sich entsprechend der katholischen Glaubens- und Sittenlehre zu verhalten."

Dr. Carsten Frerk

„Kirche – Beste Geschäftsidee aller Zeiten"

Dr. Michael Schmidt-Salomon

Lesung: „Keine Macht den Doofen!“

Heiliger Kirchenlehrer Hieronymus

„Alle Ketzer sind keine Christen. Sie sie aber Christen, sind sie Teufel: Schlachtvieh für die Hölle.“

Papst Leo X. (1513–1521)

„Wieviel die Fabel von Christus Uns und den Unsern genützt hat, ist bekannt.“

Kardinal Carlo Carafa (1556)

„Da das Volk betrogen werden will, mag es betrogen werden.“

Thomas Müntzer

„Das Volk gläubet jetzt so leichthin, wie eine Sau ins Wasser brunzet.“

Historiker Strabon

„Weiber und niederes Volk muss man durch Fabeln und Wundergeschichten zur Gottesfurcht bringen.“

Gespräch anno 33:

A: „Wissen Sie schon das Neueste?“

B: „Nein. Was ist passiert?“

A: „Die Welt ist erlöst.“

B: „Was Sie sagen.“

A: „Ja. Der liebe Gott hat Menschengestalt angenommen und sich in Jerusalem hinrichten lassen; dadurch ist die Welt erlöst und der Teufel geprellt.“

B: „Ei, das ist ja ganz charmant.“

(Arthur Schopenhauer)

Theologe Rudolf Bultmann

„Es bedarf keines Wortes, dass sich Jesus in der Erwartung des nahen Weltendes getäuscht hat.“ (Mt 24,29–51 / Mk 13,24–37 / Lk 21,20–37)

Eugen Drewermann

„Nicht bei unwichtigen, sondern gerade bei den wichtigsten Passagen des Neuen Testaments müssen wir feststellen, dass es sich um Legenden, um Symbole, um Mythen handelt.“

Astrophysiker Arnold Benz

„In Europa muss man Acht geben, als Wissenschaftler noch ernst genommen zu werden, wenn man sich mit Fragen der Religion befasst.“

Mark Twain

„... gewissenloser Gott ... diesen moralischen Kretin ... verrückt ... unmöglich ...“

Pastorin Melanie Kirschenstein

„Die Geschichte unserer Religion ist wie der Glauben nicht zu beweisen.“

Pierre Joseph Proudhon

„Gott heißt Tyrannei und Elend.“

Peter de Rosa

„Das Merkwürdigste ist, dass die meisten Gläubigen ihren Verstand auf alles außer der Religion anwenden, als sei sie dafür hinfällig.“

Wolfgang Menzel

„Der Wahn wurde von Rom aus verbreitet, im Interesse des Papsttums ... Als die Reformation ausbrach, wurde der Wahn nicht erkannt und abgelegt, sondern er wuchs noch. Die alten Weiber wurden als vermeinte Hexen von den Lutheranern sogar noch fanatischer verfolgt als von der alten Inquisition."

Wolfgang Gourge

„Christus hätte sich am Kreuz umgedreht, wenn er nur geahnt hätte, was die katholische Kirche in seinem Namen verbricht."

Hannes Müller

„Wer sich über die Bibel und nicht nur über die Kirchengeschichte empört, kennt sie nicht. Oder ist zu feige oder innerlich zu unfrei sich zu empören."

Historiker Lord Acton

„Die Päpste waren nicht nur Mörder in großem Stil, sondern machten Mord auch zu einem Rechtsgrundsatz der christlichen Kirche und zu einer Bedingung für die Erlösung."

Bertolt Brecht

„Und weil der Soldat nach Verwesung stinkt, drum hinkt ein Pfaffe voran, der über ihn ein Weihrauchfass schwingt, dass er nicht stinken kann."

Jan Assmann

„Alle Religionen sind gleich weit entfernt von der Wahrheit, die wir nie besitzen, nur anzielen können."

CSU-Chef (ehemaliger) Edmund Stoiber

„Wir verneigen uns nicht vor den Moden eines kurzlebigen Zeitgeistes. Wir beugen unser Haupt nur vor dem Kreuz."

Psychologe Bruno Bettelheim

„Der semitische Gott ... schlimmer als selbst die schrecklichsten Gottheiten der Naturvölker.“

Karlheinz Deschner

„Kirche – eine metaphysische Bedürfnisanstalt. Eine Praxis, die krank macht, um heilen zu können, die in Nöten hilft, die man ohne sie gar nicht hätte.“

Priester: „Kein Beruf, ein Charakterdefekt“

Theologe: „Einziger Experte ohne Ahnung von seinem Forschungsobjekt“

Ökumene: „Eine Konfusion stärkt die andere.“

Gutachten für die Justiz, Auszüge:

„... verdammt doch keiner das Christentum, weil es seine Ideale nicht ganz, nicht halb oder noch weniger realisiert ... den Begriff des Menschlichen und selbst des Allzumenschlichen doch etwas weit, wenn man von Jahrhundert zu Jahrhundert, von Jahrtausend zu Jahrtausend genau das Gegenteil realisiert, kurz, wenn man durch seine ganze Geschichte als Inbegriff und leibhaftige Verkörperung und absoluter Gipfel welthistorischen Verbrechertums ausgewiesen ist ... keine Organisation der Welt, die zugleich so lange, so fortgesetzt und so scheußlich mit Verbrechen belastet ist, wie die christliche Kirche, ganz besonders die römisch-katholische Kirche.“

(Autor und mehrfacher Literatur-Preisträger: Ludwig-Feuerbach-Preis, International Humanist Award, Arno-Schmidt-Preis, Alternativer Büchner-Preis, Erwin-Fischer-Preis)

Robert M. Pirsig

„Leidet ein Mensch an einer Wahnvorstellung, so nennt man es Geisteskrankheit. Leiden viele Menschen an einer Wahnvorstellung, dann nennt man es Religion.“

Professor Dr. Franz Buggle

„Wie kann man vernünftigerweise Gott als Quelle, als Kommunikator einer Botschaft ansehen, die so schlecht bei ihren Empfängern ankommt, dass über ihren Inhalt so chaotische Uneinigkeit besteht, dass seit der Frühzeit des Christentums bis heute die verschiedensten Kirchen und sonstigen konfessionellen Gruppen sich darüber streiten, was eigentlich mit dieser Botschaft gemeint sei."

Kaiser Napoleon

„Die Theologie nimmt in der Religion etwa denselben Platz ein wie die Gifte unter den Nahrungsmitteln."

Heinrich Böll

„In seinem Durchschnitts-Organ ist der deutsche Katholizismus mies bis dreckig, in seinen Methoden dumm bis dreist."

Erasmus von Rotterdam

„Dein Reich komme – so betest du, der du deine Herrschaft auf Blutströme gründest?"

Otto von Corvin

„Die Statthalter Gottes mochten es noch so arg treiben, den dummen Menschen gingen die Augen nicht auf. Fürsten und Völker ließen sich von den Päpsten das Fell über die Ohren ziehen und küssten dafür den Tyrannen noch immer demütig den Pantoffel."

Erich Kästner

„Da hilft kein Zorn. Da hilft kein Spott. Da hilft kein Weinen, hilft kein Beten. Die Nachricht stimmt! Der liebe Gott ist aus der Kirche ausgetreten."

Alfred Loisy

„Jesus verkündete das Reich Gottes, und gekommen ist die Kirche."

Georg Christoph Lichtenberg

„Glaubt ihr denn, dass der liebe Gott katholisch ist?"

Papst Benedikt XV. (1914–1922)

„Die Kirche, welche die vollkommene Gesellschaft ist, hat zum einzigen Zwecke die Heiligung der Menschen aller Zeiten und aller Länder."

Hermann Hesse

„Der Kirchengott und die Kirche schützen den Menschen, bis hinauf zu den höchsten Beamten der Kirche, vor den grobsten moralischen Entgleisungen keineswegs."

Bertrand Russell

„Soweit ich weiß, wird in keinem Kirchenlied das hohe Lied der Intelligenz gesungen."

Norbert Lammert (Bundestagspräsident)

„Ohne Gott ist kein Staat zu machen, schon gar nicht ein moderner. Aber Gott macht keinen Staat."

Horst Köhler (ehem. Bundespräsident)

„Für mich selbst ist die Bibel das wichtigste Buch, das ich kenne."

Angela Merkel

Gottesbezug muss in die EU-Verfassung. Das christliche Menschenbild ist Fundament ihrer Partei (CDU).

Thalia-Theater, März 2015

„Was ist das für ein Gott, der für sich muss kämpfen lassen.“

Heiland Jesus Christus

Jesus zum angehenden Bischof von Rom (Papst) Simon Petrus: „Geh weg von mir Satan!“ (Mt 16,23 / Mk 8,33)

Simon Petrus

Petrus zu Jesus: „Du bist Christus, des lebendigen Gottes Sohn!“ (Mt 16,16 / Mk 8,29 / Lk 9,20)

Walter Witt

„Die größte ‘Schandtat’ einer ‘Göttlichkeit’, das ‘teuflische’ Christentum.“

Ein Gedicht zum Nachdenken:

„Der 2000-jährige Christenspuk,
ein Wirrwarr und Mischmasch
aus Schwachsinn und Wahnsinn,
Angst und Schrecken,
Leid und Elend,
Blut und Tränen,
grober Unfug, Lug und Betrug.“

„Wer weise ist, redet nicht über Gott!“

Faktum 70

Zeittafel in Stichworten (Auszüge): Eine unendliche Geschichte der Passion, Konflikte und Grausamkeiten

Jahr(e) u.Z. **Ereignis**

110 Weihwasser aus dem Heidentum

150 Erste Christus-Darstellungen

160 Anfänge des Märtyrerkultes

150–215 Clemens von Alexandrien empfahl den Fisch als Kennzeichen der Christenheit

160 Beginn des Engelkultes

200 Erste lateinische Bibelübersetzung. Der Bischof von Rom ist der Nachfolger Petrus'.

202 Christenversammlung in besonderen Häusern

260 Aufkommen besonderer priesterlicher Kleidung

300 Gebet für die Toten und Kreuzeszeichen setzt ein.

300 Entwicklung des Möchtums beginnt.

305 Konzil von Elvira spricht Eheverbot für höhere Geistliche aus.

320 Konzil zu Nizäa legt das Dogma Trinitatis (göttliche Dreieinigkeit: Vater, Sohn und Heiliger Geist) fest.
Beschluss: Der erste Sonntag nach dem Frühlingsvollmond ist Ostern, das Auferstehungsfest Christi.
Passah = Auszug der Juden aus Ägypten
Ursprung „Ostern“ = germanische Frühlingsgöttin Ostera
Arianische Lehre – Christus ist nur „gottähnlich“ und wird vom

Kaiser abgelehnt. Anerkennung der Lehre des Athanasius: Christus ist gott-/wesensgleich, Beginn der Lehre der Dreifaltigkeit/Dreieinigkeit.

321 Sonntagsgesetze und erzwungene Sonntagsheiligung
Veränderung des Sabbat der Bibel in den Sonntag durch Kaiser Konstantin I. den Großen: Am ehrwürdigen heidnischen Tag der Sonne sollen alle ruhen.

324 Konstantin I. – Götterähnlichkeit des Herrschers wird betont.

325 Kaiser Konstantin I. der Große (280–337) gründet Staatsreligion – offizieller Anfang der römisch-katholischen Kirche. Durch angebliche Kreuzesvision Hinwendung Konstantins zum Christentum. Der Kaiser gilt als Stellvertreter Christi, Herrscher über Staat und Kirche.

25.12.325 In christlichen Kirchen des östlichen Mittelmeerraumes die ersten Weihnachtsfeiern – Epiphanien-Fest – in der Nacht vom 5.–6. Januar. Erscheinungstag von Gottes Sohn.

340 Weihnachten um 340 u.Z. in Rom auf die Tage der Wintersonnenwende, der Sonnenverehrung, gelegt, von den Römern am 25.12. als Geburtstag der unbesiegbaren Sonne gefeiert. Heidnische Feier der Naturhoffnung auf Wiederkehr von Licht und Wärme. Mit der christlichen Hoffnung auf das kommende Heil der Welt. Ursprünglich: 6. Januar Epiphanias, Erscheinungstag des Herrn (Lichtverehrung). Krippenspiele seit dem 11. Jh., Geschenke seit der Reformation, Weihnachtsbaum seit dem 17. Jh.

325 Bau der St.-Peter-Basilika unter Konstantin.

325 Offizielles Priestertum entsteht.
Altar wird als offizieller Kirchengegenstand eingeführt.

330 Aneignung des Namens Papa – Vater (später Papst – Heiliger Vater) von den römischen Bischöfen angenommen. Widerspruch in der Bibel = Matthäus 23,9 u. Johannes 17,11.

330 Heiligenschein entsteht; zuerst bei Christus-Bildern.

330 Bau der Grabeskirche in Jerusalem auf Initiative der Kaiserin-Mutter Helena.

363 Der Papst und die Bischöfe tragen den Mitra-Hut, der die Form eines Fischkopfes hat. Der Hut war die Kopfbedeckung der altorientalischen Herrscher, zu Ehren des Sonnengottes. Kaiser Aurelius übernahm die Verehrung des Sonnengottes der Perser und erklärte unter der Bezeichnung „sol invictus" im Altarbereich Dragon als Fischgott. Sonnensymbol als Brosche.

375 Anbetung von Engeln und toten Heiligen, Bilderverwendung.

340–397 Der Marienkult beginnt (übernommen von arabischer Frauensekte).

381 Konstantinopel – Trinitätsglauben (Dreieinigkeit) für Christen verbindlich.

384–398 Anfänge des römischen Stuhls unter Damasus I. (366–384).

398 Verteidigt die Lehrautorität des Bischofs von Rom, so entwickelt sich das Papsttum.

385 Räuchern von Weihrauch eingeführt.

400 Klostergründer Bischof Martin von Tours in Gallien. St.-Martins-Tag – 11. November erinnert an das „segensreiche Wirken". Patron von Frankreich. Er hielt sich 20.000 Sklaven.

400 Offizielle Priesterweihe

400 Erste Kirchenglocken in Italien

400 Beginn der Verfolgung biblischer Sabbathalter

405 Bibelübersetzung des Hieronymus (Dalmatien 345 – stirbt 420 in Bethlehem) ins Lateinische, Auftraggeber Papst Damasus I.

431 Konzil zu Ephesus macht das Dogma der „Mutter Gottes" zu einem offiziellen Teil der katholischen Kirche (Maria). Verleugnung der Erbsünde wird verworfen. Betonung der göttlichen Natur Christi.

440 Die römischen Bischöfe (Leo I. der Große) fordern sich den Titel „Pontifex Maximus", das päpstliche Primat, und beanspru-

chen die Oberherrschaft über die „Universelle Welt“ unter Berufung auf Matthäus 16,18–19.

445 Kaiser Valentinian III. bestätigt die Oberherrschaft des Papstes in Rom über die restliche abendländische Kirche.

450 Todesstrafe für Sabbathalter.

451 Konzil von Chalkedon – Papst Leo I. „Zweinaturenlehre“ = Jesus ist menschlicher und göttlicher Natur

500 Besondere Priesterkleidung

525 Falsche Festlegung des Geburtsjahres Christi durch den Mönch Dionysius Exiguus, er legt die Grundlage der Zeit- und Festtagsberechnung für die christliche Welt. Geburt des Jesus, auffällige und seltene Planetenkonstellation Jupiter und Saturn 7 v.u.Z. (6 v.u.Z.) Messias-Erwartung der Israeliten seit 722 v.u.Z. – Weissagung des Jesaja – Weltlicher König. Kreuzigung Jesu, 7.4.30 oder 3.4.33.

529 Gründung des ersten Klosters auf dem Monte Casino, Italien Benedikt von Nursia.

533 Dem Papsttum wurde durch den Ost-Römischen Kaiser die kirchliche Vorherrschaft durch Erlass übertragen.

550 Die Kindertaufe wird anstatt der Untertaufe eingeführt.

586 Kreuze auf Kirchtürmen und Einführung Kruzifix

589 Judenverfolgungen beginnen.

593 Papst Gregor I. bildet Fegefeuerlehre zum Glaubensdogma.

600 Latein als alleinige Sprache für Gebete und Gottesdienst, Gebete zu Maria, verstorbene Heilige und Engel

606 Einführung von Kirchenglocken

610 Arabischer Religionsstifter Mohammed, 570–632 (Islam). Erstes öffentliches Auftreten Mohammeds, Verkündung des einzigen Gottes – Allah in Mekka.

630 Mohammed erklärt die Kaaba zum Heiligtum und Wallfahrtsort

632 Mohammed stirbt in Medina (Grab in Medina).

653 Kalif Othma (574–656) lässt den Koran aus der Überlieferung der Worte Mohammeds zusammenstellen. Wird 656 ermordet. Der Islam ist aus jüdischen, christlichen und arabischen Elementen gewachsen. Kaufmann Mohammed ist der letzte Prophet nach Abraham, Moses und Jesus. Koran als Heiliges Buch von absoluter Autorität. Mohammeds Tod 632 u.Z. ist das Jahr 0 des Islam. 692–695 Bau der Omar-Moschee (Felsendom) in Jerusalem.

650 Marienkult erweitert (Mariä Lichtmess, Mariä Verkündigung, Mariä Geburt).

700 Ostereierbrauch vom Christentum übernommen.

700 Aufkommen der Kreuzesverehrung.

709 Küssen des päpstlichen Fußes.

724 Bonifatius wird Bischof und Erzbischof, Apostel der Deutschen. Fällt die heidnische Donareiche in Geismar/Fritzlar. 754 durch Friesen erschlagen.

726 Bilderstreit zwischen Byzanz (Verbot) und Rom (Zulassung).

756 Staatliche Macht für den Papst, Pippinsche Schenkung, Kirchenstaat.

782 Karl der Große lässt beim Blutgericht in Verden 4500 heidnische Sachsen hinrichten.

786 Kreuz-, Bilder-, Knochen- und Reliquienverehrung

830 Weihwasser

831 Papst Gregor IV. erhebt Hamburg zum Sitz eines Erzbischofs, „Apostel des Nordens“ Ansgar und „Speer Gottes“ genannt

835 Verlegung Allerheiligen vom ersten Sonntag nach Pfingsten auf den 1. November

843 Erstmals taucht „Deutsch“ als Volksbezeichnung auf: Teutisci.

858 Papst Nikolaus I. fordert die Vormachtstellung des Papsttums gegenüber weltlichen Herrschern.

910 Aufkommen des Rosenkranzes (Ursprung Buddhismus)

927 Kardinalskollegium
965 Glockentaufe und Weihe
995 Heiligsprechung verstorbener Heiliger
998 Freitags- und Frühlingsfasten
1000 Pilgerstrom ins Heilige Land zur Befreiung von irdischen Übeln und zur religiösen Erleuchtung
1014 Sammlung des Kirchenrechts: Kein weltlicher Richter darf einen Geistlichen verurteilen u.a. (Decretum collectarium)
1022 Papst Benedikt VIII. untersagt Priestern zu heiraten, Zölibat.
1054 Endgültige Trennung der griechisch-orthodoxen Kirche in Byzanz – Konstantinos IX. und der römisch-katholischen Kirche in Rom – Papst Leo IX.
1059 Papstwahl nur durch Kardinäle
1069 Mönche sollen beten.
1075 Edikt Papst Gregor VII. – Dictatus papae – verfasste 27 Lehrsätze für die Rechte des Papstes. „Dass die römische Kirche vom Herrn gegründet sei“ u.a.
1080 Für strittige Rechtsfälle wird die alte Form des „Gottesurteils“ herangezogen.
1088 Berengar von Tours bestreitet die Gegenwart Christi beim Abendmahl, er wird von der Kirche nicht anerkannt.
1090 Rosenkranz und festformulierte Gebete
1096 Judenverfolgungen in Köln, Mainz und Speyer
1096–1099 Beginn der Kreuzzüge, Papst Urban II. – Gott will es – (Freikauf der Sünden durch Entgeld zur Finanzierung)
1119 Gründung des Tempelordens zum Schutz des Heiligen Grabes in Jerusalem. Aufkommen der Ablässe.
1122 Wormser Konkordat – beendet 50-jährigen Streit zwischen Kaiser- und Papsttum
1147–1149 Zweiter Kreuzzug – Konrad III. und König Ludwig VII.
1166 Seligsprechung Karls des Großen in Aachen

1179 3. Laterankonzil – Verbot Geld zu verleihen gegen Zinsen. Juden werden dadurch in den Beruf des Geldverleihers gedrängt.

1177 Papst Alexander III. und Kaiser Friedrich I. Barbarossa schließen Frieden in Venedig. Barbarossa ertrinkt 1190 auf dem Dritten Kreuzug.

1189 Dritter Kreuzzug

1192–1199 Papst Innozenz III. bestätigt Deutschen Orden (gegr. 1190)

1200 Dispensation und Erhebung der heiligen Hostie

1202–1204 Vierter Kreuzug (Papst Innozenz III.)

1209 Kreuzzug gegen die Albigenser, Frankreich

1212 Kinderkreuzzug – endet für viele Kinder in der Sklaverei

1213 Papst Innozenz III. verkündet neue Beschlüsse zur Inquisition gegen Juden und Ketzer. Besondere Kleidung für Juden.

1215 Ohrenbeichte vor einem Priester statt Bekenntnis vor Gott

1220 Bittruf „Ave Maria“: Fürsprache unfehlbar, unbedingt wirksam

1220 Anbetung der Hostie

1227 Dominikaner Konrad von Marburg wird vom Papst Gregor IX. zum Inquisitor für Deutschland ernannt.

1228–1229 Fünfter Kreuzzug – Kaiser Friedrich II. Krönung in Jerusalem

1229 Bibelverbot für Laien

1230 Schrein für die Gebeine der „Heiligen Drei Könige“ im Kölner Dom

1248 Baubeginn des Kölner Doms (bis 1880)

1248–1254 Sechster Kreuzzug unter Ludwig IX.

1270 7. Kreuzzug – Ludwig IX. will Sultan von Tunis bekehren.

1274 Philosoph Thomas von Aquin stirbt, Italien (geb. 1226/27)

1300 Papst Bonifatius VIII. ordnet das erste Jubeljahr in Rom, das „Heilige Jahr“ an. Wallfahrt – Sündenablass.
Erlass der von Gott verhängten Fegefeuerstrafen – möglich auch gegen Bares.

1302 Papst Bonifatius VIII. verkündet mit der Bulle „Unam sanctam" die Oberhoheit der Kirche gegenüber den weltlichen Fürsten

1309 Babylonische Gefangenschaft der Kirche – Avignon wird Papstsitz bis 1377.

1316 Tiara, ursprüngliche Kopfbedeckkung altpersischer Könige, später päpstliche Krone – drei Reifen = Macht als Priester, Lehrer und König

1328 Papst Johannes XXII. wird durch Volksbeschluss wegen Ketzerei zum Tode verurteilt.

1348 Das Volk betrachtet die Pest (schwarzer Tod) als göttliche Strafe, Bußprozessionen zur Versöhnung.

1378 Großes abendländisches Schisma (Kirchenspaltung)

1396 Sieg der Türken über ein europäisches Kreuzfahrerheer

1410 Schlacht bei Tannenberg – Ende der Kreuzzüge gegen Slaven die heidnischen Pruzzen (Preußen) und Litauen

1414–1418 Konstanzer Konzil – Beschlüsse gegen Ketzer. Beendigung der Abendländischen Schismas – drei Päpste seit 1409

1415 Kirchenreformer Johannes Hus wird trotz Zusage freien Geleits als Ketzer verbrannt.

1416 Hieronymus von Prag, ein Freund J. Hus, als Ketzer verbrannt

1420–1436 Papst Martin V. ruft zum 1. Kreuzzug gegen die Hussiten. (1471 zweiter Hussitenkrieg beendet.)

1431 Jungfrau von Orleans, Jeanne d'Arc (1412–1431), wird in Rouen vor ein Kirchengericht gestellt und wegen Ketzerei zum Tod auf dem Scheiterhaufen verurteilt.

1439 Unionsbulle „Laetentur Coeli" zwischen Papst Eugen IV. und dem byzantinischen Kaiser Johannes VIII. nicht akzeptiert

1439 Fegefeuer ein Dogma

1444 Schlacht von Warna – Ende des Kreuzzugs gegen die Türken

1448 Wiener Konkordat – Beziehungen zwischen Reich und Kurie geregelt (bis 1806), Papst Nikolaus V. und König Friedrich III.

1453 Sultan Mohammed II. erobert Konstantinopel, Einzug des Islam
1473 Nikolaus Kopernikus wird geboren (stirbt 1543)
1478 Papst Sixtus IV. Wiedereinführung der Inquisition in Spanien
1484 Papst Innozenz VIII. erlässt „Hexenbulle" – 1489 „Hexenhammer", Buch der Dominikaer Heinrich Institoris und Jakob Sprenger (Köln)
1492 Genuesischer Christoph Kolumbus entdeckt Amerika
1494 Judenverfolgungen in Spanien
1498 Girolamo Savonarola, von Papst Alexander VI. exkommuniziert und als Häretiker gehenkt
1498 Albrecht Dürer, Holzschnitte – „Apokalypse" u.a.
1506 Grundstein für Neubau der Peterskirche in Rom über dem vermuteten Grab von Petrus (Schlussweihe 1626)
1508 Ave Maria als Rosenkranzgebet
1513 Papst Leo X. schreibt Ablässe aus. Finanzierung Peterskirche
1515 Ablasshandel durch deutschen Dominikanermönch Tetzel
1517 Thesenanschlag Schlosskirche zu Wittenberg, Martin Luther
1519 Der Spanier Fernando Cortes, blutige Ausrottung der Azteken
1521 Wormser Edikt, Martin Luther vor Kaiser Karl V. (Widerruf)
1522 Septembertestament Luthers, erste Übersetzung des Neuen Testaments
1523 Huldrych Zwingli, Theologe entwirft Reformprogramm, 1531 Spaltung der Schweiz
1525 Evangelischer Theologe Thomas Müntzer, Vorkämpfer für Demokratie, wird nach Folterung in Mühlhausen hingerichtet
1531 Der spanische Conquistador Francisco Pizarro zerstört die hochentwickelte Kultur in Peru, 1533 Inka Atahualpa wird erdrosselt, 1541 Reich der Maya in Yucatan unterworfen
1534 Gründung des Jesuitenordens (Ignatius von Loyola)
1534 Erste vollständige Ausgabe der Bibel-Übersetzung (Luther)
1536 Erasmus von Rotterdam (geb. 1466, „Lob der Torheit"), bedeu-

tender Humanist, stirbt.

1537 Papst Paul III. erklärt Indianer für Menschen, was vorher bezweifelt wurde.

1542 Papst Paul III. Bulle „Licet ab initio“, Erneuerung der Inquisition

1546 Tridentium – Konzil zu Trient – die lateinische Bibel „Vulgata“ als alleinige Bibelübersetzung autorisiert – inspiriert – amtlich. Seit 400 u.Z. heilig und kanonisch unter Hieronymus (Auftraggeber Papst Damasus I.) Dogma zur Abgrenzung zu anderen Konfessionen. Zusammenstellung des kath. Katechismus

1546 Augustiner-Mönch, Theologe und Reformator Prof. Dr. Martin Luther (geb. 1483 in Eisleben – Thesenanschlag 1517 in Wittenberg) stirbt.

1547 Ende des protestantischen Schmalkaldischen Bundes

1549 Einigung über Abendmahlslehre zwischen Calvinisten und Zwingli-Bund

1555 Jesuit Petrus Canisius veröffentlicht gegenreformatorischen Katechismus „Summa doctrinac christianae“

1555 Rom – Drei-Päpste-Jahr

1555 Augsburger Religionsfrieden „Cuius regio, eius religio“ (wessen Land, dessen Glauben) – der jeweilige Landesfürst bestimmt die Religion, Gegner können auswandern

1559 Papst Paul IV. erlässt Index „Index librorum prohibitorum“ für Katholiken verbotene Bücher

1564 Johann Calvin, geb. 1514 – These: „Reichtum gilt als Zeichen der Gunst Gottes, alles kommt von Gott“

1566 Bildersturm in den Niederlanden

1572 Papst Gregor XIII. – Gregorianischer Kalender, ab 1582 in Kraft – Berichtigung des Julianischen Kalenders

1572 Bartholomäusnacht „Pariser Bluthochzeit“ 20.000 Hugenotten werden umgebracht (Frieden von Saint-Germainen-en-Laye v. 1570)

1576 „Heilige Liga“ gegen die Reformation

1576 Jean Bodin (1530–1596) Grundlage des Absolutismus – „Six livres de la Republique“: Souveränität des Staates, Glaubensfreiheit, aber Vorrang des Staates

1579 Spaltung der Niederlande – katholische Provinzen im Süden

1580 Sammlung lutherischer Bekenntnisschriften, das „Konkordienbuch“, die Grundlagen der lutherischen Orthodoxie

1585 Bürgerkrieg in Frankreich – Hugenotten gegen katholische Liga, Edikt von Nemours

1587 Katholische Königin von Schottland, Maria Stuart, wird wegen Hochverrats hingerichtet

1587 Erste Heiligsprechung

1598 Religionsfreiheit für die Hugenotten

1600 Natur-Philosoph und Dominikaner Giordano Bruno (1548–1600) nach siebenjähriger Haft in Rom als Ketzer verbrannt

1603 Elisabeth I. Königin von England – anglikanische Kirche wird Staatskirche

1609 Der römisch-deutsche Kaiser Rudolf II. sichert den böhmischen Ständen in einem „Majestätsbrief“ freie Religionsausübung zu. Die Missachtung führt 1618 zum Ausbruch des Dreißigjährigen Krieges.

1610 In Frankreich wird König Heinrich IV. von dem katholischen Fanatiker François Ravaillac ermordet.

1616 Die „Blaue“ Sultan-Ahmad-Moschee wird in Konstantinopel eröffnet

1618 Durch die Nichteinhaltung des „Majestätsbriefes“ kommt es zum Prager Fenstersturz. Vertreter der böhmischen Stände stürzen zwei kaiserliche Ratsherren demonstrativ aus dem Fenster. Der protestantische Adel wehrt sich gegen Rekatholisierungspolitik von König Ferdinand II. Beginn des Dreißigjährigen Krieges, die Kampfgebiete werden verwüstet und ihre Bevölkerung auf die Hälfte reduziert.

1619 Beginn der „Negersklaverei“ in den englischen Kolonien Nordamerikas. Indianische Sklaven waren der schweren Bergarbeit nicht gewachsen. (Der spanische König Philipp II. machte 1595 Sklavenhandel zu einem Monopol.)

1620 Die im 13. Jh. aufgekommenen Hexenverfolgungen (Sachsenspiegel 1224–1231) verschärfen sich. Hexenhammer (malleus maleficarum). Im Kampf gegen Hexen unterscheiden sich kath. und prot. Gebiete unwesentlich. 1634 – Hexen werden als Verursacher der Pest verbrannt. Die Gefolterten halten oft tagelang oder wochenlang aus, weil sie fürchten, durch ein falsches Geständnis ihr Seelenheil zu verlieren. Das Feuer, so die Kirche, soll das Böse vollständig vom Erdboden vertilgen.

1626 Oberösterreichischer Bauernaufstand gegen Katholiken.

1626 Schlussweihe der Peterskirche, der „Grabkirche Apostel Petrus“

1630 König Gustav Adolf II. von Schweden greift zugunsten der Protestanten in den Dreißigjährigen Krieg ein.

1632 Johann Tserclaes Graf von Tilly, Schlacht bei Rain am Lech, verwundet und stirbt. König Gustav II. Adolf v. Schweden fällt, Schlacht b. Lützen.

1633 Graf Oxenstierna vereinigt die Protestanten im „Heilbronner Bund“

1634 Albrecht von Wallenstein wird wegen Hochverrats ermordet

1641 Ein Aufstand in Irland für die Beibehaltung des katholischen Glaubens wird von England unterdrückt

1642 Galileo Galilei (geb. 1564 in Pisa), Mathematiker, Philosoph und Physiker, stirbt. 1633 schwört er vor dem Inquisitioinsgericht seinem „Irrtum“ – die Erde bewegt sich um die Sonne – ab. Ab 1632 Hausarrest.

1642 Kardinäle regieren über Frankreich, Kardinal Richelieu proklamiert: „Ein König, ein Glaube, ein Gesetz.“ („Un roi, une foi, une loi.“)

1648 Ende des Dreißigjährigen Krieges, Westfälischer Frieden zu Osnabrück und Münster. Konfessionelle Bestimmungen bauen auf Augsburger Religionsfrieden von 1555 auf. Papst Innozenz X. verurteilt die Anerkennung der Reformierten durch das Friedensabkommen.

1648 Lord Herbert of Cherbury, Deismus (lt. deus = Gott) – These: „Aufklärung über Gottesverständnis"

1650 Beginn der Ausrottung der Indianer in Nordamerika. Angola bleibt die Sklavenkolonie für Brasilien.

1653 Spaltung der russischen Kirche in Orthodoxe und Altgläubige (Raskolniki)

1660 England – Mit der Verleihung des engl. Sklavenhandelsmonopols an die Royal African Company beginnt die Entwicklung Jamaikas zu einem der größten Sklavenmärkte der Welt (um 1800 ca. 3 Mio. Sklaven).

1663 Immerwährender Reichstag in Regensburg. Mit 33 geistlichen Fürsten

1665 Bischof zu Münster beginnt mit den Soldatenverkäufen

1676 Papst Innozenz XI. bekämpft Jesuiten und französischen Absolutismus

1684 Papst Innozenz XI., Heilige Liga gegen Osmanen

1685 Rechtliche Stellung der Sklaven im Code Noir festgelegt Frankreich. England–1688– „Barbados Code" (Puritanismus)

1698 Das englische Parlament erlaubt Privatleuten Sklavenhandel

1700 Beginn des Absolutismus – die Vorherrschaft des religiösen Weltbildes ist gebrochen, die vernunftmäßige Wissenschaft, die Philosophie stellt Natur- und Menschenrechte auf.

1702 Letzter Hugenotten-Krieg (Cevennenkrieg), Ludwig XIV.

1708 Guinea (Westafrika) Sklavenjagd und -handel

1710 Leibniz „Theodizee" – Gottesbeweis mit dem Begriff der „Besten aller Welten" (1646–1716)

1713 England übernimmt statt Frankreich den Sklavenhandel mit den spanischen Kolonien.

1714 In Preußen werden die Hexenprozesse aufgehoben, 1740 in Österreich

1724 Aufhebung der Religionsfreiheit in China – Begründung Streitigkeiten der Missionare untereinander

1727 Quäker fordern Abschaffung der Sklaverei

1731 Erzbischof von Salzburg vertreibt 26.000 Protestanten

1738 England – Methodisten gründen Glaubensgemeinschaft

1740 In Arabien wird der Islam von allen „Neuerungen" gereinigt

1746 Katholische Schotten in der Schlacht bei Culloden Moor von britischen Truppen besiegt

1749 In Würzburg findet die letzte Hexen-Hinrichtung statt

1750 Beginn der Aufklärung – Renaissance-Humanismus, aufgeklärter Absolutismus, These: „Vernunft soll das Leben bestimmen." Die großen Aufklärer waren:

Friedrich II. „der Große" König von Preußen, (1712–1786): „In Preußen kann jeder nach seiner Façon selig werden."

Montesquieu (1689–1755): „Vom Geist der Gesetze"

Voltaire (1694–1778): Mit ätzender Schärfe wandte er sich gegen das Christentum, aus Frankreich wegen Freigeisterei verbannt, Streben nach Toleranz. Voltaire war zu Gast bei Friedrich II. v. Preußen von 1750–1753. Voltaires These: „Nieder mit dem Abscheulichen."

Linné (1707–1778): 1766 reihte er den Menschen als Homo sapiens zusammen mit Schimpansen und Orang-Utans ein.

Rousseau (1712–1778): „Über den Gesellschaftsvertrag"

Lessing (1712–1786): Seine theologischen Fehden zeichen die Unbestechlichkeit und Schärfe seines Geistes „Erziehung des Menschengeschlechts".

Diderot (1713–1784): Deismus. Erkennt für theologische Aussagen nur Vernunftgründe an, zusammen mit d'Alembert.

Kant (1724–1804): Philosoph der modernen Kultur, Aufklärung „Kritik der reinen Vernunft" – „Kritik der praktischen Vernunft" – „Zum ewigen Frieden" – „Kritik der Urteilskraft" – „Religionen innerhalb der Grenzen der bloßen Vernunft".

Goethe (1749–1832): Jurastudium in Leipzig – Dichter und Denker – „... dass neben Tabak, Wanzen und Knoblauch das 'Kreuz' ihm am meisten zuwider sei", „Grenzen der Menschheit" – „Das Göttliche".

Schiller (1759–1805): Christentum – „... den Wahn – der die ganze Welt bestach".

Feuerbach (1804–1872): Humanist und Philosoph – „Wesen des Christentums" – „Vom Wesen der Religion".

Darwin (1809–1882): Evolution widerlegt Schöpfung (Bibel).

Napoleon I. Buonaparte (1769–1821): Er wollte den Dom in Mainz, Speyer und Worms abreißen lassen.

Alexander von Humboldt (1769–1859): Religion suspekt ...

1768 Philosoph Hermann Samuel Reimarus (1694–1768): Wegbereiter der Bibelkritik und der historischen Leben-Jesu-Forschung.

1773 Papst Klemens XVI. löst den Jesuitenorden auf.

1781 Kaiser Joseph II. Josephinische Reformen – Abschaffung der Leibeigenschaft, Folter, Einführung der Religionsfreiheit, Immigrationserlaubnis für Nichtkatholiken, 1784 aufgehoben.

1789 Beginn der Französischen Revolution, Erstürmung der Bastille. Die alte absolutistische Lehre vom Gottesgnadentum des Königs wird in Frage gestellt. Vorrechte der Kirche werden abgeschafft. Aufhebung der Feudalverfassung, Erklärung der Menschenrechte, Verstaatlichung des Kirchenbesitzes, Aufhebung des Zehnten

1791 Paris – „Ein Kreuzzug für die allgemeine Freiheit"

1792 „Rettung der Frauenrechte" Schriftstellerin Wollstonecraft

1798 Thomas Malthus veröffentlicht Bevölkerungstheorie, England

1798 Johann Gottfried Herder (1744–1803): „Vom Geist des Christentums“

1798 Napoleons General Berthier nahm den Papst in Haft, brachte ihn nach Frankreich und steckte ihn ins Gefängnis, wo er dann starb. Rom wurde eine Republik.

1799 Papst Pius VII. erneuert den Kirchenstaat. Die Besoldung des unteren und höheren Klerus übernimmt der Staat.

1804 Napoleon I. „Code Napoleon“ Kaiser der Franzosen krönt sich selbst in Notre-Dame und lässt sich von Papst Pius VII. salben. Die kaiserliche Würde wird erblich.

1808 Napoleon besetzt erneut den Kirchenstaat, 1809 vereinigt er den Kirchenstaat mit Frankreich. Napoleon hebt Inquisition auf. Abschaffung der Mönchsorden durch Papst Pius VII.

1809 Nachdem Napoleon den Kirchenstaat mit Frankreich vereinigt hat, exkommuniziert Papst Pius VII. den französischen Kaiser. Papst Pius VII. wird im Juli von den Franzosen verschleppt.

1812 „Edikt über die bürgerlichen Verhältnisse der Juden“ in Preußen

1813 Mexikos Kampf um die Unabhängigkeit von Spanien

1814 Auf dem Wiener Kongress wird der „Kirchenstaat“ in alten Grenzen wiederhergestellt (1809–Napoleon)

1815 Wiener Kongress – Ächtung des Sklavenhandels

1815 Gründung der antiliberalen „Heiligen Liga“ in Paris

1817 Wartburgfest – Friedrich Wilhelm III. verkündet in Preußen die Union der Lutheraner und Reformierten.

1819 Schopenhauer: „Die Welt als Wille und Vorstellung“

1820 Missouri-Kompromiss über Sklavenfrage

1822 Katholische Kirche hebt das Verbot kopernikanischer Schriften auf

1824 Simon Bolivar – Befreiung des nördlichen Südamerika von den Spaniern – stirbt 1830 in Kolumbien

1829 In England erhalten Katholiken das Recht auf öffentliche Gottesdienste.

1829 Rom – Unruhen gegen den Papst im Kirchenstaat (Leo XII. – Pius VIII.)

1831 Sklavenrevolte in den USA – Sklavenführer Turner hingerichtet

1832 Hambacher Fest – Demonstration für Einheit und Freiheit

1834 Georg Büchner und Friedrich Weidig „Der Hessische Landbote" – „Krieg den Palästen"

1836 In Paris gründen Arbeiter den Bund der Gerechten. London, 1838 – Arbeiter fordern gleiches Wahlrecht

1840 Brasilien – Wirtschaftsaufschwung gründet auf Sklaverei

1848 Erster deutscher Katholikentag in Mainz

1849 Italien – Revolution in Rom – Papst Pius IX. (Polizeiregiment)

1852 „Onkel Toms Hütte" – eine Anklage gegen die Sklaverei

1854 Verkündung des Katholischen Dogmas von der unbefleckten Empfängnis Mariä

1856 Fuhlrott findet den Schädel eines Neandertalers (Homo sapiens) bei Düsseldorf – mehr als 50.000 Jahre alt

1858 Bernadette Soubirous erlebt eine Marienerscheinung in der Grotte von Massabielle bei Lourdes am Nordrand der Pyrenäen, die Kirche bestätigt 1862 diese Visionen. 1933 wird Bernadette heiliggesprochen; ihr Leichnam bleibt unverwest

1859 Charles Robert Darwin „Die Entstehung der Arten durch natürliche Zuchtwahl (1809–1882)

1863 USA, Sklaven-Emanzipationsakte unter Abraham Lincoln – 1865 von Rassenfanatiker John Wilkes erschossen. Sklavenbefreiung: 1833 in den britischen Kolonien, 1848 in Frankreich

1864 Päpstliche Enzyklika „Syllabus der Irrtümer" verurteilt die Religions-, Rede-, Gewissens-, Presse- und wissenschaftliche Forschungefreiheit (Pantheismus, Naturalismus und Liberalismus – hauptsächliche Irrtümer der Zeit)

1865 USA, negerfeindliche Ku-Klux-Klan-Geheimbünde gegründet

1864 Arbeiterführer (Lassalle, ADAV [Allgemeiner Deutscher Arbeiterverein] gründen die Erste Internationale – 1866, USA

1868 In der „Allgemeinen lutherischen Konferenz" schließen sich die strengen Lutheraner zusammen.

1870 I. Vatikanisches Konzil – Unfehlbarkeits-Dogma des Papstes (ex cathedra) – Papst ist Nachfolger Petri und Stellvertreter Christi und Oberhaupt der Kirche – in Glaubens- und Sittenfragen unfehlbar und unabänderlich. Widerspruch der Altkatholiken zur Unfehlbarkeit – trägt zum Ausbruch des Kulturkampfes im Deutschen Reich bei – 1874 Attentat auf Bismark durch einen Katholiken (Maigesetze). 1887 Papst Leo XIII. erklärt den „Kulturkampf" in Deutschland für beendet.

1876 Preußen – alle katholischen Bischöfe sind verhaftet oder ausgewiesen, ca. ein Viertel der Pfarrerstellen unbesetzt.

1891 Papst Leo XIII.: „So wie niemand zum höchsten Vater kommen kann außer durch den Sohn, so kann auch fast niemand zu Christus kommen außer durch Maria." Sozialenzyklika „Rerum novarum" setzt sich für eine Lösung der Arbeiterfrage im Geiste des Christentums ein. Er verurteilt die revolutionären Lösungen des Sozialismus.

1900 Professor Friedrich Nietzsche, 1844–1900, lehnte die christliche Ethik und Sozialismus als „Sklavenmoral" ab. „Die Kirche ist die höchste aller denkbaren Korruptionen."

1902 Die 1902 von einem Sittlichkeitsverbrecher ermordete elfjährige Maria Goretti (Nettuno, Italien) wird 1947 als Märtyrerin der Jungfräulichkeit selig- und 1950 heiliggesprochen.

1904 Aufstand der Hereros in Deutsch-Südwestafrika blutig unterdrückt.

1905 Separationsgesetz zur Trennung von Kirche und Staat in Frankreich.

1907 Papst Pius X. wendet sich in einer Enzyklika gegen den „Modernismus“ in der Kirche und betont die Pflicht zur kirchlichen Eheschließung.

1909 Der Gründer der antisemitischen, konservativen Christlichen Arbeiterpartei (gegründet 1878), Hofprediger (geb. 1835), Berlin, stirbt.

1911 Katholische Geistliche werden zur Ablegung des Antimodernisten-Eides verpflichtet

1914 Papst Benedikt XV. versucht im Ersten Weltkrieg vermittelnd einzugreifen, aber seine Friedensbemühungen bleiben vergebens. Siehe Literatur: Karlheinz Deschner „Die Politik der Päpste“ (S. 181, Die Politik der Päpste in den beiden Weltkriegen)

1917 Marienerscheinung in Fatima – etliche falsche Prophetien

1919 Weimarer Verfassung, Art. 137 Abs. 1 u. Abs. 5 (11.08.1919) Grundgesetz Art. 140: Trennung von Staat und Kirche. Religionsunterricht und die theologischen Fakultäten werden gesichert. Zentraums Partei – Am Recht der Kirche auf die religiös-sittliche Erziehung wird festgehalten; die Wahrung der „christlichen Lebenswerte“ ist oberstes Gebot. 1933 – Deutsches Reich, Hitler schließt Konkordat mit dem Vatikan.

1920 Amerikanische Frauen dürfen wählen.

1926 Stigmatisierung der Therese Neumann in Konnersreuth. Sie soll regelmäßig in Visionen die Leidensgeschichte Christi erlebt haben.

1928 In einer Enzyklika „Mortalium animos“ lehnt Papst Pius XI. die gesamt-christliche ökumenische Bewegung ab.

1929 Unter Papst Pius XI. und Mussolini, Lateranverträge zwischen Vatikan und dem faschistischen Italien regeln den Status Roms, Vatikanstadt wird souveräner päpstl. Staat mit neutralem Status. Katholische Religion wird Staatsreligion in Italien. Papst ist nur Oberhaupt der Kirche.

1930 Staatliche und nicht katholische Schulen werden verurteilt.

1931 Papst Pius XI. legt mit seiner Enzyklika „Quadragesimo anno“ die katholische Soziallehre dar.

1933 Deutsches Reich (Hitler) schließt ein Konkordat mit dem Vatikan. Garantie der staatlich unterhaltenen theologischen Fakultäten, Besetzung theologischer Lehrstühle, Religionsunterricht an den Schulen, finanzielle Zuwendungen vom Staat. Hitler-Regierung erste internationale Anerkennung durch den Vatikan unter Papst Pius XI.

1935 Nürnberger Gesetze diskriminieren Juden. „Gesetz zum Schutz des deutschen Blutes und der deutschen Ehre“

1937 In der Enzyklika „Mit brennender Sorge“ verurteilt Pius XI. die NS-Kirchenpolitik.

1938 Reichskristallnacht – Pogrom gegen die Juden

1943 Im Warschauer Ghetto werden 40.000 Menschen getötet. (Seit 1941 müssen Juden im Deutschen Reich den Davidstern tragen.)

1945 Holocaust, 6 Millionen Tote. Kriegsopfer: 55 Millionen Tote „Gott mit uns“

1946 Papst Pius krönt die Statue von Fatima und führt aus: „Maria ist in Wahrheit würdig zu empfangen Ehre und Macht und Herrlichkeit.“

1947 Fund von Schriftrollen der jüdischen Sekte der Essener – Buch Jesaja – Qumram

1950 Heiliges Jahr der katholischen Kirche (Wallfahrt). Papst Pius XII. veröffentlicht eine Enzyklika gegen „Irrlehren“, womit er gegen wissenschaftliche Hypothesen über die Abstammung des Menschen angeht. Außerdem verkündet er als Dogma die leibliche Himmelfahrt Mariä „Mariä Himmelfahrt“

1954 wird das Fest des Königstums Marias eingeführt.

1954 Billy Graham veranstaltet in den USA Massen-Evangelisationen – „Maschinengewehr Gottes“

1961 Sozialenzyklika „Mater et magistra“ Papst Johannes XXIII. Uneingeschränkte Mitbestimmung und Beteiligung der Arbeitnehmer am Produktivvermögen.

1962 Papst Johannes XXIII. eröffnet das II. Vatikanische Konzil. Es soll besonders der Vereinigung der christlichen Kirchen dienen.

1964 Papst Paul VI. empfängt in Rom den Patriarchen der griechisch-orthodoxen Kirche in Byzanz, Alhenagoras I. Spyridon. Dieses Treffen führt zur Aufhebung der gegenseitigen Bannung von katholischer und orthodoxer Kirche v. 1054.

1968 Papst Paul VI. (Papst 1963–1978) Enzyklika – „Populorum progressio“ und Eheenzyklika – „Humanae vitae“. Untersagt Verhütungsmittel. 1930 hatte Papst Pius XI. in seiner Enzyklika – „Casti connubii“ Empfängnisverhütung verdammt. 1994 auch Papst Johannes Paul II. kontrovers zur Bevölkerungs-Konferenz der Vereinten Nationen (UNFPA) in Kairo, wo sich Muslime und Katholiken gegen eine Geburtenkontrolle wenden. 1938 Biochemische Grundlage der Ovulationshemmung – „Antibabypille“ 1972 Evangelische und katholische Kirche gegen Fristenlösung, die einen straffreien Schwangerschaftsabbruch während der ersten drei Monate vorsieht. Paragraph 218. 1994, Kirchen vergleichen Euthanasie mit Sterbehilfe – große Mehrheit der Bevölkerung befürwortet die Sterbehilfe. 2009 Papst Benedikt XVI. in Afrika: Keine Kondome gegen AIDS, kath. Kirche empfiehlt Enthaltsamkeit.

1968 In Nordirland entwickelt sich die Rivalität der Protestanten gegen die Katholiken zum Bürgerkrieg.

1968 Friedensnobelpreisträger, Bürgerrechtler und Baptistenpfarrer Martin Luther King, der sich für eine friedliche Regelung der Rassenfrage einsetzt, wird erschossen.

1978 Papst Johannes Paul I. stirbt nach 33 Tagen Amtszeit mit 65 Jahren an „Herzversagen“. Papst Johannes Paul II. seit 1523 erster nichtitalienischer Papst.

1978 Massenmord amerikanischer Sektenangehöriger „Tempel des Volkes“ ca. 900 Opfer

1979 Papst Johannes Paul II. genehmigt für Teile der Kirche den 2. Pfingsttag als neues Marienfest: Maria, Mutter der Kirche

1981 Attentat auf Papst Johannes Paul II. auf dem Petersplatz

1983 Krönung der Marienstatue in Jasna Gora

1984 Italien: Konkordat mit dem Vatikan, Katholizismus ist nicht mehr Staatsreligion.

1986 Papst Johannes Paul II. betritt als erstes katholisches Krichen-oberhaupt die jüdische Hauptsynagoge in Rom

1991 Beginn der Religionskriege im ehemaligen Jugoslawien

1992 Erste evangelische Bischöfin in Hamburg, Maria Jepsen

1993 In Südafrika dürfen Schwarze erstmals mitbestimmen

1994 In Großbritannien werden erste anglikanische Priesterinnen geweiht

1995 In der Moralenzyklika „Evangelium vitae“ ruft Johannes Paul II. gegen die drohende „Kultur des Todes“ entgegenzutreten – Abtreibung und Sterbehilfe

1998 Papst Johannes Paul II. – Die deutschen Bischöfe sollen Schluss machen mit der katholischen Hilfestellung für die Schwangeren – Abtreibung

2000 Versöhnung im Heiligen Land – Jad Waschem (Yad Vashem) – nach 2000 Jahren Feindseligkeit – Aufrufe von Papst Johannes Paul II. zu Toleranz und friedlicher Koexistenz

2000 Jahre Volksverdummung und Volksverhetzung – 2000 Jahre Lug und Betrug sind genug. Ohne jegliche wissenschaftliche und historische Grundlage. Ständige Konflikte, Unfrieden, Krieg, Blut- und Menschenopfer. Inhuman, ohne Ethik und Moral, ewige physische und psychische Drangsal. – Vatikan, der Sündenpfuhl der Welt. Voltaire: „Ecrasez l'infame!“ – „Nieder mit dem Abscheulichen!“

Faktum 71

Verhältnis Staat und Kirche in verschiedenen Ländern

In Ländern, in denen die Aufklärung und Säkularisierung schon erfreulich fortentwickelt ist, besteht auch eine konsequentere Trennung von Staat und Religion.

Schweiz

Beginn der Trennung nach dem Unfehlbarkeitsdogma 1870, Änderung der Bundesverfassung 1874.

Frankreich

Am 11. Dezember 1905 verkündet die Regierung das Gesetz zur Trennung von Kirche und Staat.

Portugal

Radikale Trennung im Oktober 1910.

Türkei

Trennung unter Kamal Atatürk 1928, keine Staatsreligionen.

Spanien

Ohne Staatsreligionen.

USA

Seit 1947 striktes Gebot der Trennung von Staat und Kirche.

Italien

Konkordat setzt römisch-katholische Staatsreligion 1984 außer Kraft. Aufhebung der Lateranverträge von 1929.

Schweden

Trennung von Staat und Kirche 2000.

Tschechien

Trennung 2006.

Norwegen

Abschaffung der Staatskirche 2012.

Zum Vergleich:

Deutschland

Trotz der Auflage im Grundgesetz Artikel 137: „Es besteht keine Staatskirche" keine vollständige Trennung, obwohl auch Papst Benedikt 2011 für die Entweltlichung der Kirche eintrat. Ein Fabelwesen und ein Märchenbuch wird 1945 gar zur Grundlage und Namensgebung für eine politische Partei im Land, die „CHRISTLICH-Demokratische Union".

Bundesland Bayern

Kruzifixe in Gerichten und Schulen. Geistig-religiöses Entwicklungsland.

Faktum 72

Benutzte und empfehlenswerte Literatur

Michael Baigent: Die Gottes-Macher – Die Wahrheit über Jesus von Nazareth und das geheime Erbe der Kirche. Köln: Lübbe Verlag 2006

Michael Baigent / Richard Leigh: Verschlusssache Jesus – Die Wahrheit über das frühe Christentum. Köln: Bastei Lübbe Verlag 2006

Manfred Barthel: Was wirklich in der Bibel steht – Das Buch der Bücher in neuer Sicht. Wien–Düsseldorf: Econ Verlag 1980

Nigel Cawthorne: Das Sexleben der Päpste. Lahnstein: Akzente Verlagshaus 2008

Katharina Ceming / Jürgen Werlitz: Die verbotenen Evangelien – Apokryphe Schriften. Wiesbaden: Marix Verlag 2004

Otto von Corvin: Der Pfaffenspiegel – Historische Denkmale des Fanatismus in der römisch-katholischen Kirche. Paderborn: Voltmedia Verlag 2004

Das Christentum – Eine Chronik. Chronik Verlag / Tosa Verlag

Das grosse Lexikon zur Bibel. Philipp Reclam Verlag / Tosa Verlag 2004

Das Lexikon der Bibel. Paderborn: Voltmedia Verlag 2006

Earl Doherty: Das Jesus-Puzzle - Basiert das Christentum auf einer Legende? Angelika Lenz Verlag 2003

Richard Dawkins: Der Gotteswahn. Berlin: Ullstein Verlag 2007.

Karlheinz Deschner: Abermals krähte der Hahn – Eine kritische Kirchengeschichte. München: btb Verlag 1996

Karlheinz Deschner: Das Kreuz mit der Kirche – Eine Sexualgeschichte des Christentums. Lahnstein: Akzente Verlag 2009

Karlheinz Deschner: Der gefälschte Glaube – Eine kritische Betrachtung kirchlicher Lehren und ihrer historischen Hintergründe. München: Knesebeck Verlag 2004

Karlheinz Deschner: Kriminalgeschichte des Christentums, 10 Bände, Rowohlt Verlag, Reinbek

Karlheinz Deschner: Oben ohne – Für einen götterlosen Himmel und eine priesterfreie Welt. Reinbek: Rowohlt Verlag 1999

Karlheinz Deschner: Opus Diaboli – Fünfzehn unversöhnliche Essays über die Arbeit im Weinberg des Herrn. Reinbek: Rowohlt Verlag 1994

Hugo Efferoth: Die Ketzerbibel. Wolfenbüttel: Melchior Historischer Verlag 2010

Carsten Frerk: Finanzen und Vermögen der Kirchen in Deutschland. Aschaffenburg: Alibri Verlag 2002

Jürg Frick: Das Ende einer Illusion – Denkanstöße zu Ethik und Pädagogik der Bibel. Neustadt am Rübenberge: Angelika Lenz Verlag 1999

Große Geister dachten anders: Was dachten und sagten „unsere weltberühmten Köpfe“ über Staat und Kirche wirklich? Marktheidenfeld: Gabriele Verlag Das Wort 2010

Herbert Haag: Biblisches Wörterbuch. Freiburg: Herder 2003

Joachim Kahl: Das Elend des Christentums oder Plädoyer für eine Humanität ohne Gott. Reinbek: Rowohlt Verlag 1968

Walter-Jörg Langbein: Lexikon der biblischen Irrtümer – Von A wie Auferstehung bis Z wie Zeugen Jehovas. München: Langen-Müller Verlag 2003

Walter-Jörg Langbein: Lexikon der Irrtümer des Neuen Testaments – Von A wie Apokalypse bis Z wie Zölibat. München: Langen Müller Verlag 2004

Johannes Maria Lehner: Und die Bibel hat doch nicht recht. Ulm: Historia Verlag 2005

Theo Logisch: Das ist euer Glaube – Strukturen des Bösen im Dogma – Eine Streitschrift gegen Fundamentalisten, progressive und laue Christen. Neustadt/Rbge.: Angelika Lenz Verlag 1998

Gerd Lüdemann: Das Unheilige in der Heiligen Schrift – Die dunkle Seite der Bibel. Springe: Dietrich zu Klampen Verlag 2001

Gerald Messadié: Die Geschichte Gottes – Über den Ursprung der Religionen. Königswinter: Area Verlag 2006

Hubertus Mynarek: Verrat an der Botschaft Jesu – Kirche ohne Tabu. Marktheidenfeld: Gabriele Verlag Das Wort 1986

Michael Onfray: Wir brauchen keinen Gott – Warum man jetzt Atheist sein muss. München: Piper Verlag 2007

John Shelby Spong: Die Sünden der Heiligen Schrift – Wie die Bibel zu lesen ist. Ostfildern: Patmos Verlag 2007

Antonio Pinero: Jesus in den geheimen Evangelien. Ostfildern: Patmos Verlag 2005

Fritz Rienecker: Lexikon zur Bibel. Kaiserslautern: Gondrom 1991

Michael Schmidt-Salomon: Manifest des evolutionären Humanismus – Plädoyer für eine zeitgemäße Leitkultur. Aschaffenburg: Alibri Verlag 2005

Erich Weidinger: Die Apokryphen – Verbogene Bücher der Bibel. Augsburg: Bechtermünz 1999

Uli Weyland: Strafsache Vatikan – Jesus klagt an. Marktheidenfeld: Verlag das weiße Pferd 2002.

Hans-Jürgen Wolf: Handbuch der Kirchenkritik. Ulm: Historia Verlag 2006

Albert Wucher: Die Geschichte der Päpste – Von Petrus bis Johannes Paul II. Erftstadt: Verlag Hohe 2007

Polit-Magazine

GEO – Gruner und Jahr Verlag

Nr. 10/2003 – Die Macht der Päpste
Nr. 01/2004 – Wer war Jesus?
Nr. 16/2008 – Glaube und Religion
Nr. 04/2012 – Wie gefährlich ist Religion?

Stern – Gruner und Jahr Verlag

Nr. 52/2004 – Das Christentum
19/2006 – Die dunklen Geheimnisse der Kirche
40/2007 – Warum es keinen Gott gibt
52/2007 – Die Entstehung der Bibel

Der Spiegel – Spiegel Verlag

Nr. 17/2000 – Der Papst, die Kirche und die Sünde
Nr. 21/2002 – Der gedachte Gott
Nr. 52/2002 – Die Erfindung Gottes
Nr. 16/2004 – Mordfall Jesus Christus
Nr. 22/2007 – Der Kreuzzug der Gottlosen
Nr. 13/2009 – Als Jesus noch ein Guru war
Nr. 52/2009 – Wer hat den stärkeren Gott?
Nr. 52/2012 – Warum glaubt der Mensch ...?
Nr. 52/2013 – Woran glaubt der Mensch?

Spiegel Spezial

Nr. 09/2006 – Weltmacht Religion

Anton Grabner-Haider / Franz M. Wuketits

Atheismus oder Kulturchristentum?
Zwischen Dialog und Kooperation

Lange Zeit haben sich die Kirchenleitungen dagegen gewehrt, die Menschenrechte und die Naturwissenschaften anzuerkennen. Das hat zu Kirchenaustritten geführt, zumindest aber zur inneren Abkehr von der christlichen Lehre oder Teilen davon. Modernere Ansichten haben mittlerweile auch in den Kirchen Einzug gehalten, wenn auch sicher nicht überall und bei jedem im gleichen Maße. Es stellt sich für viele die Frage, ob denn alles am herkömmlichen Christentum schlecht ist, oder ob es nicht doch manches zu bewahren und zu verbessern gilt. Oder ist es schlichtweg an der Zeit, ganz einfach zum Atheisten zu werden und den christlichen Glauben nun ad acta zu legen? Zwei Plädoyers jeweils für die eine und die andere Sichtweise.

258 S., kart., ISBN: 978-3-943624-05-2, € 19,90

Jan Bretschneider

Abschied und Ankunft

Der Tod eines geliebten Menschen wirft viele Fragen auf, hinterlässt Schmerz und Leid. Jeder nimmt auf seine Weise Abschied, und so gibt es viele Arten, den Verlust zu verarbeiten. Jan Bretschneider weiß das aus seiner langjährigen Arbeit als Trauerredner heraus und aufgrund persönlichen Erlebens. Seine Botschaft: Trauern bedeutet auch Hoffnung gewinnen und neuen Lebensmut schöpfen. Beides kann der Leser aufnehmen, gekleidet in Gedichte, Geschichten, Essays und ein wenig Wissenschaftliches. Mit Beiträgen von Steffi Lehmann, illustriert von Maria Brommont, Steffi Lehmann und Jan Bretschneider.

169 S., kart., ISBN 978-3-943624-04-5, € 14,90

Robert Kaufmann

Götter-Menschen, Menschen-Götter
Der (überfällige) Abschied von Götzenbildern

Gott/Götter sind nur die Spitze eines Eisberges an „Heiligkeiten", die es zu hinterfragen gilt. Das Gebot, Inhalte zu glauben, ist zu ersetzen durch ein Gebot, nach den uns zur Verfügung stehenden Möglichkeiten zu denken, letztlich Inhalte zu erkennen. Gelingt es durch Glauben, die Auffassungsunterschiede über „Gott" zu überwinden? Kaum. Wenn jeder in seinem Glauben verhaftet bleibt, so gibt es keine Annäherung. Die jedoch wäre in der heutigen Zeit nötiger denn je. Der Autor ruft daher zum Gebrauch der Vernunft auf.

323 S., kart., ISBN 978-3-943624-21-2, € 19,90

Hubertus Mynarek

Die Kunst zu sein
Philosophie, Ethik und Ästhethik sinnerfüllten Lebens

Dieses Buch bietet eine systematische, logisch aufbauende, zugleich praktisch und konkret bleibende Philosophie des Lebens, eine echte, das Einzelmaterial geglückter Lebenserfahrungen nicht überspringende Philosophie der Lebenskunst. Die Erkenntnis-, Erlebnis und Gestaltungsstufen des unendlichen Abenteuers, das Leben heißt, werden anschaulich dargestellt. Zur theoretischen und praktischen Realisierung der Tiefendimensionen und Qualitätsstufen unseres Daseins werden die Grundlagen erarbeitet. Die Kunst zu sein ist die Fähigkeit, die „Leichtigkeit des Seins" hinter den schweren, dunklen Wolken unserer Begrenztheit zu entdecken und zu praktizieren. Auch Krankheit, Schmerz, Leiden, Sterben und die Perspektive über den Tod hinaus werden neu bewertet. Das Buch beweist: Ohne philosophischen Tiefgang bietet das Leben keine substanzielle Kost. Hubertus Mynarek studierte Philosophie, Psychologie und Theologie; lehrte als Professor an den Universitäten Bamberg und Wien; schuf das Konzept einer ökologischen Religionsphilosophie und eines ökologischen Humanismus.

360 S., kart., ISBN 978-3-943624-06-9, € 22,00

Rainer Schepper

Denn es steht geschrieben – Predigten eines Ungläubigen
Kritische Gedanken zum Neuen Testament

„Auch dieses Buch von Rainer Schepper ist getragen und durchdrungen vom unbestechlichen Geist eines ethisch geprägten Humanismus, der die Evangelien engagiert, aber vorurteilsfrei unter einem einzigen Gesichtspunkt würdigt: dem der integren Menschlichkeit und der für alle ohne Ausnahme geltenden Menschenrechte. Auch dort, wo der Autor die Waffe der Satire, der Ironie, des Spotts einsetzt, geschieht dies ausschließlich aus humanen Beweggründen, um die Fassaden und Illusionen falscher Christlichkeit, die sich in zwei Jahrtausenden Christentumsgeschichte gebildet haben, abzubauen. Die Fragestellung und Zielsetzung des Autors war es, die uns vorliegenden Evangelien, wie sie die Kirche als Offenbarung und als Wort Gottes ihren Gläubigen darreicht, auf ihren humanen und sittlichen Wert hin zu untersuchen. Mit dieser besonderen Zielsetzung hat das Buch seinen eigenen unverwechselbaren Platz in der neutestamentlichen Bibel-Literatur ..." (Prof. Dr. Hubertus Mynarek)

185 S., kart., ISBN 978-3-933037-83-1, € 14,90

Helge Nyncke

Heiliger Bimbam

Gepfefferte Satiren und gesalzene Erkenntnisse über Gott und die Welt

Neues vom Zeichner des berühmten "Ferkel-Buchs"!

Ein Satireband der ganz besonderen Art mit köstlich hintergründig frechen Perspektiven auf den gesammelten religiösen Wahnwitz, esoterischen Mumpitz und zwischenmenschlichen Aberwitz in den vernebelten Zeiten des so genannten interreligiösen Dialogs. Ein Buch für alle, die statt immer nur brav und multitolerant zu diskutieren endlich mal richtig befreiend lachen wollen. Scharfsinnig und wunderbar humorvoll zugleich, immer aufgeschlossen gegenüber den menschlichen Schwächen aber konsequent und schonungslos direkt gegenüber ihrem dumpfen und abgründigen Wahn.

205 S., kart., ISBN: 978-3-943624-08-3, € 14,90

Otto Diendorfer

Befreiungen

Gedanken und Gefühle eines Erwachten

„Was hat man bloß deinem Kinderherzen angetan?", fragt der Autor ein ums andere Mal und lässt seine Erfahrungen mit der christlichen Erziehung Revue passieren. „Du warst nur ein ängstlicher, mit Schuld beladener irdischer Zwerg, angewiesen auf allmächtige Zwischenhändler und auf einen eitlen Gott. Die Gewohnheit tat dann das Ihre. Jetzt warst du einer der Ihren, gerade so zugerichtet, wie sie es eben wollten. Ihre Marionette, dort und da verbogen, manches weggehobelt, woanders etwas angekleistert, gefühlsarm, wenig Freude und Frohsinn am Leben, das Denken auf ihr Minimum reduziert, mit gefalteten Händen sowie den Kopf leicht nach oben gerichtet. Nur Aufschauen zu den Zwischenhändlern und zum leidenden Jesus. Dein Gehirn haben sie ausgewaschen ... Du durftest dein Leben nicht leben, nein, du wurdest gelebt." Doch auch als Erwachsener stieß der Erzähler immer wieder auf (be)trügerische „Weisheiten" und selbstgefällige Gurus. Seine Auseinandersetzung ist eine intensive Beschäftigung und letztendlich rigorose Abrechnung mit der christlichen Religion und all den anderen ungezählten „Glücklichmachern", weil sie nicht halten, was sie versprechen. Es ist auch eine Reise durch den modernen „Gesellschaftsdschungel", die trotz allem viel Erheiterndes birgt.

293 S., kart., ISBN 978-3-933037-78-7, € 19,90